Kammerlohr

Themen der Kunst

# PLASTIK



Walter Etschmann
Robert Hahne

Oldenbourg Schulbuchverlag, München

Redaktion: Beate Bücheleres-Rieppel, Wehrheim
Bildredaktion: Stefanie Portenhauser
Umschlagkonzept: Mendell & Oberer, München
Umschlaggestaltung: Stefanie Bruttel, München
Umschlagskizze: Umschlagskizze nach der Bildvorlage „Ovale Skulptur Nr. 2“ (1943) von Barbara Hepworth, mit freundlicher Genehmigung von Bowness, Hepworth Estate
Layout und technische Umsetzung: Jesse Konzept & Text GmbH, Hannover

**www.cornelsen.de**



1. Auflage, 6. Druck 2020

Alle Drucke dieser Auflage sind inhaltlich unverändert
und können im Unterricht nebeneinander verwendet werden.



Druck und Bindung: Livonia Print, Riga

ISBN 978-3-637-00421-4

PEFC
PEFC/12-31-006

PEFC zertifiziert
Dieses Produkt stammt aus nachhaltig bewirtschafteten Wäldern und kontrollierten Quellen.

www.pefc.de

# Inhaltsverzeichnis

# Einleitung: Was ist eine Plastik?

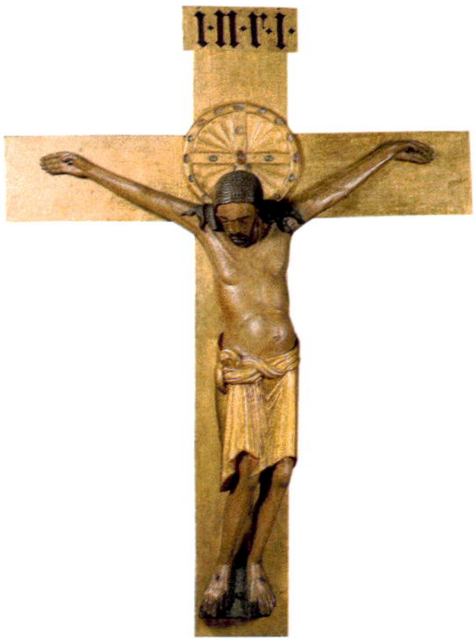

Kruzifix des Kölner Erzbischofs Gero, um 970. Eichenholz (Farbfassung von 1904), Höhe des Korpus 187 cm, Höhe des Kreuzbalkens 288 cm. Köln, Dom

„Plastik" oder auch „Bildhauerei" sind die allgemein gebräuchlichen Oberbegriffe für körperbildende, dreidimensionale Kunstwerke, für figürliche ebenso wie für abstrakte. Umgangssprachlich sind heute jedoch die Grenzen der Begrifflichkeiten so weit verwischt, dass auch die Bezeichnung „Skulptur" Verwendung findet – ohne Beachtung der prinzipiellen Unterschiede hinsichtlich der künstlerischen Verfahrensweisen und Materialien.

Im traditionellen kunstgeschichtlichen Sinne bezeichnet man nur solche Bildwerke als **Plastik**, die aus weichen, formbaren Werkstoffen wie Ton oder Gips in aufbauender Technik modelliert wurden oder aber als Guss in Metall, Kunststoff usw. entstanden sind. So spricht man etwa von einer „Tonplastik" oder „Bronzeplastik", aber auch von einer „Kunstharzplastik".
**Skulptur** hingegen meint als technischer Begriff die Bildung einer dreidimensionalen Gestalt durch wegnehmende Bearbeitung eines festen Werkstoffes. Das allmähliche Abtragen allen die Grenzen der werdenden Form überschreitenden Materials ist typisch für die Steinbildhauerei, z. B. für die Jade-, Elfenbein- oder Holzschnitzerei (auch Bildschnitzerei genannt) – entsprechend heißt es etwa „Holzskulptur".

Hinzugetreten ist die Benennung moderner plastischer Werke als **Objekt**. Dies weist darauf hin, dass die Objektkunst vorgefundene Dinge oder unspezifische Materialien verwendet statt traditioneller bildnerischer Verfahren; sie verzichtet auch auf eine abbildhafte Nachahmung und bringt die Dinge selbst zum Sprechen. Ihre besondere Bedeutungsfülle erhalten viele Objekte erst durch die Situationen oder Orte, in die sie platziert werden. Der Künstler setzt in der Art ihrer Präsentation Signale, durch die sie mit neuer Bedeutung aufgeladen und damit zu Kunst werden. Die Umgebung kann also das dinghafte Objekt in ein künstlerisches verwandeln: „Mit dem Situationsbegriff legt sich Kunst über die Wirklichkeit als Ganze." (Metzger 2004, S. 57)

In den Sechzigerjahren erweiterte sich die bisher an einen dinghaften Körper gebundene Vorstellung von Kunst. Es entstanden neue Kunstformen mit vielen Einzelgebieten und neuen individuellen Ansätzen, die nicht um einen materiellen Gegenstand, sondern um eine menschliche Aktivität kreisen, oft vor Publikum. Im Zentrum dieser **Aktionskunst** steht der Künstler bzw. sein Körper (als „Plastik") unter den Aspekten Raum, Zeit und Handlung.

Die künstlerischen Ideen und Absichten, die Wahl von Formen und Materialien, die Art der Präsentation – all dies ist in unserer Zeit einem ständigen Wandel unterworfen, da die jüngere Künstlergeneration immer auf das schon Dagewesene reagiert, meist mit überraschenden und unvorhersehbaren Sichtweisen oder Fragestellungen. Als Konsequenz dieser Entwicklung scheint es bei manchen aktuellen Werken für den Betrachter schwierig zu sein, Objekte außerhalb des Museums, im öffentlichen Raum, überhaupt als künstlerisches Werk zu identifizieren. Was also Kunst sei, definiert sich demzufolge immer wieder neu.

Zugleich erfasste die Idee von Bildhauerei als „reiner" Kunst schon immer nur einen Teilbereich plastischer Gestaltungen. Viele der älteren und in diesem Band präsentierten Werke sind nicht als Kunstwerke für die isolierte Betrachtung geschaffen worden. Sie waren – oder sind es heute noch – Teil einer architektonischen Gesamtkonzeption.

**Plastik** (griech. plassein: formen, bilden): Oberbegriff für additive bildhauerische Verfahren, in denen Volumen durch Hinzufügung von Material aufgebaut und durch Drücken usw. in die gewünschte Form gebracht wird

**Guss:** zur ausführlichen Beschreibung der Technik s. S. 11

**Skulptur** (lat. sculpere: scheiden, schnitzen, meißeln): Oberbegriff für subtraktive bildhauerische Verfahren, in denen die Form durch Wegnahme von einem vorgegebenen Materialumfang herausgearbeitet wird

**Objekt** (lat. obicio: entgegen-, vorwerfen): dreidimensionale Werke, die von vorgefundenen bzw. industriell hergestellten Dingen ausgehen und diese neu kombinieren oder ihr Material zu einer nicht abbildenden Kunst formen

**Aktionskunst** (lat. actio: Tätigkeit): Ersetzung des bisherigen materiellen Kunstwerks durch eine künstlerische Aktion, deren Verlauf durch ein Konzept festgelegt ist und die Künstler und Publikum – ohne direkte Beteiligung der Zuschauer - in ein Spannungsfeld bringt

## Zum Aufbau des Lehrbuchs

Das vorliegende Themenheft „Plastik“ gibt im ersten Kapitel einen Einblick in Theorie und Praxis der Bildhauerei. Hier werden vor allem die klassischen Techniken im Umgang mit den verschiedensten Materialien beschrieben und mithilfe von anschaulichem Bildmaterial im Entstehungsprozess erklärt. Als Grundprinzipien plastischen Gestaltens erweisen sich beispielsweise die Bedeutung des Körper-Raum-Bezugs sowie die Aufstellung und Präsentation einer Plastik. Darüber hinaus vermittelt ein übersichtliches Analysemodell Möglichkeiten der systematischen Untersuchung und Einordnung eines plastischen Werkes.

In einem kunstgeschichtlichen Abriss werden im zweiten Teil des Bandes in weiteren acht Kapiteln die Höhepunkte künstlerischen Schaffens dreidimensionaler Bildwerke vorgeführt, deren Funktion betrachtet und der Stilwandel durch die Epochen nachgezeichnet. Repräsentative Meisterwerke werden auf ihre jeweiligen künstlerischen Besonderheiten hin untersucht und in ihren kulturhistorischen Entstehungszusammenhang gestellt. Dazu gehört auch die Betrachtung ihrer Aufgabe als religiöses Zeugnis, als Ausdruck und Demonstration von Macht und Größe, aber auch von persönlicher Empfindung im Wandel der Zeiten und des Kunstbegriffs. Die Beispiele reichen von vorgeschichtlichen Funden und bedeutenden Werken antiker Kunst über architekturgebundene Plastik und Auftragskunst zum rein ästhetischen Gegenstand, zum Objekt, zur Aktion, zur Installation und zum Konzept. Auch der Land Art, der Performance, der Lichtkunst und dem Minimalismus sind eigene Kapitel gewidmet. Mit einem Ausblick auf aktuelle Tendenzen schließt der historische Teil.

Der Anhang enthält ein Register mit Personen und Begriffen, einige ausgewählte Literaturempfehlungen, Text- und Bildquellen sowie Internetadressen von Museen mit einem Sammlungsschwerpunkt Plastik.

Die an den kunstgeschichtlichen Epochen orientierten Zeitleisten verdeutlichen politische wie kulturelle Zusammenhänge und erleichtern so das Einordnen und Verstehen der ausgewählten Werke.

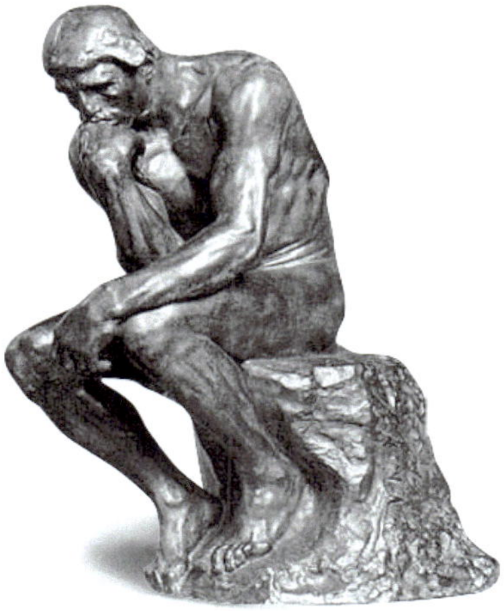

**Auguste Rodin: „Der Denker“, 1880. Bronze, Höhe 70 cm. New York, Metropolitan Museum of Art**

■ *Die Vorstellung, dass eine Skulptur einen völlig selbstständigen, ausschließlich ▸ästhetischen Gegenstand bildet, ist relativ jung und beschränkt sich weitgehend auf die westliche Welt. In der Vergangenheit und in anderen Kulturen dienten Skulpturen zumeist einem praktischen Zweck* [Netsuke, s. S. 28] *oder besaßen religiöse Bedeutung.*

Opie 1995, S. 6

Der Text eines Unterkapitels ist auf jeweils eine Doppelseite ausgelegt. Die notwendigen Begriffserklärungen werden in der Randspalte vorgenommen, sodass ein Nachschlagen im Register entfällt. Die Arbeitsanregungen am Ende jeder Textseite bieten Vorschläge für eine vertiefende Behandlung des jeweiligen Themas; dabei werden neben Analysen und Vergleichen auch viele praktische Aufgaben angeboten, die eine theoretisch-inhaltliche Auseinandersetzung mit den Themen des Bandes kreativ ergänzen.

**Arbeitsanregungen:**

1. Welche der hier vorgestellten Begriffe kennzeichnen die beiden abgebildeten Werke am treffendsten? Suchen Sie im Band nach verwandten Beispielen.
2. Berichten Sie von Ihren Vorstellungen von „Kunst“. Diskutieren Sie gemeinsam (möglichst vorurteilsfrei) über die Aufgaben von „Plastik“ als „Kunst“.

▸**ästhetisch:** die Ästhetik betreffend

▸**Ästhetik** (griech. aisthesis: Wahrnehmung):
1. normative Ästhetik: wissenschaftlich fundierte (und zeitabhängige) „Lehre vom Schönen“ als Suche nach Gesetzmäßigkeit/Harmonie bei künstlerischen Gestaltungen;
2. deskriptive Ästhetik: Beschreibung des sichtbaren Sachverhaltes – der äußeren Erscheinung – ohne Frage nach seinem grundsätzlichen Wesen

# Theorie und Praxis der Plastik

## Phasen des bildhauerischen Prozesses

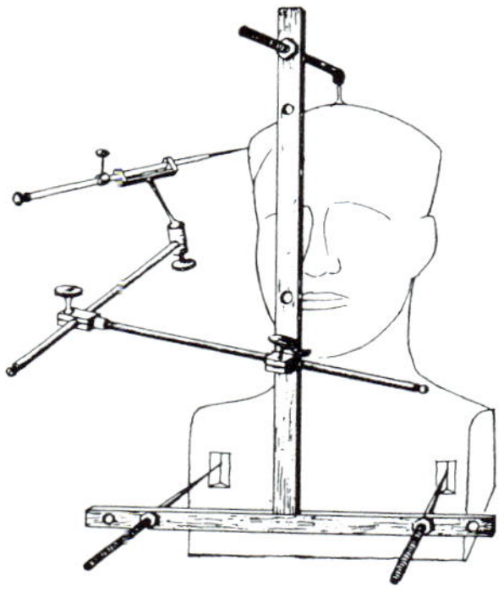

Modell mit Punktiergerät

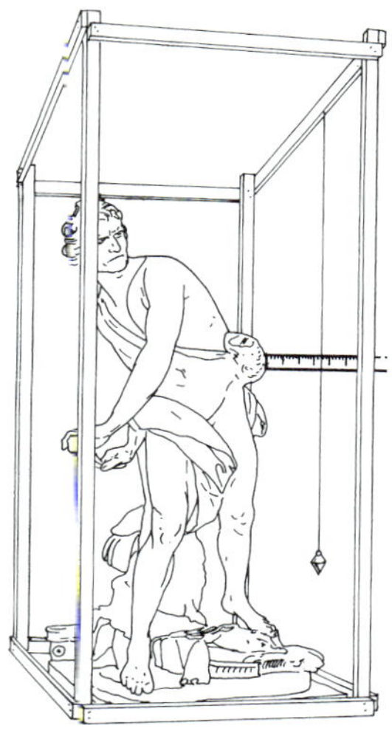

Modell mit Messgerüst

**Von der Idee zum Modell**
Für den Bildhauer ist die Zeichnung eine wichtige Grundlage seines Schaffens, etwa als spontaner, nur flüchtig umrissener Entwurf bei der Ideenfindung oder zur ersten Veranschaulichung eines Konzepts. Sie kann auch der Überprüfung räumlicher Vorstellungen dienen – plastische Wirkungen sind dann differenzierter herausgearbeitet. Da diese zeichnerischen Verfahren rein praktischen Zwecken dienen, wird oft auf eine bildhafte Gestaltung (Hintergrund, Komposition) verzichtet. Als ausgearbeitete Studie wiederum kann die Bildhauerzeichnung Projekte detailliert visualisieren, eventuell zur Präsentation gegenüber einem Auftraggeber. Daneben finden sich Bildhauerzeichnungen, die reine Anatomiestudien sind, oder Kopien vorbildhafter Werke.

Nach der Zeichnung, zum Teil auch ohne diese, entsteht eine künstlerisch frei gestaltete Entwurfsplastik aus Ton, Gips oder anderem leicht zu verarbeitendem Material. Da die plastische Skizze, der ▸Bozzetto, kleiner als das zu fertigende Werk ist, wird nach ihr eine originalgroße Version, das Ausführungsmodell, hergestellt. Der Künstler übergibt seit dem 17. Jahrhundert die eigentliche Ausführung in Stein oder Holz häufig an Gehilfen oder beim Guss an eine spezialisierte Werkstatt. Diese dokumentiert seit dem 19. Jahrhundert mit einem ▸Signum ihre Mitarbeit. Die Kontrolle und Endabnahme unterliegt aber immer dem Künstler.

Bei der räumlichen Übertragung des Modells auf die Skulptur helfen Zirkel oder Punktiergeräte, mit denen man – ausgehend von Hauptpunkten – nach und nach die Maße und Abstände vom Entwurf abgreift und auf das Original überträgt. Ein verwandtes Verfahren basiert auf einem Rahmen, in dem Lotschnüre herabhängen und Messlatten in das Gerüst an das Modell ragen, um die erforderlichen Maße abzunehmen (s. Abb.).

**Von der Idee zum Material**
Die Materialwahl ist Bestandteil des künstlerischen Prozesses. Die Eigenschaften der Werkstoffe bedingen aber nicht nur ihre Bearbeitungs- und Einsatzmöglichkeiten, sie rufen zudem Wirkungen und Vorstellungen hervor, Holz und Steine – Grundstoffe, an die der Mensch am längsten gewöhnt ist – andere als Metalle oder Kunststoffe. Mit all diesen Materialien sind zugleich inhaltliche Bedeutungen verknüpft: Ton etwa wird mit dem Leben in Verbindung gebracht, der erstarrende Gips eher mit dem Tod, der helle Marmor mit der Auferstehung.

■ *Egal ob Steine oder Wörter, ob Holz oder Zeichen – sie sind Materialien mit fixierter Bedeutung, mit identifiziertem ▸Kontext. Bedeutung und Kontext können bewusst oder unbewusst vorhanden sein. Unbewusste Kontexte und Bedeutungen zu verdeutlichen, heißt das Material mit neuer Bedeutung aufzuladen. Die Materialien werden in neue Umgebungen gebracht, mit ungewöhnlichen Materialien verknüpft – dadurch werden sie entidentifiziert, dekonserviert. Neue Raum-Zeit-Bezüge, neue Materialzusammensetzungen, neue Zeichen-Kombinationen schaffen neue Bedeutungen.*

Weibel 1966, S. 265

**Martin Honert (*1953)** bemerkte zum Entstehen seiner Plastik „Feuer“: „Die eigentliche bildhauerische Herausforderung bestand darin, die ständig bewegte und immaterielle Erscheinung eines Feuers mittels einer Gipsmodellform als etwas Festes, Erstarrtes ‚einzufrieren‘, ein Vorgang, der die Entstehung eines Bildes im Allgemeinen beschreibt.“ (Zit. nach Groys 2004, o.S.)

**Arbeitsanregungen:**

1. Vergleichen Sie Zeichnung und Bozzetto von Bernini (s. zu Bernini auch S. 50).
2. Vergleichen Sie die Auffassungen Honerts und Weibels über die Rolle des verwendeten Materials.

▸**Bozzetto** (ital.): dreidimensionale Modellskizze des Künstlers aus Ton, Wachs, Gips etc. in kleinerem Format (auch Maquette genannt, s. S. 96), seit dem 17. Jahrhundert künstlerisch oft höher geschätzt als das ausgeführte Bildwerk

▸**Signum** (lat.): Zeichen, Kurzform der Unterschrift; allgemein ein Symbol oder Emblem

▸**Kontext** (lat.): der für das Verständnis entscheidende Zusammenhang

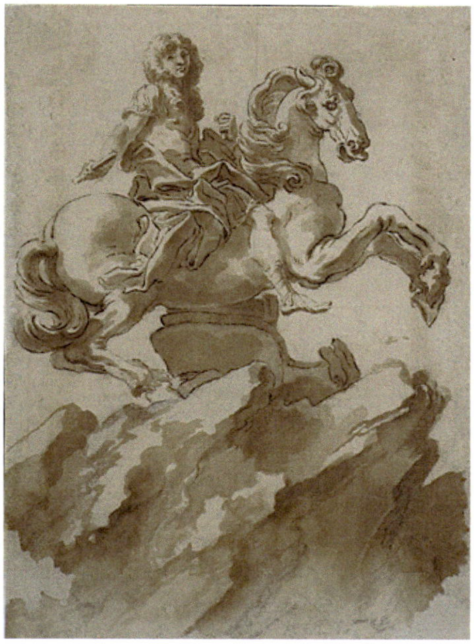

Giovanni Lorenzo Bernini: Entwurfszeichnung zum Reiterstandbild Ludwigs XIV., um 1665–67. Tuschezeichnung auf Papier. Bassano, Städtisches Museum

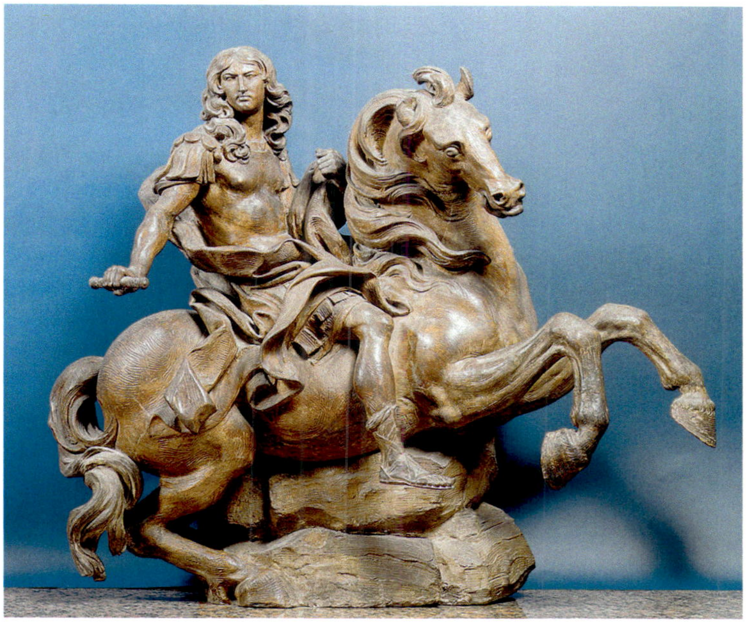

Giovanni Lorenzo Bernini: Bozzetto für das Reiterstandbild Ludwigs XIV., um 1670. Terrakotta. Rom, Galleria Borghese

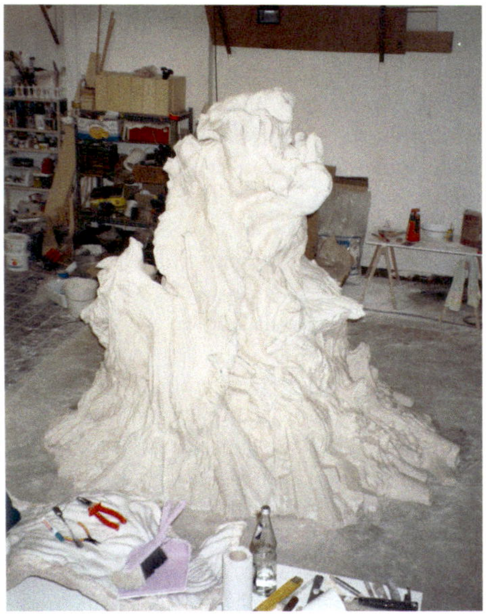

Martin Honert: „Feuer“, während des Entstehungsprozesses. Im Besitz des Künstlers

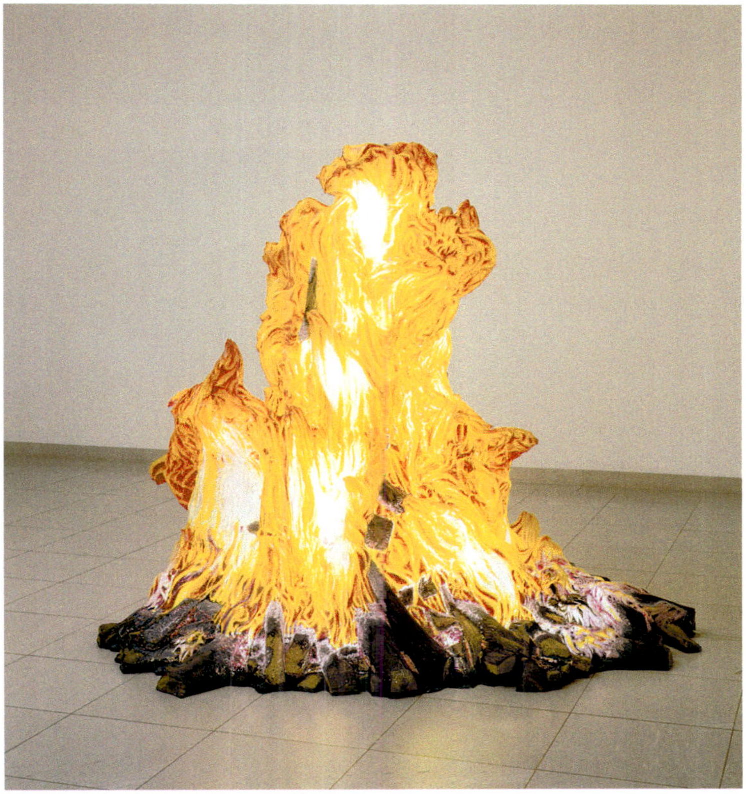

Martin Honert: „Feuer“, 1992. Polyestergießharz, mit Ölfarben bemalt, von Neonlicht innen beleuchtet, 190 × 220 × 210 cm. Frankfurt a. Main, Museum für Moderne Kunst

# Klassische Techniken der Bildhauerei

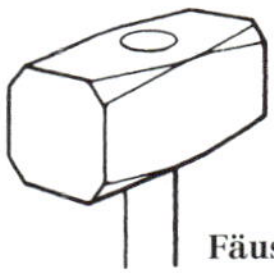

Fäustel

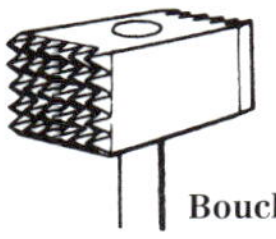

Boucharde

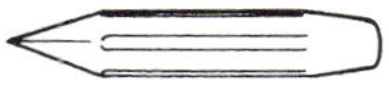

Punktiereisen

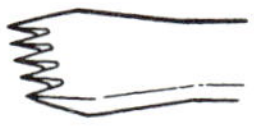

Zahneisen

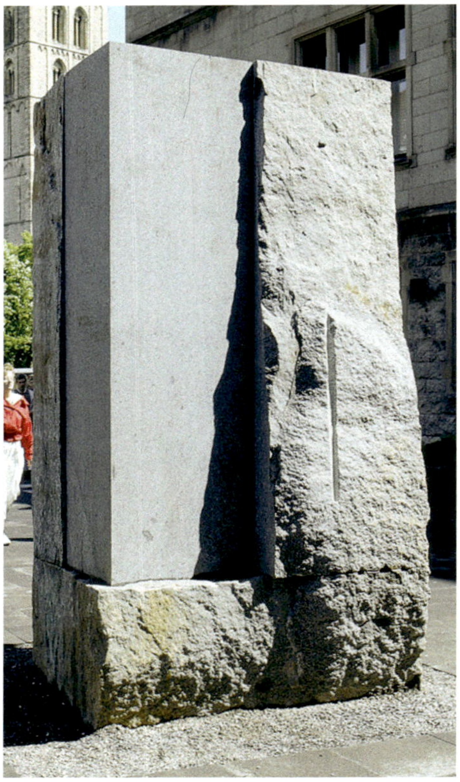

Ulrich Rückriem: „Granit" (Normandie), 1985. Gespalten, geschnitten und geschliffen, 300 × 160 × 160 cm. Münster, Westfälischer Kunstverein

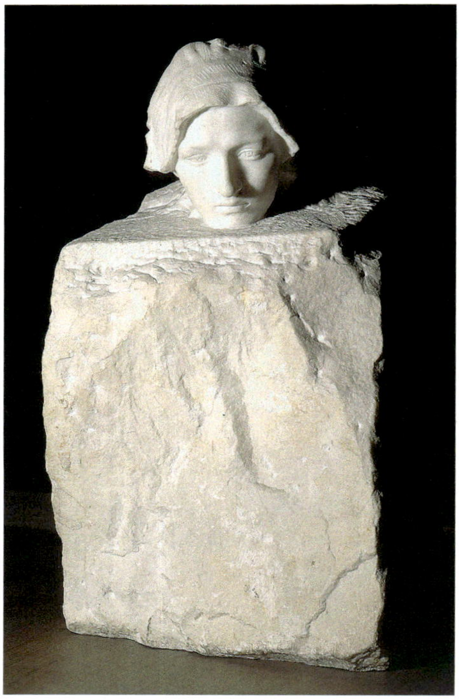

Auguste Rodin: „Der Gedanke", 1886–89. Marmor, 74 × 52 × 55 cm. Paris, Musée d'Orsay

**Steinskulptur**

Nach der Konkretisierung der Idee (s. S. 6) wählt der Bildhauer im Steinbruch einen geeigneten Block aus und beginnt in seinem Atelier mit der Umsetzung. Eventuell lässt er Gehilfen beginnen, die die Form zunächst grob zuhauen. Durch Wegschlagen überflüssigen Materials arbeitet der Bildhauer dann immer genauer auf die beabsichtigte Formbegrenzung hin. Entweder gestaltet er den Block von vier Seiten gleichzeitig, Schicht um Schicht wie in der griechischen Klassik (s. S. 22), oder er geht wie Michelangelo (s. S. 46) von der Hauptseite aus und lässt die Figur Stück für Stück von vorn – wie aus einem Wasserspiegel – auftauchen. Die eine Hand führt als Schlagwerkzeug den Klüpfel (Holzhammer) oder den Fäustel (Hammer aus Eisen). Wichtige Prellwerkzeuge in der anderen Hand sind Flach- und Zahneisen, die Material in geriffelten bzw. glatten Flächen abtragen, sowie der punktuell die Oberfläche bearbeitende Spitzmeißel. Zuletzt kommen Raspeln, Feilen und Schleifsteine zum Einsatz – je nach beabsichtigter Struktur der Oberflächen.

Die Auswahl der Werkzeuge richtet sich einerseits nach der gestalterischen Absicht, andererseits nach den Härtegraden des Gesteins. Nicht selten wird auch der Presslufthammer verwendet. Als edelster Naturstein gilt Marmor, ein kristallinischer Kalk, der so gleichmäßig fein und dicht ist, dass auch Nuancen herausgearbeitet werden können. Kalk- und Sandstein sind porösere und daher leichter zu bearbeitende Sedimentgesteine, aber auch recht witterungsanfällig. Die Erstarrungsgesteine Basalt und Granit wiederum sind sehr hart, dicht und spröde und eignen sich weniger für detailreiche Arbeiten.

**Arbeitsanregungen:**

1. Beschreiben Sie die Wirkungen, die bei den abgebildeten Skulpturen aus den Bearbeitungsspuren entstehen.
2. Weisen Sie an Beispielen aus dem Buch (eventuell unter Zuhilfenahme des Analyseschemas S. 16 f.) für verschiedene Steinsorten jeweils unterschiedliche Gestaltungsweisen und -absichten nach.

## Holzskulptur

Holz ist ein lebendiges Material. Es arbeitet, dehnt sich oder zieht sich zusammen, um Spannungen bei schwankender Temperatur oder Luftfeuchtigkeit auszugleichen. Die einzelnen Holzarten wiederum haben unterschiedliche Eigenschaften in Bezug auf Gewicht, Härte, Dichte, Farbton, Maserung und Elastizität. So weisen Harthölzer (wie Ebenholz, Eiche, Buchsbaum, Esche) kleine Poren und wenig Hohlräume auf, die leichten und offenporigen Weichhölzer (wie Fichte, Linde, Pappel) hingegen lange Fasern. Darüber hinaus sind die Besonderheiten des einzelnen Stammes zu beachten, Wuchs- und Faserrichtung, sowie Spannungen zwischen den Holzstrukturschichten. Generell bietet der Werkstoff Holz den Vorteil, dass Teile angestückt werden können, wenn der verwendbare Block nicht groß genug ist. Der Bildhauer beginnt bei der Zurichtung mit den breiten Stech- oder Hohleisen und dem Klüpfel (Holzhammer) oder gar mit Axt oder Kettensäge, um die Grobform herauszuarbeiten. Größere Skulpturen sind oft ausgehöhlt. So werden Gewicht und Spannungen im Holz reduziert. Feinere Arbeiten können oft ohne Hammer ausgeführt werden, wobei die Schnitzrichtung sich am Faserverlauf des Wuchses orientiert, um unkontrolliertes Splittern zu vermeiden. Bei Höhlungen arbeitet der Bildhauer zuerst mit dem Hohleisen im Kerbschnitt, einem scharfkantigen schrägen Einschnitt, in das Holz hinein, um anschließend mit dem Gegenschnitt das Material abzutrennen. Die flachen Stecheisen sind eher für nach außen gewölbte Formen oder ebene Flächen geeignet; auch Bohrer oder Raspeln kommen zum Einsatz. Zum Glätten werden Feilen, Schmirgelwerkzeug und Abziehklingen verwendet; Einlegearbeiten, Teilvergoldungen oder farbige Bemalungen können hinzutreten.

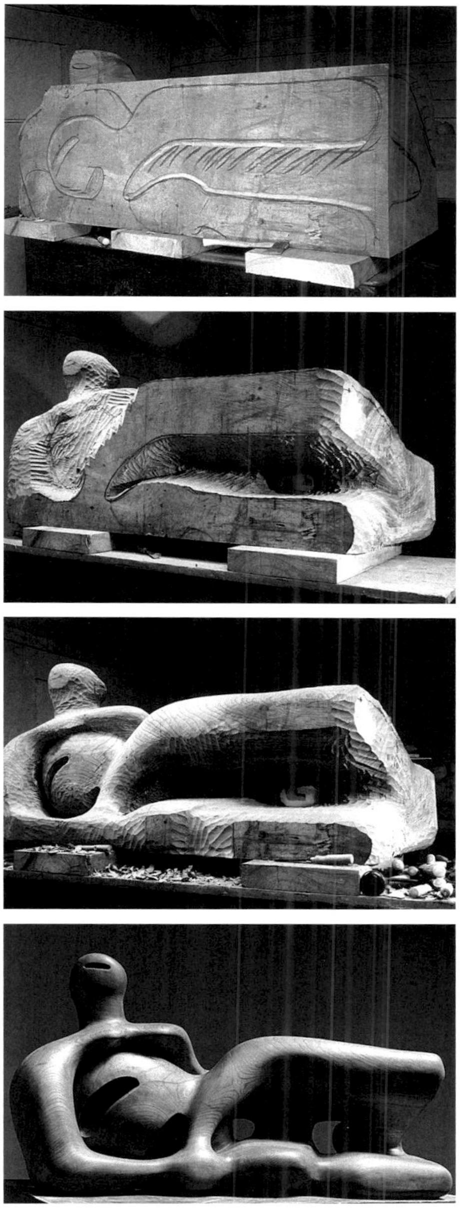

Henry Moore: „Zurückgelehnte Figur", 1945/46. Holz, Länge 190 cm. Vier Entstehungsphasen: vom Holzblock zur Skulptur. Privatsammlung

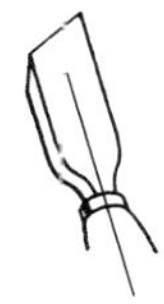

Flacheisen mit schrägem Anschliff

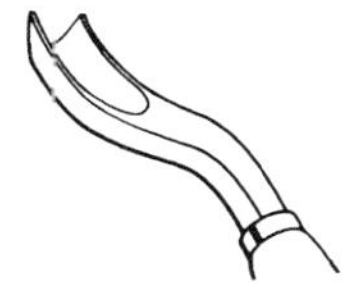

gebogenes Hohleisen

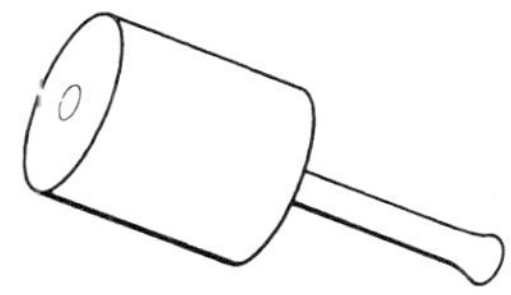

Holzbildhauerklüpfel

**Arbeitsanregungen:**

1. Beschreiben Sie die Teilschritte bei der Entstehung von Moores Holzskulptur.
2. Vergleichen Sie Formgebung und Oberflächencharakteristik der Werke von Riemenschneider (S. 39), Günther (S. 57) und Balkenhol (S. 97).

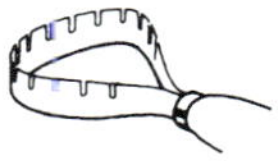

Tonkratzer

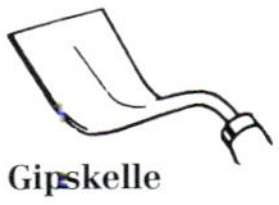

Gipskelle

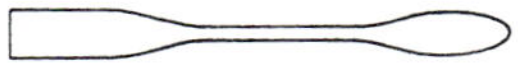

Gipsantragspachtel

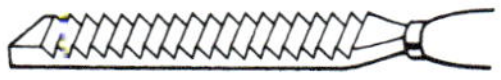

Gips(flach)raspel

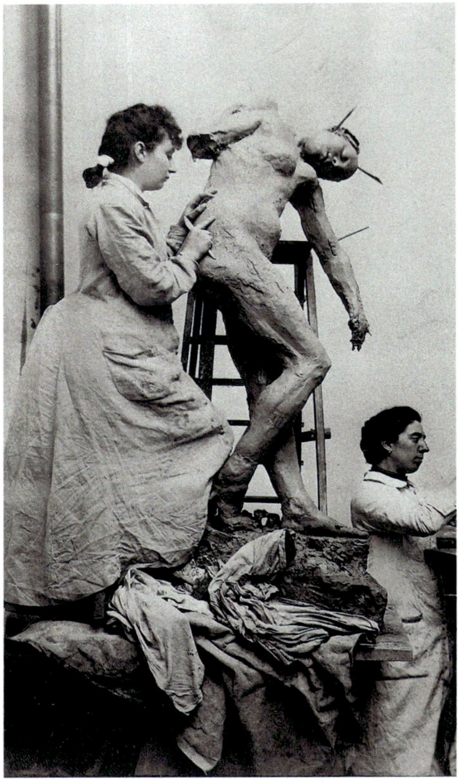

Camille Claudel (im Vordergrund) bei der Arbeit mit Modellierhölzern an der Tonplastik „Sakuntala“ in Rodins Atelier, um 1888. Silbergelatinedruck, 15,2 × 9,8 cm. Paris, Musée Rodin

### Tonplastik

Das erdgeschichtliche Verwitterungsprodukt Tonerde findet sich vielerorts in unterschiedlicher Farbe und Beschaffenheit. Aufgrund seines Wasseranteils lässt sich Ton mit bloßer Hand durch Drücken, Quetschen, Biegen, Stauchen oder mithilfe von Modellierhölzern und -schlingen in die gewünschte Form bringen, sodass es ein beliebtes Material für plastische Skizzen ist. Solange die Plastik feucht bleibt, sind jederzeit Korrekturen möglich; größere und instabile Werke müssen mit Armierungen gestützt werden. Der jeweilige Anteil feiner Schamottkörner verleiht den Tonsorten eine unterschiedlich raue Oberfläche.
Seit der Steinzeit werden Hohlformen durch Aneinanderfügen von Tonplatten oder -streifen aufgebaut, massive Formen müssen vor dem Trocknen ausgehöhlt werden. Zur Oberflächengestaltung kann man Ton auch einritzen und mit Engoben (andersfarbiger flüssiger Ton) bemalen. Nach dem ersten, dem Schrühbrand, ist aus Ton harte Terrakotta (ital.: gebrannte Erde) in den Farben Weiß, Grau, Rot, Braun oder Schwarz geworden. Zusätzlich lässt sich nun ein glasartiger Überzug, die Glasur, auftragen, der aber einen zweiten Brand erfordert.

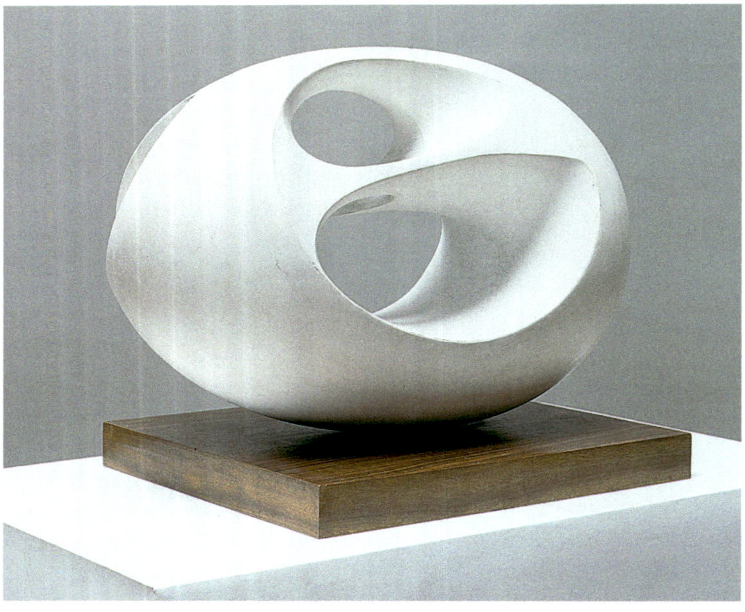

Barbara Hepworth: „Ovale Skulptur Nr. 2“, 1943. Gips, 28,5 × 41,5 × 22,5 cm. London, Tate Gallery

### Gipstechniken

Vermengt man einen Teil Gipspulver mit zwei Teilen Wasser, so erhält man flüssigen Gips (der sich auch einfärben lässt). Schon bald wird er breiartig, nach einiger Zeit fest und ist nun unauflöslich ausgehärtet. Aufgrund seiner Eigenschaften ist Gips das ideale Medium für abformende Techniken – etwa mittels Gipsbinden wie bei George Segal (s. S. 88) – oder Gießverfahren, auch zur Herstellung von Gussformen ist er geeignet. Er lässt sich ebenso durch Antragen zu einer Plastik aufbauen, bei größeren Werken über stützende Armierungen aus Draht o.Ä. Zu einer Form abgebundener Gips kann wie Stein durch Abtragung weiter bearbeitet, auch bemalt und poliert werden.

**Arbeitsanregungen:**

1. Warum eignet sich Ton als Material für plastische Entwürfe?
2. Experimentieren Sie mit Gipsabformungen von Gesicht, Hand oder Fuß. (S. dazu auch S. 12)

## Metallplastik und Gussverfahren

Plastiken aus Edelmetallen wie Silber und Gold, ebensolche aus Kupfer sind zumeist mechanisch geformt, etwa durch ▸Treiben einer Metallplatte auf hölzernem Grund. Es entstehen ▸Reliefs, durch Zusammenfügen mehrerer Teile über einem Kern (aus Holz o.Ä.) auch Vollplastiken.

In der Moderne ist häufig gewalzter, gebogener oder geschweißter Stahl verwendet worden, Bedeutsamkeit für die Kunst aller Zeiten jedoch erlangte der Bronzeguss. Bronze, eine Legierung aus 7–9 Teilen Kupfer und 1–3 Teilen Zinn, ist nach ihrem Erkalten von geschmeidiger Festigkeit und wetterbeständig. Da es sich um ein teures Material handelt und beim Vollguss die Gefahr der Rissbildung besteht, wird Bronze vor allem als Hohlform hergestellt.

Schon in der griechischen Klassik (s. S. 22 f.) war das Wachsausschmelzverfahren bekannt, bei dem allerdings nur ein Exemplar entsteht; modifizierte Verfahren seit Ende des 16. Jahrhunderts erhalten die Originalform und lassen mehrere Güsse zu. Man beginnt mit einem Kern aus feuerfestem Material (Ton, Sand, Gips), der etwas kleiner ist als die spätere Bronzeplastik. Auf diesen wird eine Wachsschicht in der Stärke der Bronzewandung aufgebracht und in der Oberfläche modelliert. Darauf werden Wachsstäbe senkrecht platziert, ergänzt von Armierungen, die Wachsschicht und Kern durchdringen. Zuletzt umgibt ein feuerfester Mantel das Ganze, der wiederum die Oberflächengestaltung der Wachsschicht abbildet. Erhitzt man diese Konstruktion, schmilzt das Wachs und läuft über die Röhren ab; die Armierungen verhindern das Absacken des Mantels durch den nun hohlen Zwischenraum auf den Kern. Durch die Kanäle dieser Gussform strömt nun die glühende Bronze ein und erkaltet. Der Mantel muss danach entfernt, die erstarrten Bronzestäbe in den Kanälen abgesägt, scharfe Grate abgefeilt werden. Zuletzt wird die Plastik noch kalt nachbearbeitet, etwa durch ▸Ziselieren oder ▸Gravieren.

### Arbeitsanregungen:

1. Erklären Sie an den Abbildungen, wie das Gussverfahren funktioniert.
2. Vergleichen Sie den Charakter der Bronzeplastiken in diesem Band.

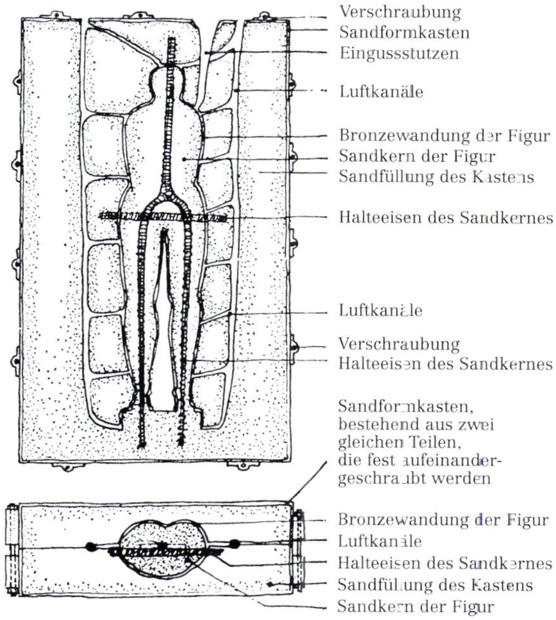


**Sandgussverfahren**

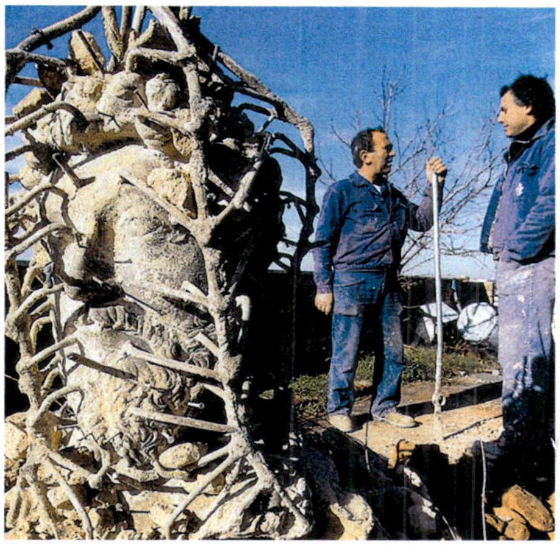

**Guss der Denkmalkopie Marc Aurels (vom Gussmantel befreiter Rohling des Kopfes, s. S. 27)**

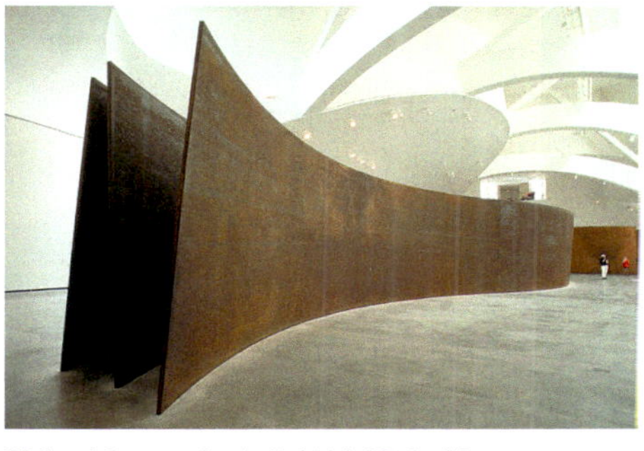

**Richard Serra: „Snake", 1994–97. Stahl, 4 × 31,7 × 7,84 m. Bilbao, Guggenheim Museum**

▸**Treiben:** Metallformung durch Hämmern von der Vorder- oder Rückseite her, eventuell auf einem Holzkern oder metallenem Amboss

▸**Relief** (lat. relevare: in die Höhe geben): aus ebener Fläche herausgearbeitetes plastisches Bildwerk

▸**Ziselieren** (franz. ciseau: Meißel): Metallbearbeitung mit Meißeln, z.B. beim Ausbessern von Fehlstellen, Nähten etc.

▸**Gravieren** (franz. graver: eingraben): Eingraben in Metall durch Ausheben von Spänen

# Moderne Methoden der Objektkunst

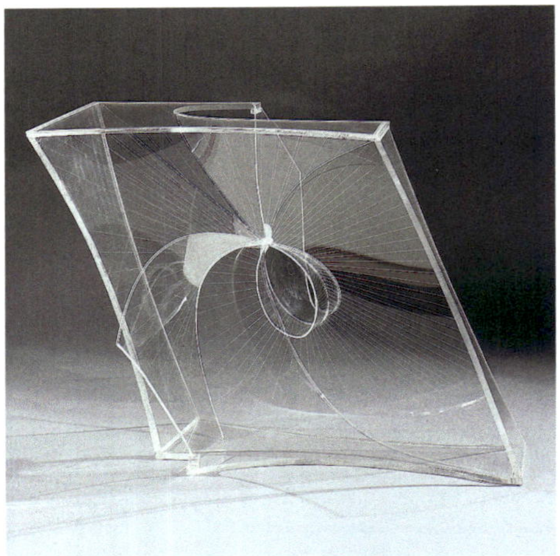

**Naum Gabo: „Konstruktion im Raum (Kristall)“, 1937. Plexiglas, 57,2 7,2 × 46 cm. Köln, Museum Ludwig**

**Zum Beispiel Kunststoffe**

Im 20. Jahrhundert schuf der technische Fortschritt neue Materialien – wie das Leichtmetall Aluminium – und erweiterte damit die Möglichkeiten für Bildhauer. Aufgrund ihrer hohen Verformbarkeit und anschließenden Formtreue waren vor allem die aufkommenden Kunststoffe interessant. Flüssige Kunstharze eignen sich für exaktes Ausgießen und können nach Erhärten mechanisch bearbeitet werden. Sie besitzen zudem keine materialspezifisch strukturierten Oberflächen. Naum Gabo etwa verwendete das durch Erhitzen verformbare Acrylglas mit seiner transparenten oder auch milchig schleifbaren Oberfläche.

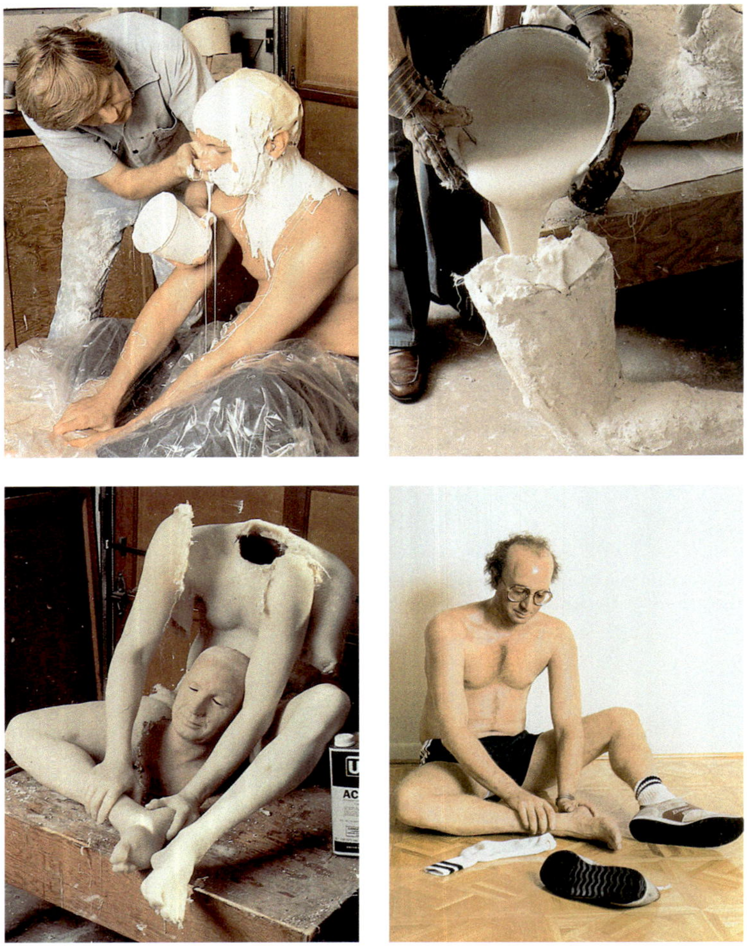

**Duane Hanson: Phasen der Herstellung und fertige Figur „Jogger“, 1983/84. Polyvinylacetat, Farbe, Haare und Kleidungsstücke, lebensgroß. Nachlass des Künstlers**

**Abformung**

Künstler wie Edward Kienholz (s. S. 88 f.) oder Duane Hanson (s. Abb. links) nutzten die Polyesterharze für Gussverfahren. Dazu nahmen sie die Formen ihrer Figuren direkt vom menschlichen Modell ab. Um ein Festkleben der aufzutragenden Silikon-Abformmasse oder der verwendeten Gipsbinden an Haut und Haaren zu verhindern, wird das Modell vorher eingeölt. Durch Abformung gewinnt man von den einzelnen Körperteilen etwa sechs Negativformen, die nach dem Austrocknen aufgeschnitten, gereinigt, ausgebessert, eingefettet und wieder zusammengesetzt werden. In diesen Teilformen wird die jeweilige Positivform mit Polyester gegossen, der Rumpf als mit Fiberglas verstärkte Hohlform, Arme und Beine jedoch aus statischen Gründen massiv. Die Teilstücke müssen nun aus der Schablone genommen, Details nachgearbeitet und alle miteinander verbunden werden. Nachdem die Nahtstellen geglättet sind und eine Grundierung aufgetragen ist, erfolgt die fleischfarbene Bemalung, das Einsetzen von Haaren, und das Ausstaffieren mit getragenen Schuhen und Kleidung.

**Arbeitsanregungen:**

1. Fertigen Sie mithilfe der Abbildungen im Buch eine Liste neuer Werkstoffe im 20. und 21. Jahrhundert.
2. Widerlegen Sie die These, dass durch Abformverfahren hergestellte Werke keine Kunst seien.

**Konstruktion**

Neben der Möglichkeit aus einem formbaren Material etwas Neues zu erschaffen, verwenden viele Künstler seit dem 20. Jahrhundert auch vorgefundene Formen und Gegenstände in verschiedenen Kombinationen. So wird aus der klassischen Bildhauerei mit ihren uralten Werkstoffen eine Kunst der Konstruktion mithilfe moderner Techniken und Materialien.

In der ▸Montage etwa verbinden sich die einzelnen Teile durch Aufkleben, Verschrauben oder Anschweißen miteinander. In der ▸Assemblage sind vorgefundene oder leicht veränderte unkünstlerische Materialien oder Fragmente auf einem Untergrund angebracht. Diese so entstandenen Objekte lassen sich durch Ausdehnung in den Raum zu einem ▸Environment weiterentwickeln.

**Kinetik**

In der Moderne ist Bewegung nicht mehr nur Darstellungsabsicht von an sich statischer Skulptur – in der ▸Kinetik ist sie deren integraler Bestandteil. Alle Objekte, die sich durch Berührung, Luftzug, Wasser, Motoren oder elektromagnetische Felder, häufig verbunden mit Licht- und Klangeffekten bewegen oder bewegen lassen, zählen zur kinetischen Kunst.

Bei ▸Mobiles sind elastische Materialien wie Schnur oder Nylon verwendet, aber auch starre wie Draht und Metall. Durch ein fein ausbalanciertes System der Gewichte aller Teilformen entsteht eine labile Schwerelosigkeit, die sich nach einem Anstoß in gegenläufigen Ausgleichsbewegungen nach und nach in einen neuen Ruhezustand einpendelt. Durch die dynamischen Bewegungsabläufe im Objekt verändert sich ständig sein Bezug zum Raum. Da die Schwingungen, Vibrationen, Drehungen oder Rotationen nur für eine bestimmte Dauer ausgeführt werden, wird überdies die Zeit zu einem wichtigen Faktor des Werkes.

**Arbeitsanregungen:**

1. Stellen Sie aus abstrakten Formen in geeigneten Materialien und aus Draht ein Mobile her.
2. Sammeln Sie interessante Dinge des Alltags für eine Assemblage.

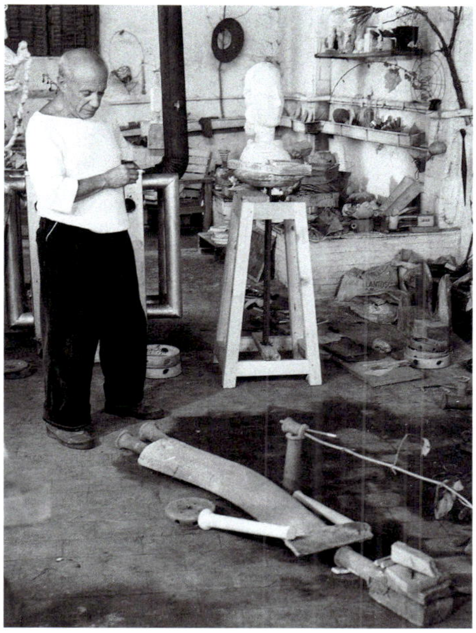

**Pablo Picasso beim Zusammenlegen der Teile zur Plastik „Frau mit Schlüssel (Vallauris)", 1952**

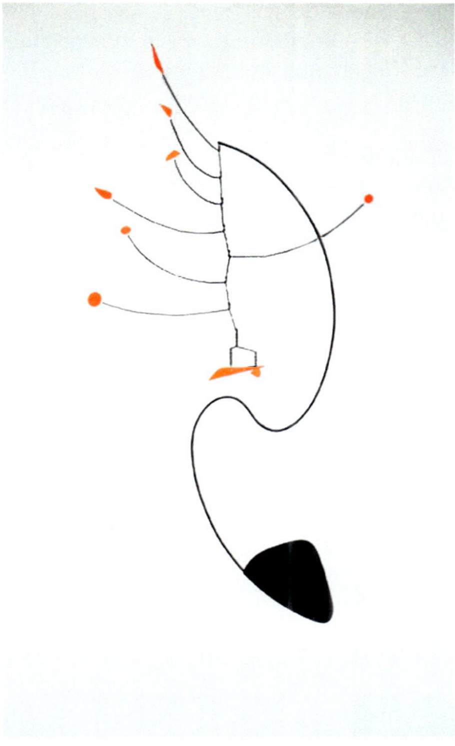

**Alexander Calder: „Ohne Titel", um 1940. Mobile, Stahl und Eisen, bemalt, Höhe 234 cm. Duisburg, Wilhelm Lehmbruck Museum**

▸**Montage** (franz.: hinaufbringen): Zusammenfügen mehrerer Teile aus gleichen oder verschiedenen Formen und Materialien

▸**Assemblage** (franz.: Gemisch): Anbringung dreidimensionaler – oft ihrem ursprünglichen Zweck entfremdeter – Gegenstände auf einer Fläche, so dass eine plastische Wirkung entsteht

▸**Environment** (engl.: Umgebung): mithilfe von Materialien bzw. Gegenständen – oft als Verbund von Malerei, Plastik und (Kulissen-)Architektur – gestalteter Raum, der den Betrachter umgibt

▸**Kinetik** (griech. kinesis: Bewegung): künstlerischer Ansatz, der mittels Apparaturen o.Ä. Bewegungsabläufe – also Zeit und Veränderung – in das Werk einbezieht

▸**Mobile** (lat. mobilis: beweglich, veränderlich): hängend befestigtes Gebilde, das durch Luftzug, Warmluft oder Anstoßen in Bewegung gerät

# Einige Grundprinzipien plastischen Gestaltens

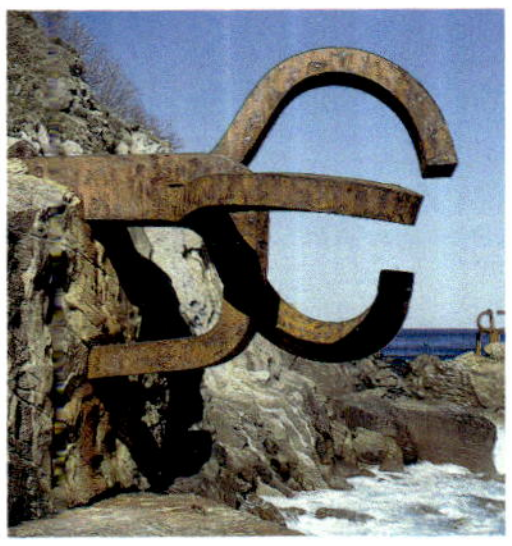

**Eduardo Chillida: „Windkämme", 1972–77. Eisen. San Sebastián (Spanien)**

Die Wahrnehmung dreidimensionaler Dinge – und damit auch die von Plastiken – aktiviert über das reine Sehen hinaus unmerklich auch unseren Tastsinn, der mit seinen ▸haptischen Erfahrungen ihre Erscheinung im Wortsinn „begreifen" möchte; als physisch reales Gegenüber sind dreidimensionale Dinge geradezu körperlich spürbar. Für die räumliche Ausdehnung und Wirkung ihrer Gestalt existiert der Begriff des **Plastischen**.

■ *Mit „plastisch" meinen wir aber nicht die Technik der Herstellung, sondern die Tatsache, dass die körperliche Form recht greifbar und eindringlich wirkt, und bezeichnen damit diese für das Auge wirksame, anschauliche Kategorie des Plastischen. Plastisch bedeutet, dass das Körperliche, das Feste, im Raum sich Rundende, Greifbare, sich im Raum Isolierende, das Grundmotiv der Darstellung und der eigentlich anschauliche Inhalt wird.*

Hamann 1983, S. 25

Plastische Formen sind gekennzeichnet durch ihre **Beziehung zwischen materiellem Körper und umgebendem Raum**. Die Kernplastik etwa zeigt Rundungen, die sich von innen nach außen wölben, oft verharrt die Figur in einer blockhaft geschlossenen Gesamtform. Solche Plastizität verhält sich zum Raum isolierend und verdrängend. Dann wiederum können einzelne Formen sich verjüngend in den Raum erstrecken oder es gibt ein Wechselspiel zwischen ▸konkaven und ▸konvexen Formen, Höhlungen als Kontraste zu Wölbungen. Indem der Raum in Hohlformen oder Durchbrüche eindringen kann, wird die Plastik bis zu einem bestimmten Grad raumoffen, raumhaltig oder gar raumgreifend. Die so bezeichnete Raumplastik kann Raum auch umschließen. Henry Moore (s. S. 68 f.) bemerkte dazu: „Ein Loch kann ebenso viel Formbedeutung haben wie eine feste Masse. Plastik in Luft ist möglich." (Zit. nach Dabringer/Figlhuber 2005, S. 185.)

Die **Ansichtigkeit** der Bildwerke, die auf den Betrachter bezogene Darstellungsweise, ist stark zeitgebunden, da die Epochen ihnen recht verschiedene Aufgaben und Aufstellungsorte zuwiesen. Das ▸Relief etwa, oft als ▸Bauplastik gefertigt, ist auf die Einansichtigkeit von vorn festgelegt. Ähnlich verhält es sich mit der ▸Nischenfigur, deren Rückseite zumeist unbearbeitet bleibt. Die frei stehenden ▸Rundplastiken hingegen sind überall vollplastisch ausgebildet und mehransichtig. Geben Werke erst bei umschreitender Betrachtung den Ablauf ihrer Formzusammenhänge preis, nennt man sie allansichtig. Ist dabei eine Seite – oft die Frontalansicht – Höhepunkt des Zusammenhangs und Träger der Hauptaussage, so ist diese ihre Hauptansicht.

Die Art der **Aufstellung und Präsentation** einer Plastik entscheidet über ihre Wirkung. Handelt es sich um eine Sockelplastik, wird ihr Gegenüber oft in eine Untersicht gezwungen, das Präsentierte isoliert und in seiner Wertigkeit spürbar überhöht. Bei einer Bodenplastik hingegen befindet sich der Betrachter etwa auf gleicher Höhe oder sogar in einer Draufsicht oberhalb der Plastik, so dass sie sich quasi seiner Betrachtung unterwirft. Eine Mittelstellung nehmen das Postament, das eine figürliche Darstellung trägt, und die ▸Plinthe ein, die beide das Werk aus seiner Umgebung herausheben. Eine Plastik kann auch als Hängeplastik an der Wand oder an der Decke angebracht sein und so den Eindruck erwecken, sie würde frei schweben.
Die hier genannten Aspekte – und weitere – führt das nachfolgende Analyseschema (S. 16 f.) auf, das als eine Art „Stichwortgeber" Hilfestellungen bei der Analyse von Plastiken geben soll.

**Arbeitsanregungen:**

1. Vergleichen Sie Körper-Raum-Bezug und Ansichtigkeit in den Abbildungen. Verdeutlichen Sie die Unterschiede in analytischen Skizzen.
2. Identifizieren Sie mehrere Werke dieses Bandes als Kern- oder Raumplastiken. Erkunden Sie auch im Buch, wo sich Sockel finden, wo Postamente oder Plinthen, und wo auf all dies verzichtet wird.

▸**haptisch**: den Tastsinn betreffend

▸**konkav**: nach innen gewölbt

▸**konvex**: nach außen gewölbt

▸**Relief**: s. S. 11

▸**Bauplastik**: architekturgebundene Plastik; s. S. 30

▸**Nischenfigur**: Skulptur, die in einer Wandnische steht, oft von Frontalität und durch ihre Kontur bestimmt

▸**Rundplastik**: allseitig plastisch durchgearbeitetes Bildwerk

▸**Plinthe** (griech. plinthos: viereckiger Ziegel): Fußplatte einer Plastik

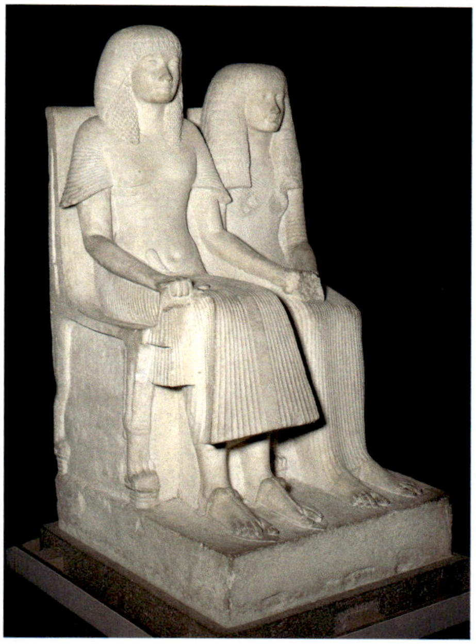

Gedenkstatue eines Ehepaares, Ägypten, um 1350 v. Chr. Kalkstein, Höhe 132 cm. London, British Museum

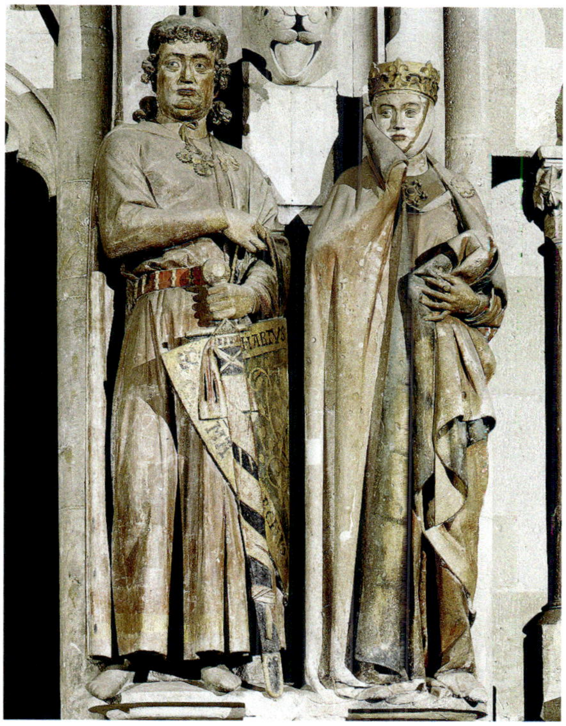

Stifterfiguren Ekkehard und Uta, nach 1249. Kalkstein, Höhe 198/192 cm. Naumburger Dom, Westchor

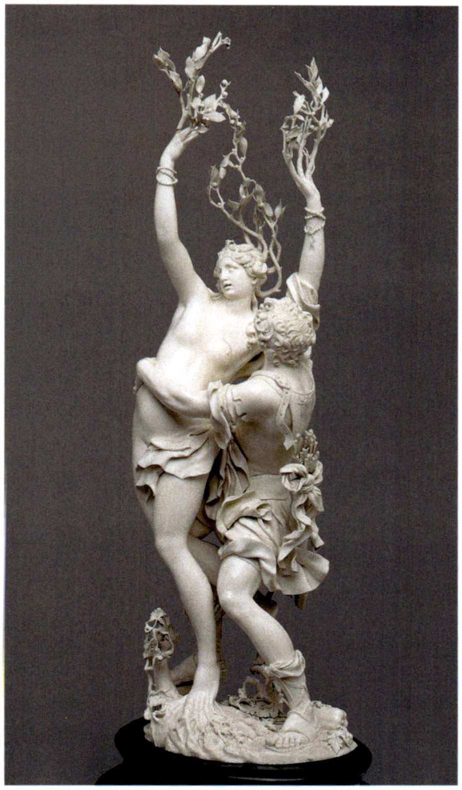

Jakob Auer: „Apoll und Daphne“, um 1688/90. Elfenbein, Höhe 43,9 cm. Wien, Kunsthistorisches Museum

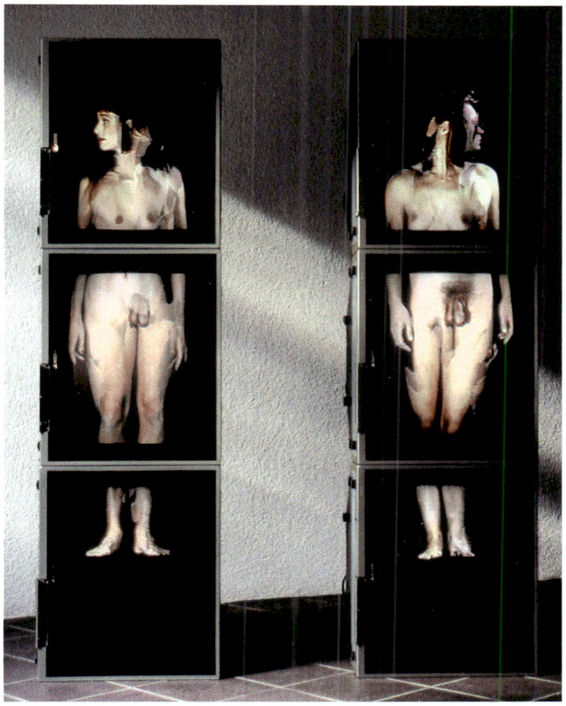

Franziska Megert: „Das Spiel mit dem Feuer“, 1989. Videoinstallation, 250 × 180 × 100 cm. Karlsruhe, Zentrum für Kunst und Medientechnologie

# Analyseschema zur Bestimmung von Plastik, Objekt und Installation

## Erfassung

### Sachliche Werkangaben und Beschreibung

**Werkdaten**
Künstler, Titel, zeitliche Einordnung, Werkstoff/Technik/Verfahren, Gattung (Skulptur – Plastik – Readymade – Objekt – Montageplastik – Environment – Land Art – ...), Größe, Aufstellungs- bzw. Standort, Stadt

**Persönlicher Zugang**
spontaner erster Eindruck, Wirkung und Assoziationen

**Beschreibung**
Gesamtzusammenhang, Thema, Hauptmotiv, Nebenmotive, Gegenstände, Handlungen, Beziehungen, Größenkategorie (Kleinplastik/Statuette, Großplastik, Monumental- oder Kolossalplastik), Darstellungstendenz (abbildend – idealisierend – stilisierend – karikierend – deformierend – abstrahierend – frei geformt – autonom)

**systematische Beobachtung und Wiedergabe des sichtbaren Bestandes sowie der subjektiv wahrgenommenen Gesamtwirkung**

## Untersuchung

### Erschließung der Gestaltungsmittel und ihres Zusammenwirkens

**Volumen, Masse, Gewicht**
Dimensionen und Massevolumen, optisches – tatsächliches Gewicht, Masseverteilung, Schwerpunkt und Teilvolumina, Raumvolumen (mitgeformte Raumanteile)

**Formen**
Formencharakteristik (organisch – geometrisch, linear – flächig – plastisch, gewölbt – gehöhlt, gerundet – eckig – spitz, Hohl- oder Mantelform) verwendete Grundelemente, Formenvielfalt, Formverbindungen oder -kontraste

**Material, Oberfläche, Licht und Schatten**
Materialeinsatz, -verarbeitung, -wirkung, Oberflächencharakter (stumpf – reflektierend – durchlässig/-sichtig, rau – matt – glatt – spiegelnd), künstlerische Bearbeitungsspuren – industrielle Fertigung, Fassung/Farbigkeit (▸ Polychromie), Vergoldung, Glasur, ▸ Patina, Fundobjekt, ▸ Assemblage, Montage, Beleuchtung, Lichtreflexion und Schattenbildung, Lichtbild-/ Videoprojektion, Lautsprecher, Motoren

**Bewegung**
äußere und innere Bewegung figurativer Plastik (Aktivität, Wahl des Moments, Gewandfalten, Gestik, Mimik), Formdynamik abstrakter Plastik, Bewegungsabläufe kinetischer Plastik

**Körper-Raum-Bezug**
Standort und Umfeld (Innen-/Außenraum), Verhältnis zum Hintergrund, Bezug zur Architektur, evtl. als Bauplastik (Säulenplastik, ▸ Atlanten, ▸ Karyatiden), Verhältnis von Körpermasse und Umraum (Raum verdrängend/abweisend/enthaltend/ greifend/durchdringend/umschließend/ verbindend), Kern-/Körperplastik – Raum-/Volumenplastik

**Kontur, Ansichtigkeit und Betrachterbezug**
Umriss (blockhaft - geschlossen – durchbrochen - offen),

▸**Polychromie:** Vielfarbigkeit

▸**Patina** (ital.): durch chemikalische Prozesse auf Metallen entstehende grünliche, gelegentlich auch bläuliche oder rötliche Schicht

▸**Assemblage, Montage:** s.S.13

▸**Atlant** (griech.-lat.): Stützfigur als Gebälkträger der Architektur; benannt nach dem Riesen Atlas, der in der griechischen Sage das Himmelsgewölbe trägt

▸**Karyatide** (griech.-lat.; auch griech. Kanephore: Korbträgerin): weibliche Stützfigur mit langem Gewand als Gebälkträgerin der Architektur; ihr Name ist vermutlich von Frauen der griechischen Stadt Karyai abgeleitet

Wahrnehmungsraum und Blickführung:
Einansichtigkeit (Nischen-, Wandfigur) –
Mehransichtigkeit (mit Hauptansicht) –
Allansichtigkeit (mit Schauseiten) –
Begehbarkeit (eventuell mit Interaktion),
Stand-, Sitz-, Liege-, Hängeplastik,
Präsentation (Sockel, Postament, Bodenplatte, Bodenplastik),
Aufforderungscharakter (Distanz – Kontakt)

**Komposition**
Anordnung, Gliederung und Gewichtung (Statik - Gleichgewicht – ▸ Ponderation – Tektonik - Rhythmik – Dynamik – Labilität), Achse(n), Symmetrie - Asymmetrie, Richtungstendenz(en) bzw. Gerichtetheit

▸**Ponderation** (lat. pondere: abwägen): Ausgleich von Gewichtsverhältnissen innerhalb einer Figur durch die Beziehungen zwischen Bewegung und Gegenbewegung, zwischen Be- und Entlastung einzelner Glieder

**Analyse der bildnerischen Mittel mit Fazit über ihr wechselseitiges Zusammenwirken und zur Darstellungsweise insgesamt**

## Interpretation

**Einordnung, Reflexion und Deutung der künstlerischen Absicht**

In-Bezug-Setzen des Werkes, z.B.
- zu seiner (ursprünglichen) Funktion,
- zum historischen Umfeld (Ereignisse, Politik, Gesellschaft etc.),
- zum Weltbild, zu Leitgedanken seiner Zeit (Literatur, Philosophie, Religion etc.),
- zum Betrachter oder Auftraggeber,
- zur Biografie des Künstlers,
- zu verwandten Werken der Kunstgeschichte,
- zu der eigenen Wahrnehmung

Erklärung der Motive, Symbole etc. und ihres Zusammenhangs,
Prüfung des Verhältnisses der Darstellungsweise zur sichtbaren Realität,
Erläuterung der Beziehung von Form und Inhalt,
Formulierung einer persönlichen Stellungnahme durch Rückbezug auf den ersten Eindruck (Bestätigung – Korrektur - Widerruf),
Diskussion einer möglichen aktuellen Bedeutung des Werkes

**Formulierung von Thesen zur künstlerischen Absicht und Bewertung – abgeleitet aus den Untersuchungsergebnissen und begründet durch Einbindung in größere Zusammenhänge**

**Arbeitsanregungen:**

1. Erproben Sie das Analyseschema an einem der Werke des Bandes. Notieren Sie sich dabei entstehende Fragen sowie offene Probleme, auch mögliche Wege zu ihrer Lösung.
2. Vergleichen Sie die abgebildeten Werke mithilfe des Analyseschemas.

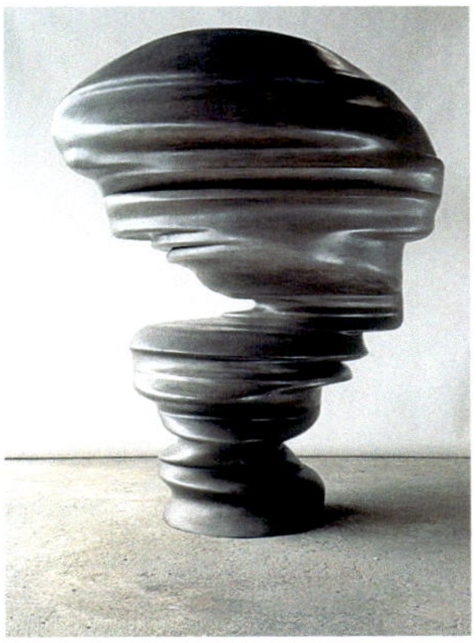

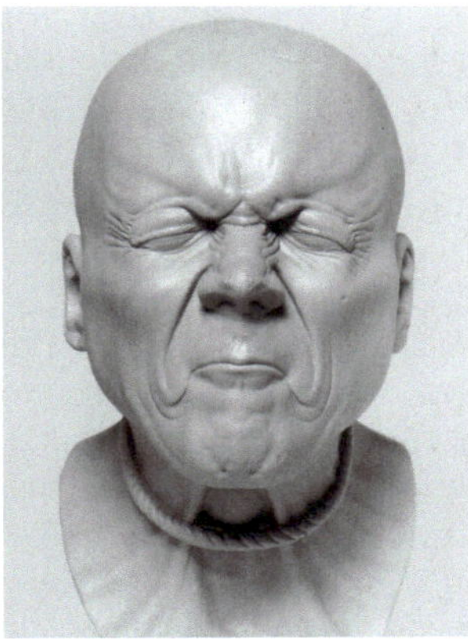

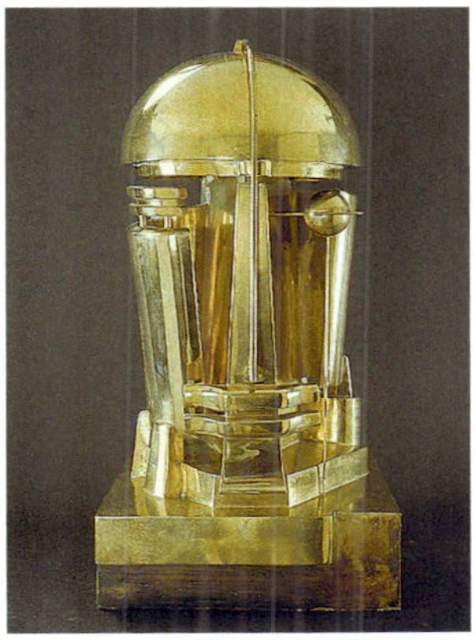

**Links:**
**Anthony Cragg: „Point of View", 2002. Bronze, 265 × 230 × 145 cm**

**Mitte:**
**Franz Xaver Messerschmidt: „Ein Erhängter", 1770–1777. Gips, Höhe 43 cm. Wien, Österreichische Galerie**

**Rechts:**
**Rudolf Belling: „Skulptur 23", 1923. Bronze, auf Messingfarbe legiert, poliert, 41,5 × 21,5 × 23,5 cm. Kaiserslautern, Museum Pfalzgalerie**

**Vorgeschichte/ Ägypten**
**– 1. Jh. v. Chr.**

**um 30 000** v. Chr. früheste erhaltene Kleinplastiken

**um 10 000** v. Chr. Beg. v. Ackerbau und Viehzucht; Keramik

**um 2500** v. Chr. Pyramiden v. Gizeh, Stele des Mykerinos

**um 1350** v. Chr. Herrschaft Echnatons; Büste d. Nofretete

**Antike**
**8. Jh. v. Chr. – 476 n. Chr.**

**um 440** v. Chr. Ende der Perserkriege; Doryphoros von Polyklet

**um 173** v. Chr. Reiterstandbild des Marc Aurel

**um 330** n. Chr. Kolossalstatue Konstantins d. Gr.

**476** n. Chr. Untergang des weströmischen Reiches

**außereuropäische Hochkulturen**
**2. Jt. v. Chr. – 16. Jh. n. Chr.**

**221–206** v. Chr. Herrschaft des 1. chinesischen Kaisers

**4. Jh.** n. Chr. Beg. d. Hochblüte in der Bildhauerkunst

**1201** Beg. der Inka-Kultur in Peru

**1521** Zerstörung der aztek. Hauptstadt Tenochtitlan durch die Spanier

**▸Statuette** (franz.: kleine Statue): Bezeichnung für Standbilder bis zur Höhe von knapp einem Meter, die ihren Gegenstand verkleinert wiedergeben

**▸Keramik** (griech. keramos: Ton): Sammelbegriff für vorzugsweise künstlerisch gestaltete Werke aus gebranntem Ton, im engeren Sinne Tongefäße und Kleinplastiken aus Ton

**▸Idol** (griech. eidolon: Bild, Götzenbild): Begriff für – meist figürliche – Gegenstände der Verehrung

**▸Hochkultur:** hoch entwickelte Kultur mit zentraler Herrschaftsorganisation, Arbeitsteilung, Schriftlichkeit, Ansätzen von Wissenschaft und Technik, darüber hinaus auch besonderen geistigen und künstlerischen Zeugnissen

**▸Mosaik:** Flächendekoration aus kleinen, zusammengesetzten und zumeist farbigen Stückchen, oft aus Glas oder Keramik

# Von der Vorgeschichte zur Antike

## Masken und Idole: Steinzeit, Naturvölker, außereuropäische Hochkulturen

Über das bildhauerische Gestalten der Menschen in der Vor- und Frühgeschichte ist noch vieles im Ungewissen. Sind die erhaltenen Werke erste Zeugnisse einer Nachahmung der Natur oder einer freien, imaginativ schöpferischen Kraft? Sehen wir in ihnen die Geburt der Kunst oder bloß einen Zweck, etwa als symbolisches Hilfsmittel für den Jagdzauber?

Vor etwa 200 000 Jahren entstand als bis dahin letztes Glied in der Evolutionskette der Homo sapiens, seit 100 000 Jahren existiert unser direkter Vorfahre, der Homo sapiens sapiens. Durchbohrte Schneckenhäuser (als Schmuck?) sind bereits aus der ersten Zeit seines nachweislichen Daseins erhalten, in Afrika entdeckte man frühe Ritzzeichnungen. Als vor 40 000 Jahren der neue Menschentyp nach Europa wanderte, hinterließ er auch dort seine Spuren: Ritzzeichnungen auf bearbeiteten Werkzeugen und erste skulptural gestaltete kleine Figuren. Die frühesten Funde stammen nach derzeitigem Kenntnisstand aus der Gegend um Ulm in Deutschland.
Dazu zählt auch der Löwenmensch (s. Abb. S. 19), der in etwa 200 Einzelteile zerfallen war und rekonstruiert werden musste. Seine Form ergibt sich aus dem verwendeten Material, dem Stoßzahn eines kleinen Mammuts. Mit ihrer halb tierischen, halb menschlichen Gestalt wirft die ▸Statuette Fragen auf: Zeigt sie eine Großkatze, die damals noch in Europa verbreitet und der gefährlichste Feind des Menschen war? Oder ist ein Schamane dargestellt, verkleidet im Löwenfell und im Begriff, die Raubkatze durch Zauberei zu bannen?

Vor etwa 10 000 Jahren begann die Sesshaftwerdung des Menschen mit Ackerbau und Viehzucht; im Laufe dieser Entwicklung entstand in der Jungsteinzeit die ▸Keramik. Bald schon folgte im Orient das Zeitalter der Metalle, erst die Bronze-, dann die Eisenzeit, deren Errungenschaften sich in Europa aber erst im 1. Jahrtausend v. Chr. belegen lassen. Mit der Entstehung von Schrift und Zeitrechnung hatte in Ägypten und im Vorderen Orient bereits um 3 000 v. Chr. die Geschichte begonnen.

In dieser Zeit war die griechische Inselgruppe der Kykladen trotz erster Bronzeverarbeitung noch stark von der Steinzeit geprägt. Dort fand man zahlreiche kleinere ▸Idole aus Marmor, die vermutlich einst bemalt waren. Ob sie im Totenkult als Begleiter für das Jenseits oder dem Opfer dienten, ist nicht bekannt.

Sogenannte „Primitive“ – heute als „Naturvölker“ bezeichnet – trugen lange Zeit ihre uralten, steinzeitlichen Lebensweisen und religiösen Vorstellungen von Generation zu Generation weiter. Dazu zählt der Geisterglaube, nach dem jeder Baum, jedes Tier eine Seele besitzt, die man durch Magie beeinflussen kann. In den rituellen Handlungen spielen Masken eine zentrale Rolle, ihre Träger sollen von einem Geist oder einem Vorfahren beseelt werden. Unter Masken vollziehen junge afrikanische Männer ihre Aufnahme in die Gemeinschaft der Erwachsenen, mit Masken werben sie beim Tanz um Frauen, indem sie diese nachahmen.
Masken konnten in den ▸Hochkulturen Altamerikas (um 2000 v. Chr. – 1519 n. Chr.) auch aus kostbaren Materialien wie Gold, Obsidian oder Jade bestehen, die z. T. zu ▸Mosaiken verarbeitet wurden. Türkis stand dabei symbolisch für das Wasser, den Tag und den Himmel.

**Arbeitsanregungen:**

1. Erkundigen Sie sich näher über Schamanen, Fetische, Idole und erklären Sie die Wirkung der abgebildeten Werke.
2. Fertigen Sie in der Klasse kleine Idole, die trotz vereinfachter Formen jeden Einzelnen treffend kennzeichnen.
3. Gestalten Sie eine Maske, mit der Sie um einen Partner werben möchten, eine andere, um ihn wieder zu verschrecken.

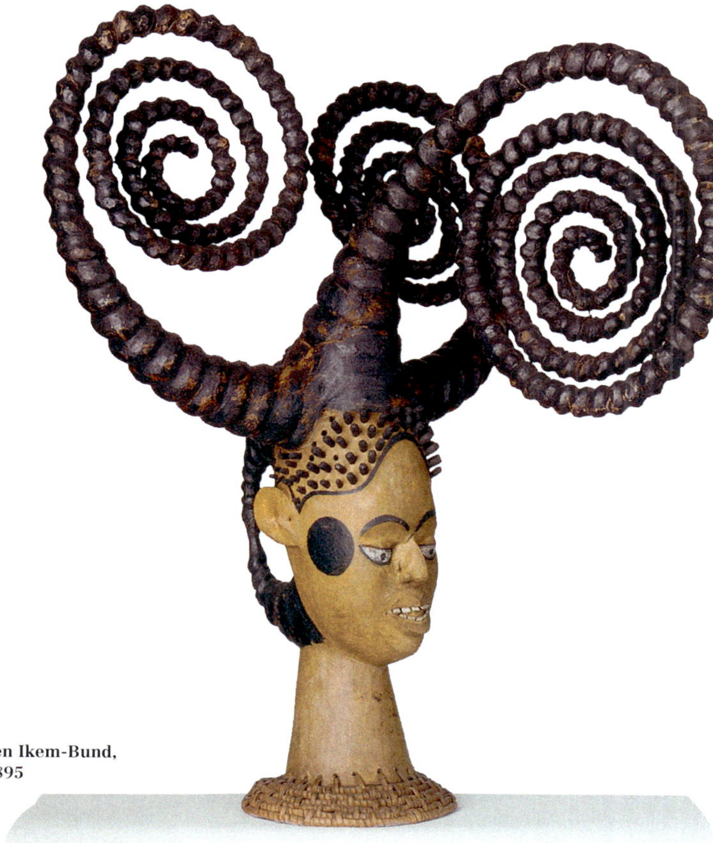

Aufsatzmaske für den Ikem-Bund, Efik (Nigeria), um 1895 bemaltes Holz, Stuttgart, Linden-Museum

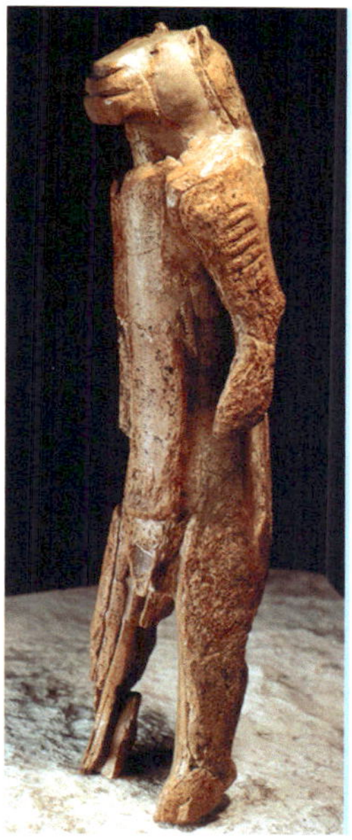

Löwenmensch aus Hohlenstein-Stadel im südwestlichen Deutschland, um 32.000–30.000 v. Chr. Elfenbein, ca. 30 cm hoch. Ulm, Ulmer Museum

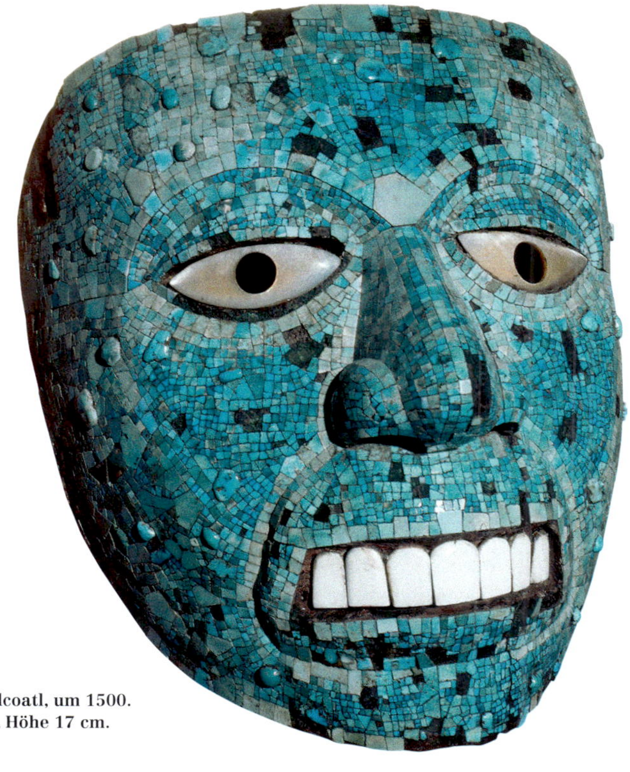

Aztekische Maske des Quetzalcoatl, um 1500. Türkis und Perlmutt auf Holz, Höhe 17 cm. London, British Museum

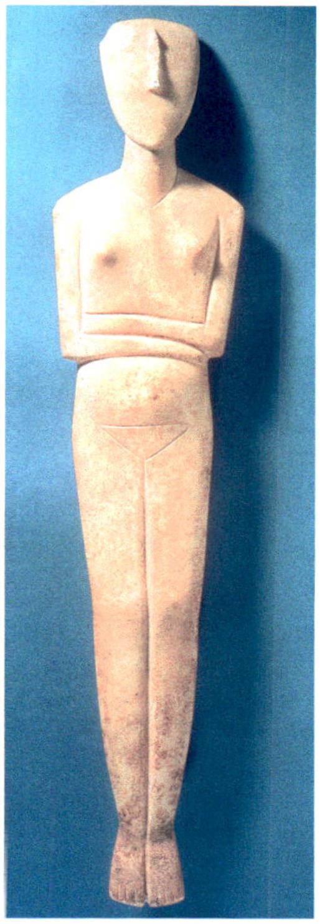

Weibliches Idol, 2700–2400 v. Chr., Marmor. Karlsruhe, Badisches Landesmuseum

# Pharao und das Jenseits – Plastik in Ägypten

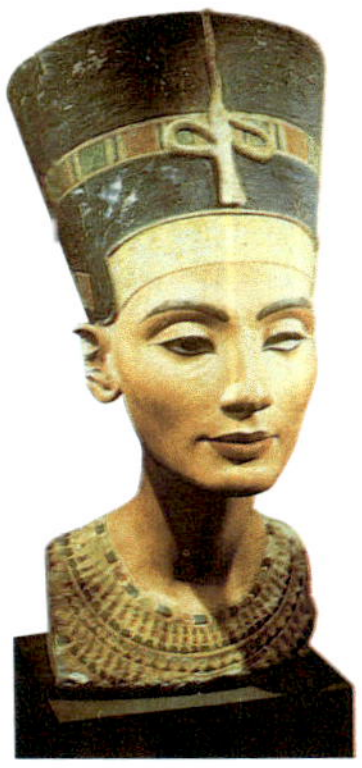

**Thutmosis: Büste der Nofretete, um 1360 v. Chr. Kalkstein und Gips, Höhe 52 cm. Berlin, Ägyptisches Museum**

Für die Menschen im Alten Ägypten war der Pharao König und Gottheit zugleich. Die Verbindung von unbegrenzter weltlicher Herrschaft und himmlischer Abstammung in seiner Person schien dem Reich Sicherheit zu garantieren. So waren zunächst die verschiedenen Gottheiten und der Pharao beherrschende Motive der ägyptischen Skulptur, als thronende ▸Sitzfigur oder als konzentriert angespannte ▸Stand-Schreitfigur. In späterer Zeit ließen sich auch hohe Beamte in dieser Weise darstellen.

Ein fester Glaube an das Weiterleben im Jenseits verschaffte der Plastik ihre besondere Rolle im Totenkult. Sie diente in der verschlossenen Grabanlage als Sitz der Seele und konnte darüber hinaus auch beschützende Gottheiten darstellen. Dazu kamen kleine Figuren aus Ton oder bemaltem Holz als Grabbeigaben. Sie vertraten gewohnte Dinge aus dem alten Leben, die man auch im neuen nicht missen wollte. Wandmalereien oder auch ▸Reliefs ergänzten die Ausschmückung der Grabkammer. Diese Grabkunst war nicht öffentlich sichtbar und geprägt von der Erwartung ewiger Dauer – sie stand für eine fest gefügte, unumstößliche Ordnung.

Die ▸Stele des Mykerinos aus Granit fand man im Taltempel, der zur Pyramide des Pharao Mykerinos (bei Gizeh) gehört. Die Figuren vor der hohen Rückenplatte zeigen typische Merkmale der ägyptischen Plastik:

- frontale Ausrichtung,
- symmetrische Anordnung (Längsachse),
- kompakte bis fest-starre Form,
- geglättete, vereinheitlichte Oberflächen,
- strenge, schematische Proportionen.

■ *Dieses Werk aus grünem Schiefer stammt aus der 4. Dynastie. König Mykerinos wird frontal in blockhafter, monumentaler Form dargestellt. Die Figur ist sogar in der ausbalancierten Schritthaltung statisch und in ihrer Form groß und gespannt. Zur Rechten steht die Göttin Hathor. Auf ihrem Kopf trägt sie die von Kalbshörnern eingerahmte Sonnenscheibe. Links sieht man* [die Göttin] *einer Provinz Nordägyptens. Durch Anbringung des schwarzen Hundes über dem Kopf der Frau wird die Symbolaussage präzisiert. Beide Figuren berühren den König am Arm. Die Umrisslinie der Königsfigur, die ohne Rücksicht auf die Perspektive aus dem Hintergrund herausgelöst wird, ist knapp gezogen. Gesichtsausdruck und Gebärde sind streng, durch die Krone Oberägyptens auf dem Haupt wird die symmetrische Anlage des Bartes betont. Der plissierte Schurz bildet ein fächerförmiges Gebilde um die Hüften. Bei den Göttinnen mit den schwach ausgebildeten Brüsten, dem durchsichtigen Schleier über dem Schoß und den symmetrisch fallenden Haaren drückt sich die Autorität in den bekrönenden Symbolen aus, die ein Vorrecht des Königs sind. In ihrer monumentalen Form ist die Figur des Mykerinos beherrschend, sie interpretiert mit extremer Genauigkeit jene frontale und symmetrische Anlage, die ein bleibender ▸Kanon der ägyptischen Skulptur* [...] *ist. Insgesamt wird das Bemühen deutlich, die Autorität des Königs stärker hervortreten zu lassen als die realistischen Elemente seiner Persönlichkeit. In diesem Sinne ist das Gesicht kein Porträt, das in jeder Hinsicht Ausdruck des vergänglichen Lebens wäre, sondern ein Abbild und ein Symbol der Ewigkeit, der Macht und Transzendenz.*

Pischel 1982, S. 70

Eine wesentliche Veränderung fand die ägyptische Kunst nur während der Epoche von Echnaton (Regierungszeit 1351–1336 v. Chr.), der mit den Jahrtausende alten Traditionen brach. Aus dieser Zeit stammt die ▸Modellbüste von Nofretete, seiner Gemahlin. Der deutsche Ägyptologe Ludwig Borchardt fand sie 1912 im verlassenen Altelier des Oberbildhauers Thutmosis – nach dem Tod des Pharaos und der Königin war dieses Werkstück nutzlos geworden. Ob sie ein naturgetreues oder ein idealisiertes Porträt darstellt, ist heute umstritten.

**Arbeitsanregungen:**

1. Formulieren Sie Regeln ägyptischer Kunst.
2. Gestalten Sie in Gruppenarbeit das Modell einer ägyptischen Grabkammer mit Plastiken und Wandmalereien.

▸**Sitzfigur**: Darstellungstypus in aufrechter Sitzhaltung als Verdeutlichung einer herausragenden Position

▸**Stand-Schreitfigur**: Darstellungstypus im Zwischenbereich von Gehen (Bereitschaft zur Bewegung) und Stehen (Festigkeit) mit angedeuteter Schrittstellung

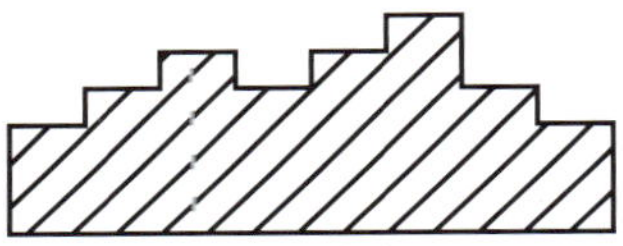

erhabenes Relief

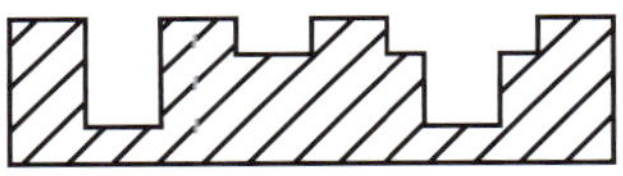

versenktes Relief

▸**Relief** (lat. relevare: in die Höhe heben): an die Fläche als Grund gebundene plastische Darstellung; eingegrabene, versenkte Reliefs als ägyptische Sonderform

▸**Stele** (griech.: Grabstein, Pfeiler):aufrecht stehende Steinplatte mit bildlicher Darstellung

▸**Kanon** (griech.): Regel, Richtschnur, Leitfaden

▸**Modellbüste**: Arbeitsmodell, das als Muster für andere Werke dient in der Form eines Brustbildes vom Kopf bis zu den Schultern

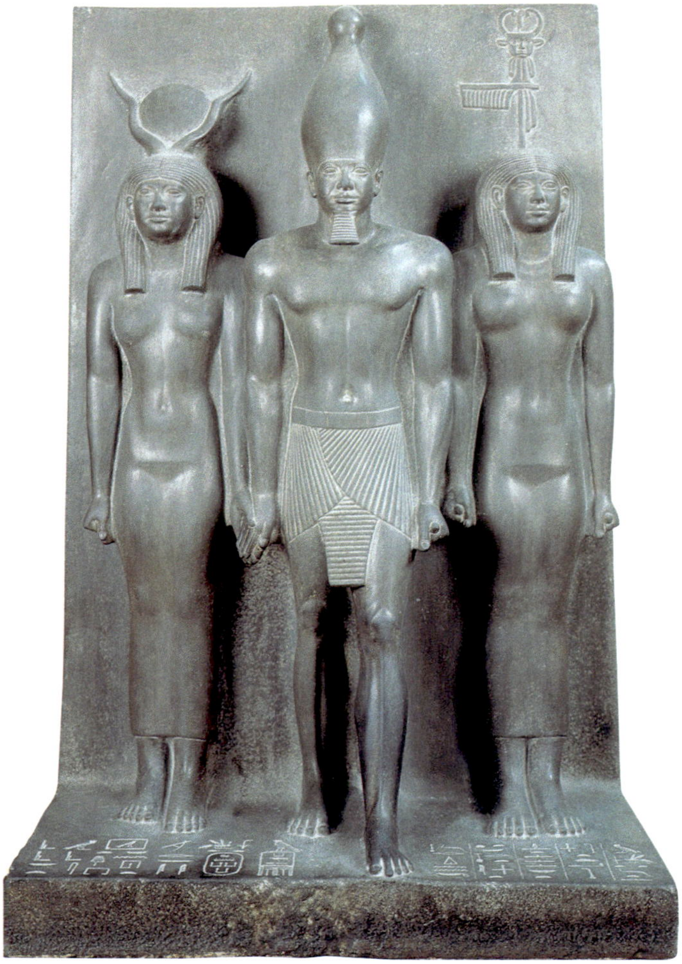

Stele des Mykerinos, um 2500 v.Chr. Grauwacke, Höhe 96 cm.
Kairo, Ägyptisches Museum

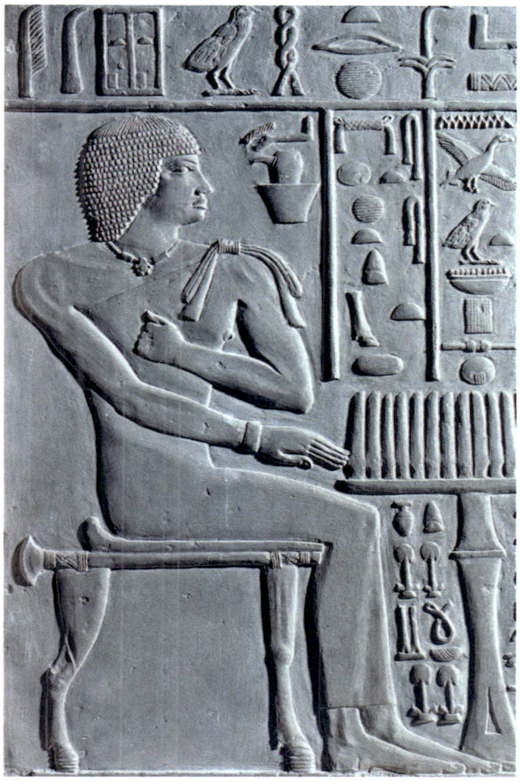

Grabrelief des Huti aus Sakkara (Detail), 2500–2400 v.Chr.
Kalkstein. Kairo, Ägyptisches Museum

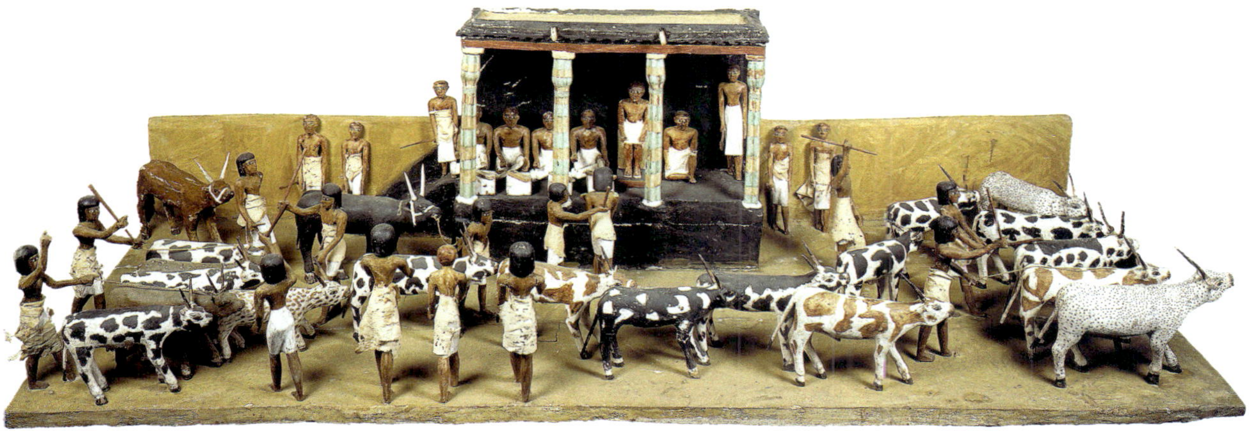

„Viehzählung". Holzmodell aus dem Grab eines hohen Beamten namens Meketre, um 2000 v. Chr. 55,5 × 173 × 72 cm.
Kairo, Ägyptisches Museum

# Griechische Klassik: Männliche „Körper“ in Vollendung

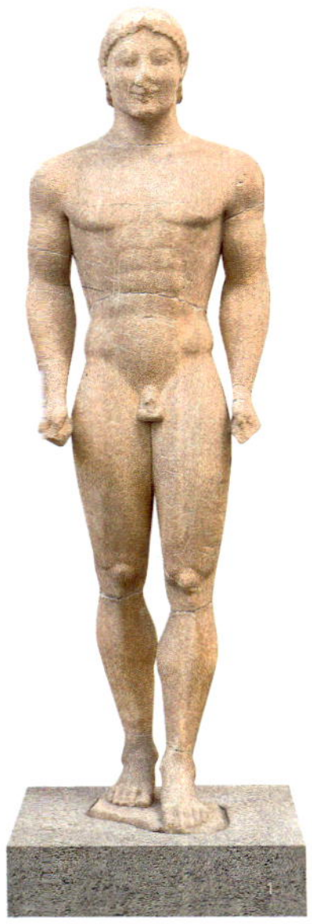

**Jüngling aus Attika, sog. Münchner Kuros, 540/30 v. Chr. Marmor, Höhe 210 cm. München, Glyptothek**

Nahezu alle griechischen Städte der Antike besaßen ein Gymnasion (griech.: Platz, wo man unbekleidet ist), an dem junge Männer sich nackt in sportlichen Wettkämpfen maßen. Dem athletisch ausgebildeten Körper kam in der Kultur Griechenlands eine zentrale Rolle zu. Betrachtet man die erhaltenen klassischen Bildwerke aus dem 5. Jh. v. Chr. (bzw. deren Kopien aus römischer Zeit), so gab es ein männliches Schönheitsideal: breite und gerade Schultern, ein muskulös und gleichmäßig durchgebildeter Oberkörper, kräftige Arme und Oberschenkel.
Allerdings wirken die lebensgroßen Standbilder von jungen Männern aus dem 7. bis 6. Jh. v. Chr., die ‣Kuroi, noch vergleichsweise starr und wenig differenziert. Ihre Entwicklung ging wohl von ägyptischen Vorbildern aus (s. S. 20 f.) und vollzog sich in Etappen:

■ *Anfangs fügen sich die* [Körper der Kuroi] *in ein festes Schema ein, bei dem auf anatomische Genauigkeit wenig Wert gelegt wurde. Doch schnell lässt sich eine Entwicklung zu größerer Realität beobachten.* [...] *Anstatt den Oberkörper nur als Dreieck mit gewissen Leisten und Furchen darzustellen, modellierten die Bildhauer nun auch Schlüsselbeine und Schulterblätter, Bauch und Wirbelsäule. Während man früher glaubte, dass ein Kuros den Gott Apollon verkörpere, kann nach heutiger Auffassung jeder potenzielle aristokratische Held in der Blüte seiner Jugend auf diese Weise verewigt sein. In jeder ‣Dekade dieses Gattungstyps wird die Statue der tatsächlichen menschlichen Erscheinung immer ähnlicher. Innerhalb von kaum mehr als 100 Jahren war das künstlerische Ziel erreicht: Die Skulptur eines Mannes sah aus wie ein Mann.*

Spivey 2006, S. 71

„Der Mensch ist aller Dinge Maß“, formulierte der griechische Philosoph Protagoras im 5. Jh. vor Christus. Der Bildhauer **Polyklet** (tätig um 450 – ca. 420 v. Chr.) verfolgte diese Idee in der Plastik wohl am reinsten. Dennoch ist sein Werk nur in römischen Marmorkopien überliefert; ebenso wenig ist der von ihm verfasste ‣„Kanon“ im Original erhalten. Diese Proportionslehre für die Plastik behandelte die mustergültige Gliederung der Körperteile zueinander und zum Ganzen durch geordnete Zahlenverhältnisse. Die Annahme ist bei solchen Gestaltungsregeln – wie beim ‣Goldenen Schnitt –, dass sich das ideal Schöne aus lauter gesetzmäßig konstruierten Einzelmaßen zusammensetzt.

Zieht man imaginäre Achsen durch die Statue, so zeigt sich das Streben nach Ausgleich der Gegensätzlichkeiten. Der „Doryphoros“ (griech.: Speerträger) steht im ‣Kontrapost, d. h. das belastete Standbein und das unbelastete Spielbein sind deutlich unterschieden. Der linke Fuß ruht nur auf den Zehenspitzen, so dass sich das Becken über dem Standbein, auf dem das ganze Körpergewicht ruht, leicht nach oben verschiebt. Dadurch wird der Rumpf über dem Standbein gestaucht, über dem Spielbein aber gedehnt. Die Schultern antworten dieser Stellung mit einer leicht ausgleichenden Neigung zur Standbeinseite hin. „Erstmals [in der Geschichte der Plastik] wirkt sich das Standmotiv auf den Aufbau der ganzen Statue aus.“ (Johannsen 2005, S. 33)

Das Streben nach Harmonie (griech.: Einklang) ist das Ideal der Zeit. Trotz Spannungen im Körper nimmt der „Doryphoros“ eine insgesamt entspannte Haltung ein, zeigt Symmetrie (griech.: Ebenmaß) und Ausgewogenheit. Der Mensch ist in ein Verhältnis gesetzt. Um das zu erreichen, wich Polyklet vom Naturvorbild ab. Sichtbar ist dies bei überbetonten Gliederungen, etwa in der Trennung von Ober- und Unterkörper durch den V-förmigen Darmbeinkamm aus Muskeln und Sehnen.

**Arbeitsanregungen:**

1. Stellen Sie sich mit Stand- und Spielbein auf und markieren Sie die Achsen (Schultern und Becken) mit Stäben.
2. Suchen Sie in Abbildungen männlicher Körper aus allen Zeiten nach Idealen und Extremen. Wann spielte Schönheit des Körpers eine Rolle?
3. Diskutieren Sie: In welcher Skulptur steckt mehr „Kunst“ und „Konstruktion“, im Kuros oder im Doryphoros?

‣**Kuros** (griech.: Jüngling, Mehrzahl: Kuroi): Typus der nackten, stehenden Jünglingsstatue mit leicht vorgestelltem linken Bein und angedeutetem Lächeln während der Archaik (7./6. Jh. v. Chr.); Kore als (bekleidetes) weibliches Gegenstück

‣**Dekade** (griech.-lat.): Zeitraum von 10 Jahren

‣**Kanon** (griech.): Richtschnur, Leitfaden

‣**Goldener Schnitt:** geometrische Konstruktion zur Erzielung von für ideal gehaltenen Proportionen durch Teilung einer Strecke oder Fläche, bei der sich der kleinere Abschnitt zum größeren verhält wie dieser zum Ganzen; von der griechischen Philosophenschule der Pythagoräer entdeckt

‣**Kontrapost** (lat.-ital.: Gegenstück, Gegensatz): Verschränkung und Aufhebung der Gegensätze von Be- und Entlastung, An- und Entspannung, Ruhe und Bewegung in einer plastischen Figur, ausgedrückt in der Unterscheidung zwischen Stand- und Spielbein

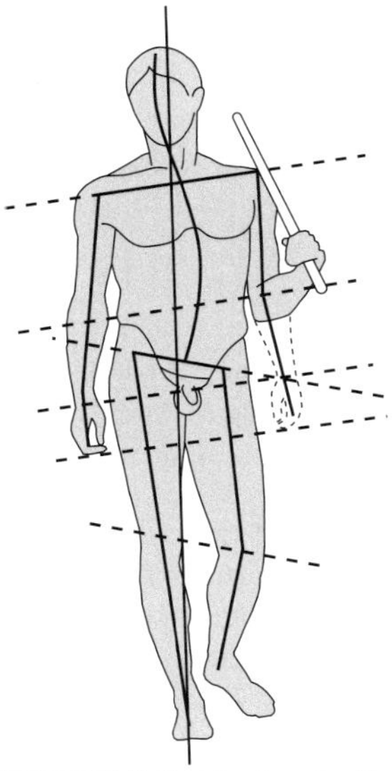

Kontrapost (Achsensystem des Doryphoros)

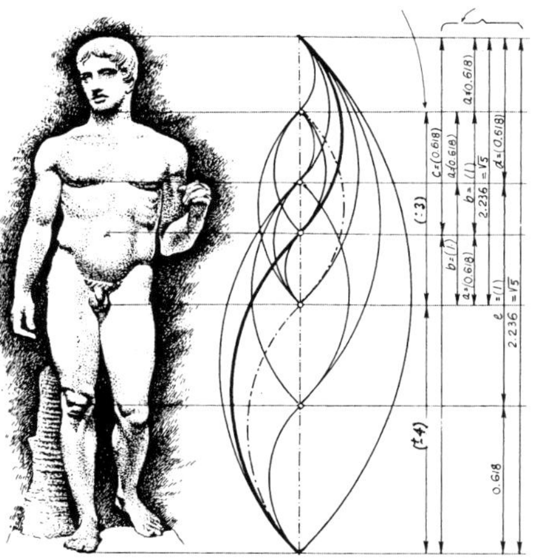

Goldener Schnitt des Doryphoros

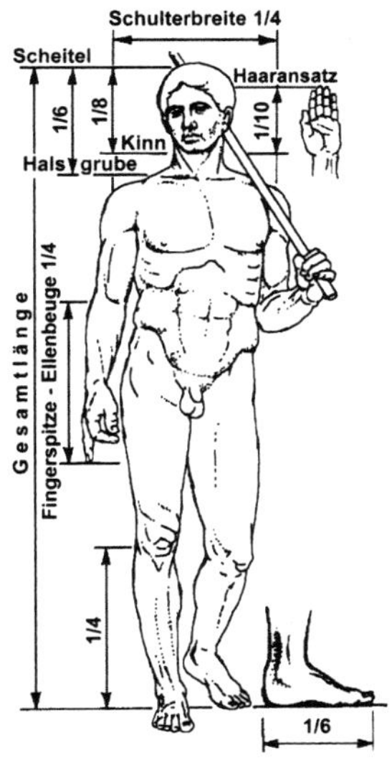


Proportionssystem des Doryphoros

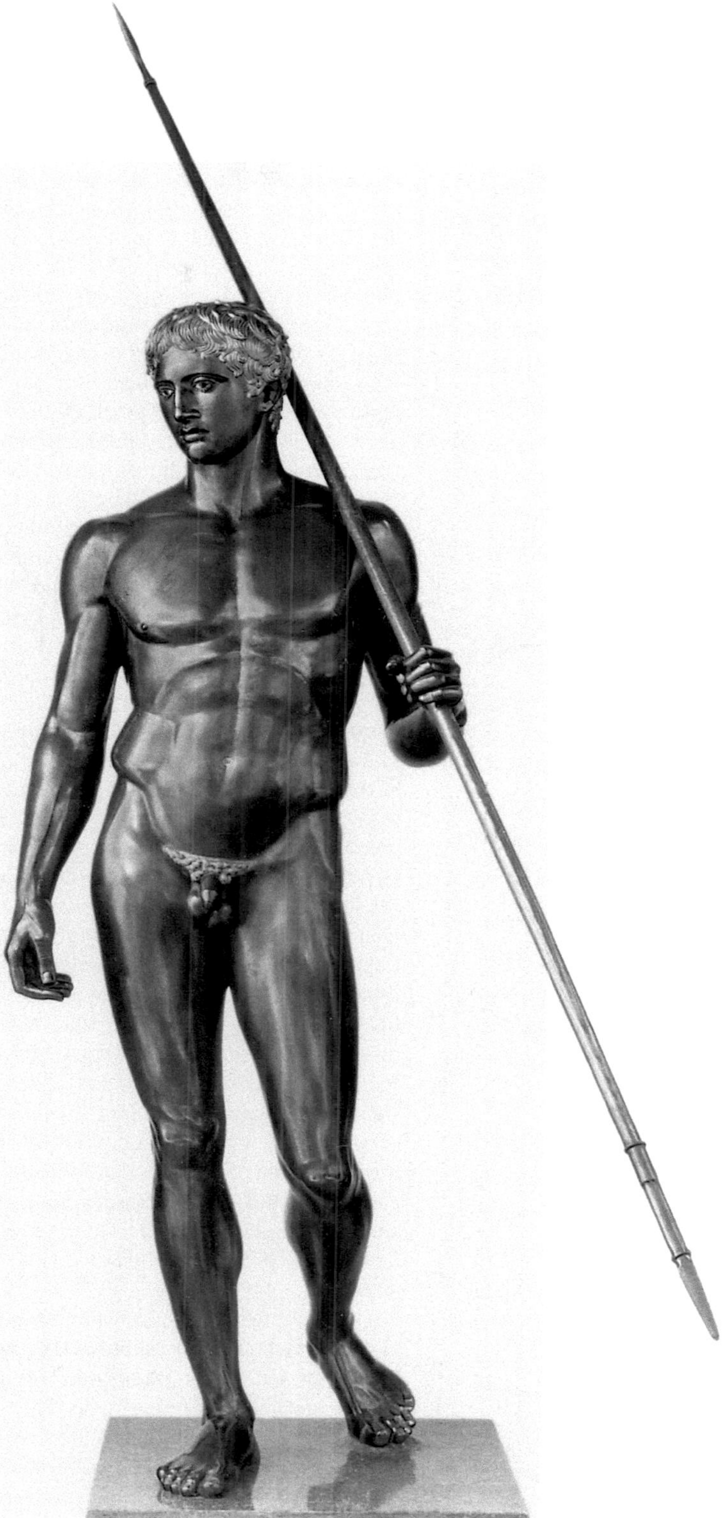

Moderne Rekonstruktion des Doryphoros aus dem 5. Jh. v. Chr., Bronze, Höhe 212 cm. München, Lichthof der Ludwig-Maximilians-Universität

# Hellenismus: Ausdruck in der antiken Plastik

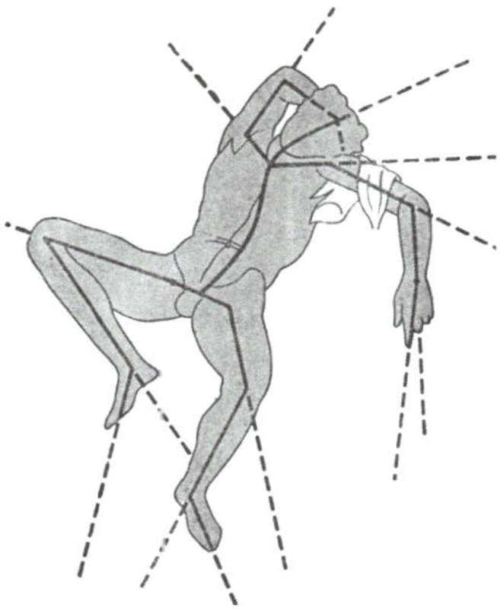

Körperachsen im Barberinischen Faun

▸ **Chiton:** griechisches Gewand, zunächst männliche Tracht, seit dem 6. Jh. v. Chr. in der langen Ausführung eher Fest-, Priester- und Frauengewand

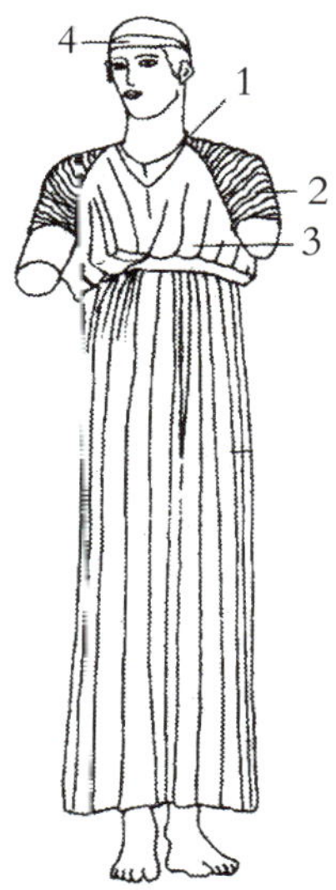


**Gegürteter Chiton**
1 auf dem Rücken überkreuzte Bänder
2 Scheinärmel
3 Bausch über Gürtel
4 Binde

In der geschichtlichen Epoche des Hellenismus zwischen 323 v. Chr. (dem Todesjahr Alexanders des Großen) und 31 v. Chr. (dem Regierungsbeginn von Augustus) breitete sich die griechische Kultur immer weiter aus. Kleinasiatische Königreiche wie das griechische Pergamon wurden zu neuen Zentren. Die Erweiterung des kulturellen Horizonts, die Begegnung mit anderen Mentalitäten brachte durch wechselseitige Beeinflussung Veränderungen in den Werken der Bildhauerkunst mit sich. So waren etwa Standbilder nicht mehr nur an den Heiligtümern zu finden, sondern nun auch im profanen Bereich, als Plastiken in Privatbesitz, die in Villen und Innenhöfen Aufstellung fanden, oder an Monumenten, die der Verherrlichung der Herrscher dienten. Hierin zeigt sich die Wesensänderung der griechischen Plastik im Hellenismus im Vergleich zu ihrem Erscheinungsbild in der Klassik (s. S. 22 f.). Die Skulpturengruppen gewinnen in ihrem Aufbau an Komplexität und sind raumbezogener als früher. Oft ist ein vergänglicher Augenblick gewählt und nicht mehr – wie bisher – ein idealer Zustand. Bewegung ist nicht nur in den Körpern oder Gesichtern, sondern auch an den rauschenden Gewändern ablesbar. Die plastisch reiche und mannigfaltig profilierte Formgebung sorgt dafür, dass das Bildwerk durch Licht- und Schattenwirkung stark belebt wird. Die Statuen zeigen deutlich individuellere Züge, genau beobachtete und fein ausgearbeitete Details zur Charakterisierung der jeweiligen Figur. Erstmals erscheinen Alltagsmotive, zum Teil als recht derbe Szenen. Auch Alte und Greise werden dargestellt, ebenso Kinder. Viele Werke sind beherrscht von Emotion, Dramatik, Schmerz oder unverhüllter Erotik.

Der „Barberinische Faun" stellt einen entrückt schlafenden Satyr, einen der männlichen Begleiter des Weingottes Dionysos, dar. Seinen Namen erhielt das Werk, das um 1622 in Rom gefunden wurde, von der Sammlerfamilie Barberini, in deren Besitz die Skulptur gelangte; Gianlorenzo Bernini, der berühmteste Bildhauer des Barock (s. S. 50 f.), ergänzte die fehlenden Teile. Von der Figur geht eine starke räumliche Wirkung aus: „Über der Figur wölbt sich ein eigenes Kontinuum, der Traum, die Innenwelt des Schlafes, das Reich des Unbewussten." (Thiele 1995, S. 33)

Die „Nike von Samothrake" ist eine Skulptur, die den Sieg der Flotte von Rhodos in einer Seeschlacht verkündet. Kopf und Arme sind bis heute verloren; vielleicht trug sie einst eine Krone, hielt einen Kranz aus Metall in einer Hand oder blies in ein Instrument. Sie ist mit einem dünnen Gewand bekleidet, dem ▸ Chiton, dessen Faltenspiel einen großen Teil des Reizes der Figur ausmacht. Ein hinabgeglittener Mantel füllt den Raum zwischen ihren Beinen und bedeckt nur noch Teile ihres Unterkörpers.
Der Nike geweihte Schiffe galten den Griechen als Heimstatt der Göttin und führten Flottenverbände an. Die Skulptur und Aufstellungsweise der Göttin nimmt auf diesen Umstand Bezug. Sie stand ursprünglich auf einem steinernen Unterbau, der dem Bug einer Galeere ähnelte, an einem Abhang des Hügels oberhalb des Heiligtums der Insel Samothrake. So hat der zeitgenössische Betrachter sie bereits von Weitem sehen können, er blickte von unten und in der Hauptansicht schräg rechts von der Seite aus auf sie. Die Siegesbringerin wirkt aus dieser Perspektive, als sei sie gerade aus dem Himmel herabgeschwebt und auf dem Schiffskörper gelandet: „In der stürmischen Bewegtheit der alle Statik überspülenden Formdetails, in der Stoßkraft des energiegeladenen Körpers entsteht der Eindruck elementarer Urgewalt." (Wolf 2007, S. 35)

**Arbeitsanregungen:**
1. Vergleichen Sie klassische (s. S. 23) mit hellenistischen Plastiken. Belegen Sie die wesentlichen stilistischen Unterschiede.
2. Informieren Sie sich über Renaissance (s. S. 40 ff.) und Barock (s. S. 50 ff.). Wo sehen Sie Einflüsse der griechischen Klassik, wo solche des Hellenismus?
3. Fertigen Sie Faltenwurf-Studien – ähnlich dem „nassen Gewand" der „Nike von Samothrake" – aus gipsgetränkten Tüchern.

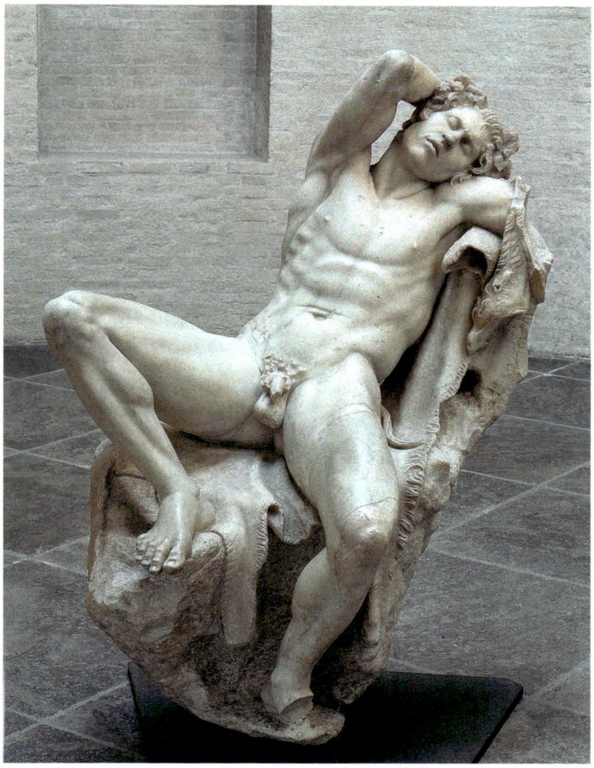

Schlafender Satyr (sog. Barberinischer Faun), um 220 v. Chr. Marmor, Höhe ca. 215 cm. München, Glyptothek

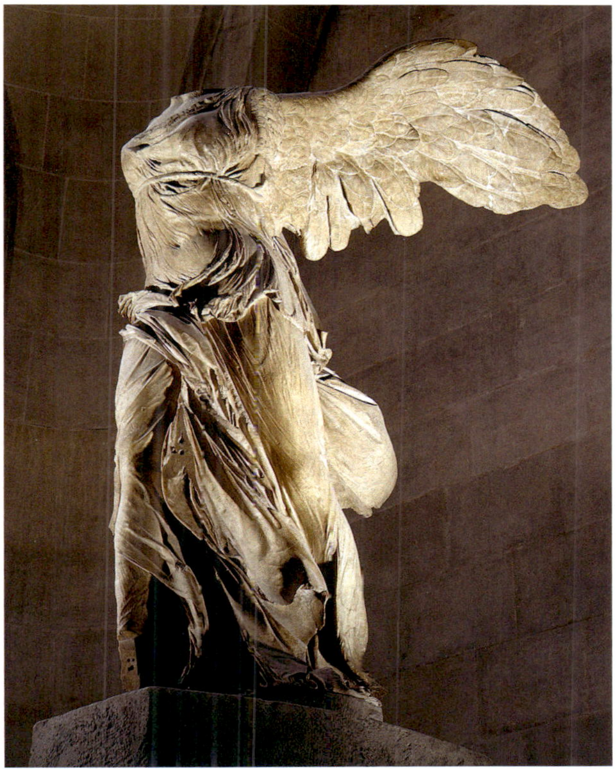

Nike von Samothrake, um 180 v. Chr. Marmor, Höhe 245 cm (ohne Basis). Paris, Louvre

# Ein römischer Kaiser zu Pferde – Marc Aurel

Der römische Kaiser Marcus Aurelius herrschte von 161 bis 180 n. Chr., zunächst zusammen mit Lucius Verus, nach dessen Tod 169 als Alleinherrscher. Marc Aurel galt als feingeistiger „Philosoph auf dem Thron", war jedoch als Kaiser immer bestrebt, das Römische Reich und seine Traditionen zu sichern. Ständig musste er Einbrüche fremder Stämme in das Reichsgebiet mit Feldzügen abwehren. „Mit dem Tod des Kaisers ging das Goldene Zeitalter des Römischen Reiches zu Ende, und es begann das Eiserne." (Cassius Dio, zit. nach Hurter o. J., S.40)

Sein lebensgroßes ▸Reiterstandbild ist als einziges von zahlreichen römischen Bronzen dieser Art erhalten geblieben. Dies verdankt sich dem Umstand, dass man im frühen Mittelalter den Dargestellten für den ersten christlichen Kaiser, Konstantin, hielt und das Standbild daher nicht als heidnisches Bildwerk zerstörte und einschmolz. Ein Reiterstandbild war kein Privileg der Kaiser oder des Adels, auch hohe Beamte ließen sich in dieser Form porträtieren. Gegenüber den ▸hellenistischen Vorbildern zeigen die römischen Arbeiten eine größere realistische Detailtreue – Darstellungen profaner Szenen gelten gemeinhin als die entscheidenden Neuerungen der Römer in der Plastik.
Mit ▸Panzerstatuen versinnbildlichte man den Mut des Dargestellten, Marc Aurel aber wählte das allgemein gebräuchliche Gewand der ▸Tunika für das Reiterstandbild. Sein (in der Realität purpurner) Feldherrnmantel allerdings war ein Privileg des Kaisers. In ihrer Linken trug die Figur – neben den Zügeln – wohl noch ein Zepter oder eine Gottheit, mit der Rechten vollführt sie die grüßende Geste eines Friedensbringers. Unter dem erhobenen Vorderhuf des Rosses befand sich ursprünglich das kleine Standbild eines besiegten und gefesselten Königs.
Durch ihre monumentale Größe, den geschlossenen Umriss und das massive Volumen strahlt die Plastik eindrucksvoll Ruhe, Kraft und Macht aus. Der Kaiser wirkt unerschütterlich und erhaben, aber nicht überheblich, machtversessen oder gar elitär.

Die Herstellung einer solch großen Bronze ist ein aufwendiges Unterfangen. Zusammengesetzt ist sie aus mehreren Teilen, die separat im ▸Wachsausschmelzverfahren gegossen, gereinigt und zusammengelötet wurden. Details arbeitete man in mechanischer Kaltarbeit durch ▸Ziselieren, ▸Gravieren und ▸Punzieren heraus.

Das Bildnis des Kaisers hatte an wichtigen Orten des Reiches bei Staatsakten stellvertretende Funktion. So ließ auch Marc Aurel sich in Porträtbüsten oder in ▸Reliefs vielfach darstellen. Die Abfolge der Reliefs an Triumphbögen römischer Kaiser war immer ähnlich: Jeder Feldzug gegen die Barbaren begann mit einem Opfer, mündete in einen Sieg und endete mit dem Triumphzug in Rom. Marc Aurel, der zugleich auch oberster Priester war, zeigt sich in seinem Opferrelief mit verhülltem Haupt, wie er Weihrauch in die Flamme gibt. Die Toga, mit der er bekleidet ist, war das Kennzeichen des römischen Bürgers. Durch Farbe und Breite der Streifen unterschieden sich die gesellschaftlichen Ränge sichtbar voneinander. Ein Vorbild hat die Darstellungsweise des Opferreliefs in der ▸Togastatue des ersten römischen Kaisers Augustus.

Auf seiner Goldmünze zeigt sich Marc Aurel mit Lorbeerkranz, Harnisch und Paludamentum (ursprünglich Feldherrn-, später Kaisermantel). Rückseiten des von ihm geprägten Geldes zeigen Waffen besiegter Barbaren oder die Siegesgöttin Victoria. In den kurzen Perioden der Ruhe hingegen erschienen Darstellungen des Friedens oder der Hoffnung.

**Arbeitsanregungen:**

1. Erstellen Sie eine vergleichende Tabelle zwischen römischen und griechischen (s. S. 22–27) Werken. Finden Sie mithilfe des Analyseschemas (S. 16 f.) selbst geeignete Aspekte des Vergleichs.
2. Erklären Sie die Form und den Sinn der vier Darstellungen von Marc Aurel.
3. Gestalten Sie Ihr Profil in Form einer großen Medaille aus Gips. Arbeiten Sie auch mit Abformungen (s. S. 10 und 12).

▸**Reiterstandbild,** auch Reiterstatue: Sonderform der Denkmalskulptur, speziell der Herrscherdarstellung

▸**hellenistisch:** zur Zeit des Hellenismus (3.–1. Jh. v. Chr.); s. auch S. 24

▸**Panzerstatue:** römischer Bildnistyp der stehenden, mit einem Brustharnisch gerüsteten Figur; Vorläufer bereits in griechischer Zeit

▸**Tunika:** römisches Untergewand, als Standeszeichen bei Senatoren mit farbigem Streifen abgesetzt

▸**Wachsausschmelzverfahren:** von den Griechen entwickeltes Gussverfahren, bei dem eine modellierte Wachsschicht auf einen (Ton-)Kern aufgebracht und von einem darüber liegenden (Ton-)Mantel umschlossen wird, sodass das erhitzte Wachs durch Kanäle ausgeschmolzen und von flüssiger Bronze ersetzt werden kann (s. S. 11)

▸**Ziselieren** (franz. ciseau: Meißel): Bearbeitung des Metalls mit Meißeln, auch zum Säubern von Nahtstellen angewandt (s. S. 11)

▸**Gravieren** (franz. graver: eingraben): Einritzen und Einschneiden von Formen mittels Graviernadel, Grabstichel o. Ä. (s. auch S. 11)

▸**Punzieren** (ital. punzone: Stoß): Metallbearbeitung durch Einschlagen von Eisenstempeln (Punzen/kleine Punktiereisen), die verschiedenartige Vertiefungen hervorrufen

▸**Relief:** s. S. 11; in der römischen Kunst häufig an Sarkophagen, Tempeln, Gedenksäulen, Triumphbögen, Altären oder Grabmälern

▸**Togastatue:** römischer Bildnistyp der stehenden, mit einer Toga bekleideten, oft das Haupt verhüllenden Figur. Die Toga war das von vornehmen Bürgern getragene Obergewand.

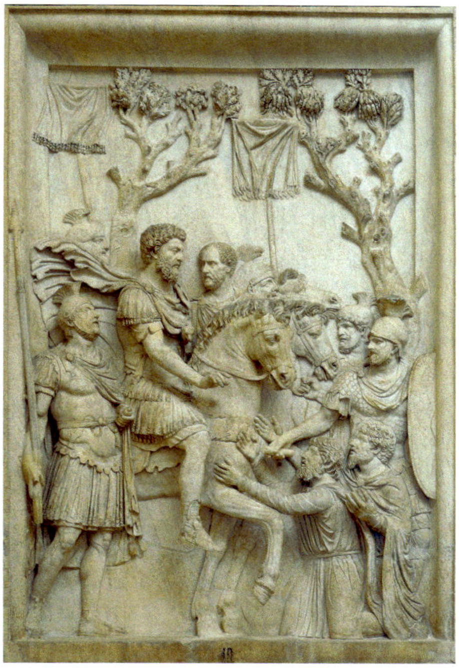

Unterwerfung von Barbaren unter Marc Aurel. Relief des Marc-Aurel-Bogens, um 180 n. Chr. Marmor. Rom, Kapitolinische Museen

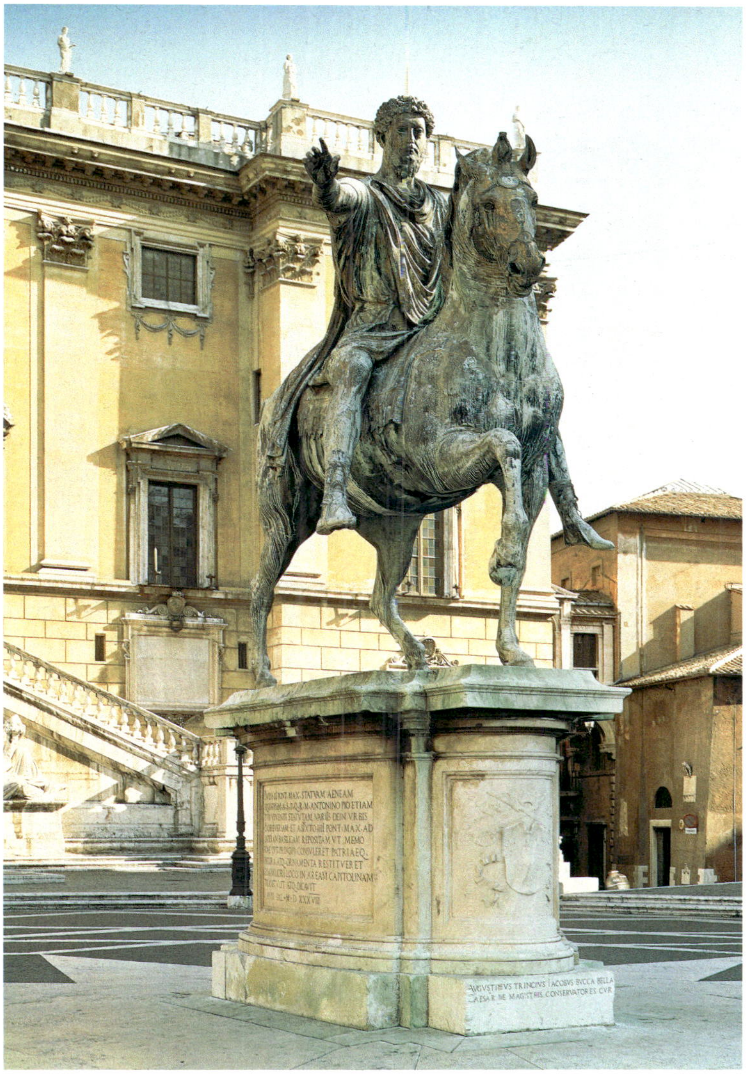

Marc Aurel, Reiterstatue, nach 174 n. Chr. Bronze, ehemals vergoldet, Höhe 512 cm. Rom, Kapitolsplatz (Kopie; Original in den Kapitolinischen Museen)

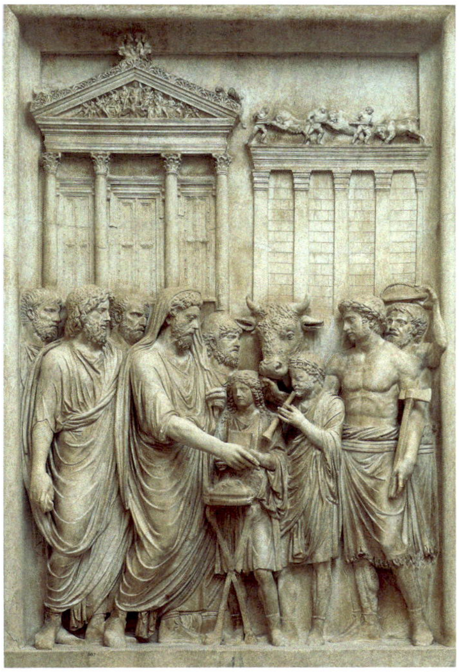

Opfer des Marc Aurel, Relief vom Marc-Aurel-Bogen, um 180 n. Chr. Marmor. Rom, Konservatorenpalast

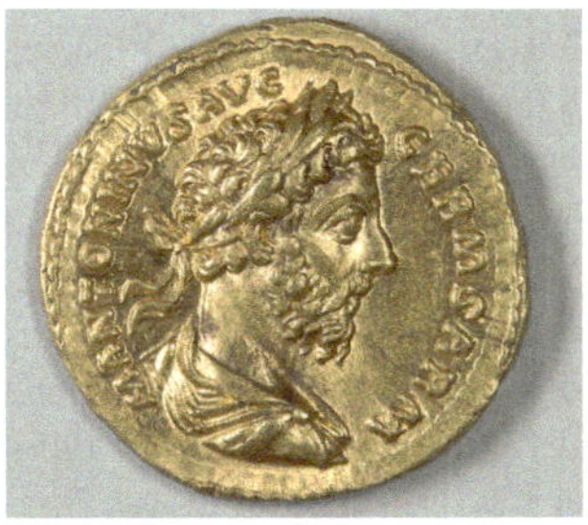

Aureus des Marc Aurel, 161–180 n. Chr.

# Zwischen Machtanspruch und Meditation: asiatische Plastik

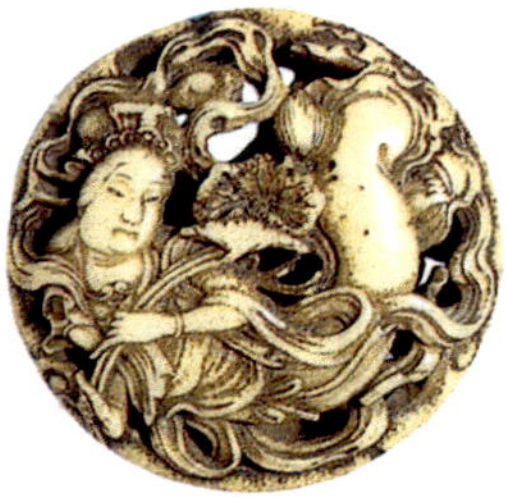

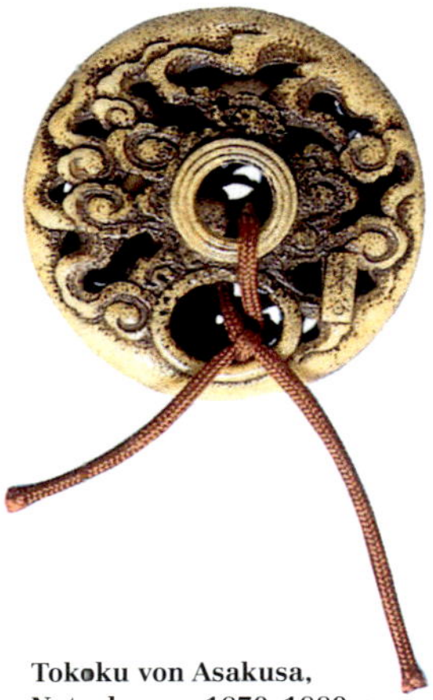

**Tokoku von Asakusa, Netsuke, um 1870–1880 n. Chr. Hirschhorn, Durchmesser 4,2 cm**

Die Hochkulturen Asiens brachten bereits zur Zeit der europäischen Antike künstlerisch interessante Plastiken hervor und pflegten ihre Traditionen bis in das 19. Jahrhundert. Während die Bildhauer in China zumeist im Dienste des kaiserlichen Hofes standen, waren sie in Japan oft Mitglieder großer Tempelwerkstätten. In Indien wiederum arbeiteten sie in religiös streng voneinander getrennten Gemeinschaften und blieben als Schöpfer häufig anonym.
Die Plastik Indiens zeigt sich asketisch und auf innere Vorgänge konzentriert, es finden sich aber auch geradezu erotische Darstellungen. Mit der Ausbreitung des Hinduismus und des Buddhismus seit der zweiten Hälfte des 1. Jahrtausends v. Chr. beeinflusste die religiöse indische Kunst weite Teile Asiens. In der chinesischen Kunst hingegen zeigen sich stärker weltliche Orientierungen, was nicht ohne Einfluss auf die japanische Kultur blieb.

Der Kriegsherr Qin Shi-Huangdi (3. Jh. v. Chr.) formte aus seinem kleinen Herrschaftsgebiet ein großes Reich, sodass er als erster Kaiser Chinas bezeichnet wird. Er begann mit dem Bau der Chinesischen Mauer zum äußeren Schutz, wohl aber auch als sichtbares Zeichen seines Herrschaftsanspruches, und nannte sich „Erster Göttlich Erhabener". In der Nähe seines ▸Mausoleums ließ er eine Reihe von unterirdischen Gruben ausschachten, die etwa 7000 lebensgroße Plastiken von Kriegern aufnahmen: Offiziere und Infanteristen mit voll funktionstüchtigen Waffen (die sich allerdings nicht erhalten haben), Kavalleristen und ihre Pferde, sowie Pferdeknechte und Streitwagen. Alle Einzelteile wurden mithilfe von ▸Modeln aus Ton hergestellt, zusammengesetzt, gebrannt und zuletzt kalt bemalt. Hände und Köpfe modellierte man über einer Rohform unterschiedlich, sodass keine zwei Figuren genau gleich sind. Für die Augen der Öffentlichkeit waren sie nie gedacht, sondern allein zum Schutz der Totenruhe des Kaisers.
Aus Japan stammen Netsuken, Gürtelknöpfe, geschnitzt aus Elfenbein, Horn, Jade oder kostbaren Hölzern. Alle Netsuken weisen Löcher auf, die entweder geschickt in die Komposition miteinbezogen oder verborgen sind. So konnte eine Kordel hindurchgezogen werden, an der man kleinere Dinge wie eine Pfeife zum Tragen am Gürtel befestigte. Auf dem abgebildeten Beispiel ist ein Mädchen zu sehen, das auf Wolken schwebt und eine Lotusblüte – im Buddhismus Symbol für die angestrebte Reinheit und Erleuchtung – in der Hand hält.
Buddha, der Stifter der Weltreligion, wurde ursprünglich nicht bildlich wiedergegeben, sondern nur repräsentiert, etwa durch einen leeren Thron; seine plastische Darstellung entstand erst im 1. Jh. n. Chr.

In der hinduistischen Gottheit Shiva („der Gütige") vereinigen sich viele Gegensätze wie Schöpfung und Zerstörung, Sexualität und Gewalt. Als Herr kosmischer Bewegungsenergie ist er in der abgebildeten Plastik im züngelnden Flammenring tanzend dargestellt. Es ist das Feuer der Wiedergeburt und des Verlöschens. Mit einer Hand deutet Shiva auf seinen angehobenen linken Fuß, der die Lösung vom Materiellen symbolisiert – das Ziel des Gläubigen. Der rechte Fuß vernichtet den sich windenden Dämon des Vergessens und der Ungewissheit, der die Existenz von Gegensätzen im Universum leugnet. Ein ausgeklügeltes Gleichgewicht aus offener und zugleich ▸ponderierter Haltung, aus vitaler, aber weich und frei fließender Bewegung kennzeichnet die Gestalt. Der Flammenring stützt die Figur und spielte wohl beim ▸Gussverfahren als Kanal für die Bronze eine Rolle.

**Arbeitsanregungen:**

1. Recherchieren Sie zu Hinduismus, Buddhismus und Shintoismus. Informieren Sie die Klasse in einer kurzen Präsentation.
2. Vergleichen Sie die Figur des tanzenden Shiva mit europäischer christlicher Plastik (s. S. 30 ff.). Wie veranschaulichen sich jeweils spirituelle Vorgänge/Ideen?
3. Entwerfen Sie eine zeitgemäße Plastik der Gelassenheit und inneren Ruhe.

▸**Mausoleum** (eigentl. Name des Grabmals von König Mausolos von Halikarnass, gest. 353 v. Chr.): Grabbau, hier ein als Palaststadt konzipierter Grabhügel

▸**Model:** Negativform für Guss- bzw. Kneterzeugnisse, die das zu bearbeitende Material serienmäßig in eine vorgegebene Form bringt

▸**Ponderation** (lat.: abwägen): ausgleichende Verteilung der Gewichte auf die stützenden Gliedmaßen

▸**Gussverfahren:** Bronzeguss s. S. 11

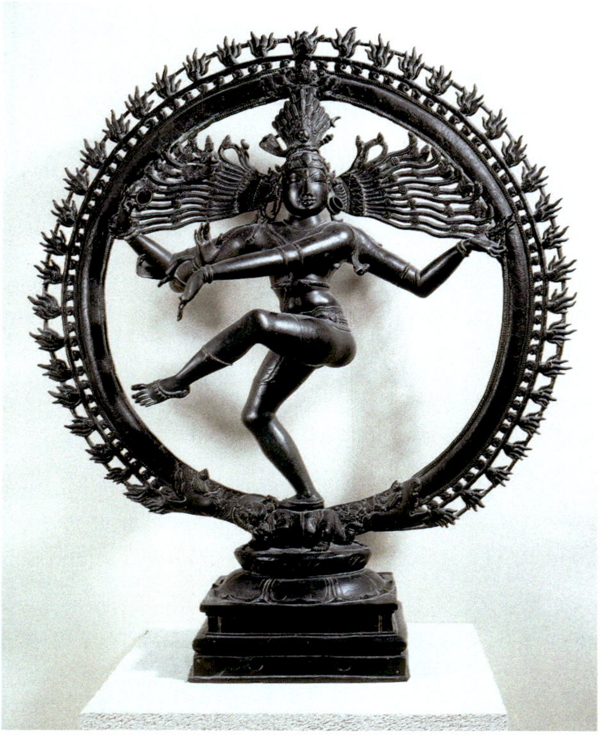

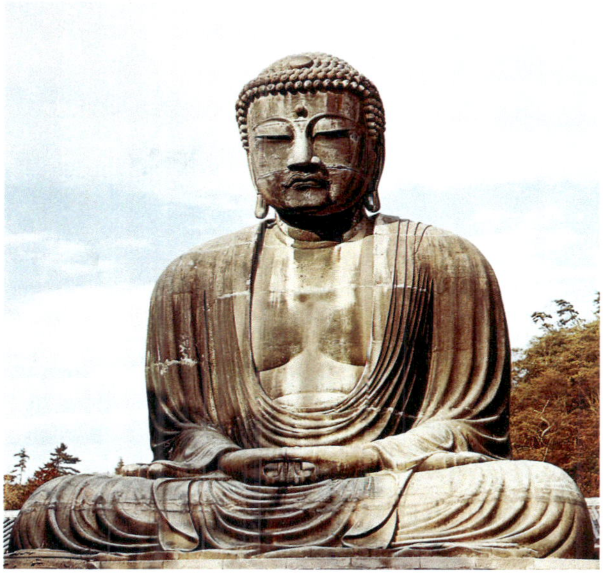

Amida-Buddha, Mitte 13. Jahrhundert. Bronze, Höhe 11,5 m. Kamakura, Kôtoku-in

Shiva als Herr des Tanzes, 10.–11. Jh. n. Chr. Bronze, 98 × 83 × 27 cm

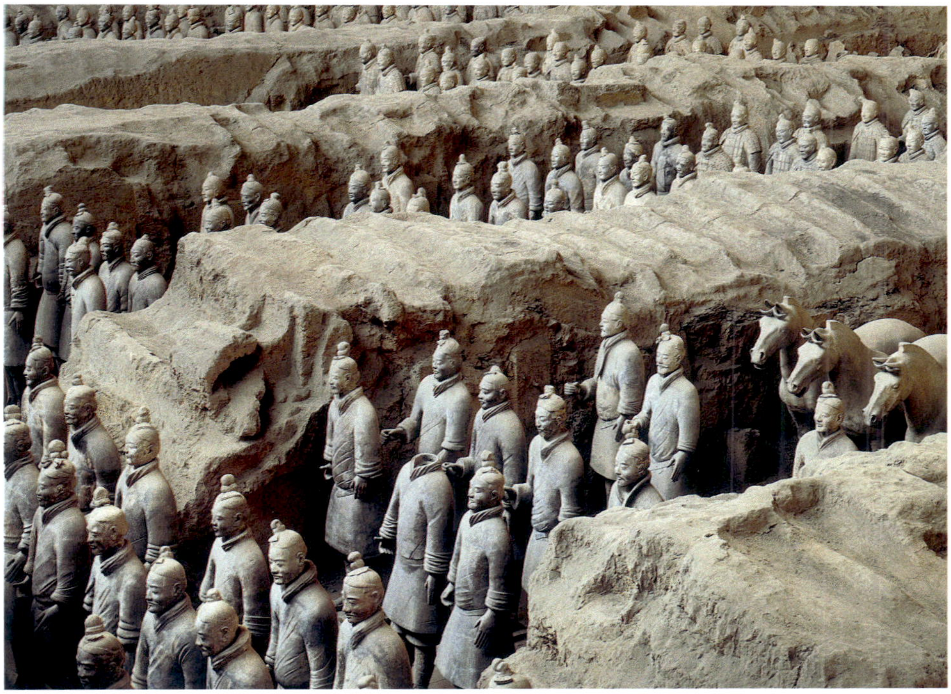

Chinesische Terrakotta-Armee, um 210 v. Chr. Terrakotta, lebensgroß. Teilabschnitt der Ausgrabungen. Entdeckt 1974 nahe Xi'an, Distrikt Lintong, Provinz Shaanxi

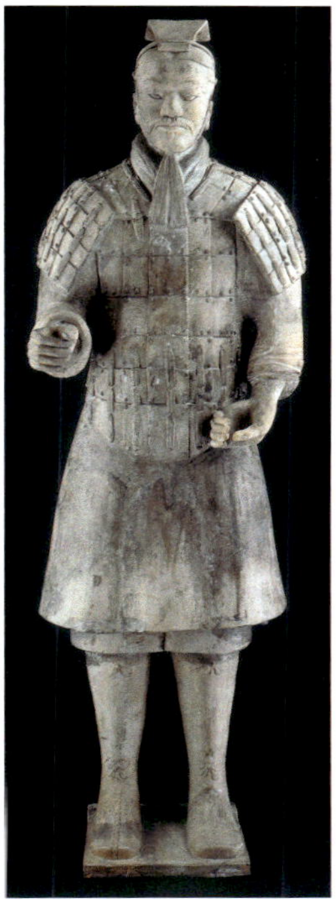

Einzelstatue (gepanzerter Offizier), Terrakotta, Höhe 191 cm. Lintong, Museum of Qin Figures

um **550** Thronsessel d. Maximian, byzantin. Elfenbeinschnitzerei

**800** Kaiserkrönung Karls d. Gr.

um **970–80** Madonna, Essener Domschatz u. Gero-Kreuz (Köln)



**1125–35** Figuren der Kirche Saint Lazare, Autun

um **1150** Figuren vom Königsportal, Chartres

**1166** Braunschweiger Löwe

um **1240** Bamberger Reiter

**1245–1250** Uta u. Ekkehard, Naumburger Dom

**1390–ca. 1430** „Weicher Stil“ in der got. Plastik



**1477–89** Veit Stoß: „Marienaltar“, Krakau

**1504** Riemenschneider: „Heiligblutaltar“, Rothenburg

ca. **1525** Beendigung aller Bauten im gotischen Stil

# Mittelalter

## Kapitellplastik des Mittelalters

Am Beginn der mittelalterlichen Kunst steht die Plastik in einem engen Zusammenhang mit der nahezu ausschließlich auf den Kirchenbau konzentrierten Architektur, man spricht deshalb auch von Bauplastik. Ihren Ort fanden die Bildwerke, meist aus demselben Material wie die Kirchen, in den Giebelfeldern über dem Haupteingang, in den Rahmungen seitlich und über den Eingängen und in den Kapitellen der Säulenreihen, die das ▸Hauptschiff von den ▸Seitenschiffen trennen.
In den romanischen ▸Kapitellen wird in der Regel die Heilsgeschichte durch Begebenheiten aus der Bibel illustriert, die Bildwerke sind dabei Textersatz für ein leseunkundiges Publikum. Dabei spielt das Sinnbildhafte eine größere Rolle als die realistische Abbildung. In den meisten Fällen sind die Namen der Bildhauer und Steinmetzen nicht überliefert, aber am Münster von Autun in Burgund hat sich der Künstler mit seinem Namen verewigt: **„Gislebertus** hoc fecit.“ (Gislebertus hat das gemacht.) In den Jahren zwischen 1125 und 1145 fertigte Gislebertus alle figürlichen Plastiken der Kirche von Autun (1120–1145) an, vom ▸Tympanon mit der Darstellung des Jüngsten Gerichts über die Kapitelle bis zur Figur der Eva, die Teil eines ▸Türsturzes über einem Nebenportal war.
Wenn der Stil des Meisters Gislebertus beschrieben wird, so ist oft von seiner Strenge, seiner Nüchternheit, Kühnheit in den Bildschöpfungen, seiner besonderen Art die Geschehnisse zu raffen und die Figuren zu reduzieren, ja zu deformieren die Rede, aber auch von seiner Zartheit bei der Darstellung weiblicher Schönheit wie z.B. in der Figur der Eva.

Das Kapitell mit der Flucht nach Ägypten (Mt 2,13–14) zeigt in aller Deutlichkeit das Geschehen: Maria mit dem Jesuskind auf einem Esel, geführt von einem grimmig entschlossenen Josef. Das Bildwerk lebt zum einen von der derben Anschaulichkeit der Bewegung, etwa durch den erhobenen linken Vorderfuß des Esels und die ornamentalen Rollen am unteren Rand (symbolhaft für die Eile der Flucht oder Hinweis auf den Brauch, Holzfiguren auf Rädern bei Prozessionen mitzuführen), zum anderen von der Gedrängtheit der Szene durch die vorgegebene Höhe, die eine seltsame Position der Maria mit dem Kind erzwingt: Beide sitzen nicht auf dem Esel, sondern schweben davor, sind also ähnlich frontal gebildet wie romanische Madonnen (s. S. 34 f.).

Neben den figürlich gestalteten Kapitellen finden sich in frühmittelalterlichen und romanischen Kirchen auch die einfacheren Formen des ▸Würfelkapitells, dessen Seitenflächen oft kräftig bemalt oder mit ornamentalen ▸Reliefs geschmückt waren. In der romanischen Kirche von Hamersleben bei Halberstadt (1. Hälfte 12. Jh.) sind beispielhafte Ausführungen dieser Kapitellform erhalten geblieben.

Die Ausgestaltung der Kapitelle mit ihrer Formenfülle, von schrecklichen Teufeln und Monstern bis hin zu verführerischen Frauenfiguren, fand auch ihre Gegner, ab 1098 etwa im Reformorden der ▸Zisterzienser, die in ihren Kirchen keine figürlichen Darstellungen außer dem Kruzifix duldeten. Als Folge dieses Verbots oder Verzichts verwandten die Bildhauer und Steinmetzen des Zisterzienserordens ihre Sorgfalt auf die klare Ausgestaltung der architektonischen Gliederung durch Rippen und Rahmungen. Die Kapitelle ihrer Kirchen wurden häufig – wie in Altenberg im Rheinland – mit detailliert dargestelltem Blattwerk und Früchten geschmückt.

**Arbeitsanregungen:**

1. Sammeln und vergleichen Sie plastische Darstellungen der „Eva“ und beschreiben Sie die jeweiligen Eigenheiten.
2. Gestalten Sie ein Kapitell mit Pflanzenformen in Gips. Fotografieren Sie die unbemalte Version und bemalen Sie anschließend das Kapitell. Vergleichen Sie die beiden Versionen in Bezug auf ihre realistische und plastische Wirkung.

▸**Hauptschiff:** mittlere Zone einer Kirche, die sich vom Eingang bis zum Chor erstreckt

▸**Seitenschiff:** beidseitig parallel zum Hauptschiff verlaufende Raumteile, meist niedriger und schmaler als das Hauptschiff

▸**Kapitell:** Kopfstück einer Säule oder eines Pfeilers

▸**Tympanon** (griech.): in der mittelalterlichen Kirche das Bogenfeld am Portal über den Türen

▸**Türsturz:** Holz- oder Steinbalken über einer Türe, oft ornamental oder figürlich gestaltet

▸**Würfelkapitell:** einfache Form des Kapitells, aus der Kombination von Quader und Kugel entstanden

▸**Relief:** s. S. 11

▸**Zisterzienser:** katholischer Reformorden, 1098 im französischen Citeaux gegründet

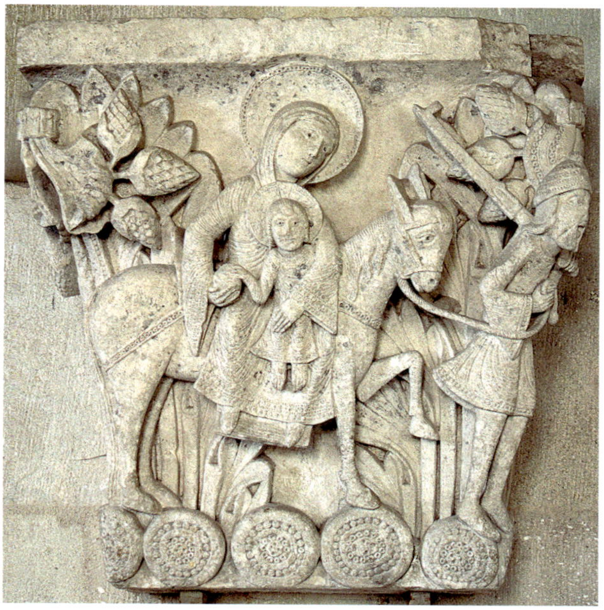

Gislebertus: Kapitell „Flucht nach Ägypten“, 1125–1135. Sandstein. Autun, Kathedrale St.-Lazare

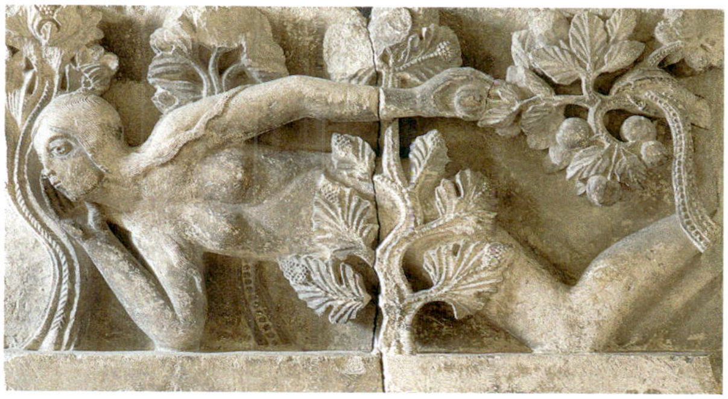

Gislebertus: Relief „Die Versuchung der Eva“, um 1125. Sandstein, 72 × 131 cm. Autun, Musée Rolin

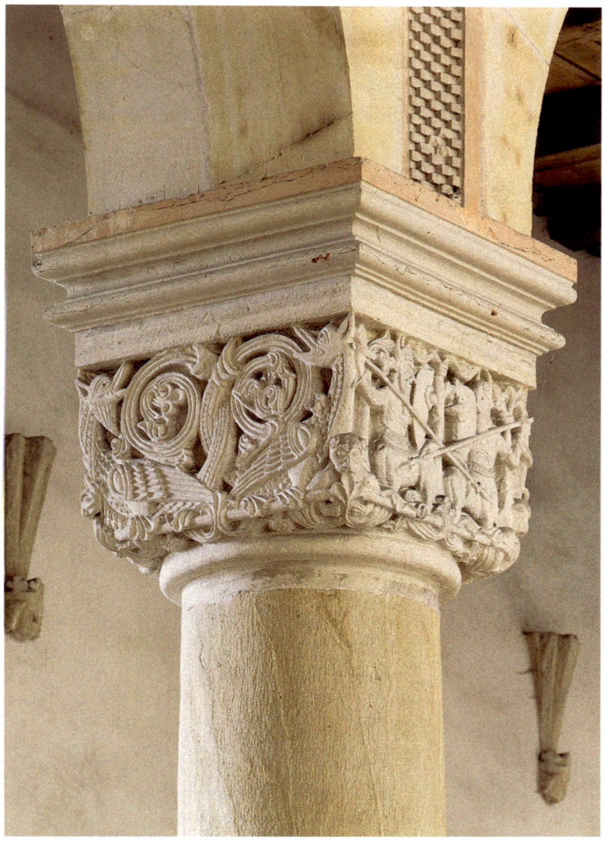

Kapitell in der Stiftskriche St. Pankratius, Hamersleben, 1. Hälfte 12. Jh. Sandstein

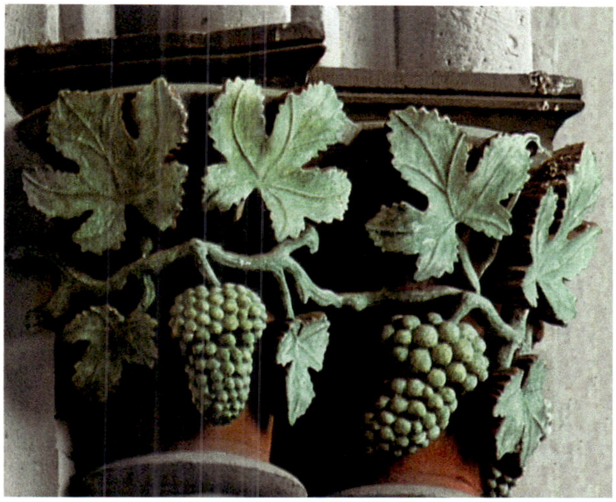

Kapitell im Altenberger Dom (Weinlaub mit Früchten), um 1275. Kalkstein. Hochchor, Südseite

# Das Weltgericht in Conques

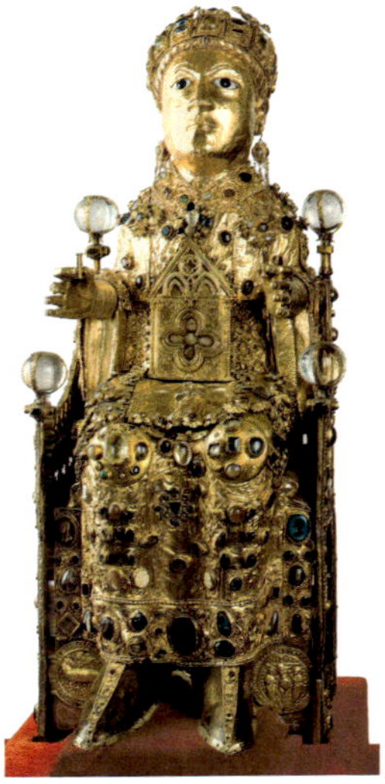

**Figur der hl. Fides in Conques, Sainte-Foy. Ende 9. Jh. Goldblech über Holzkern, Edelsteine, Höhe 85 cm. In der Figur befand sich der Schädel der Heiligen.**

Im 11. Jahrhundert hatten die Mönchsorden im Südwesten Frankreichs begonnen, Wallfahrten zum Grab des hl. Jakobus nach Santiago de Compostela im nordwestlichen Spanien zu organisieren. Sie gründeten Klöster und Niederlassungen entlang der Wallfahrtswege, auf denen die Pilger von einem Heiligtum, dem Grab oder der ▸Reliquie eines Heiligen, wie z.B. der Figur der hl. Fides in Conques, zum nächsten wanderten. Durch die Bilder und die plastischen Darstellungen in ihrem Glauben bestärkt, fanden sie Trost und Erfüllung.

■ *Das gesamte Kultgeschehen stimmte die Gläubigen aufnahmebereit und steigerte ihre Fantasie und Ehrfurcht. Dazu trugen an erster Stelle natürlich die Heiligen durch ihre guten Taten und Wunder bei [...], die Andachtsfeiern in dem begrenzten Raum einer ▸Krypta, einer Nische oder einer Kapelle, das feierliche Halbdunkel, der Schein der ewigen Lichter, der Klang der Gebete, der Duft von Weihrauch und Blumen und schließlich der eindrucksvolle Reliquienschrein mit den sterblichen Überresten eines Heiligen, der durch die Wunder, die er vollbrachte, weiterlebte.*

Minne-Sève 1991, S.104

Bei den frühromanischen Kirchen Südfrankreichs war gewöhnlich nur der ▸Türsturz ornamental oder figürlich gearbeitet. Erst gegen Ende des 11. Jahrhunderts entwickelte sich die Ausgestaltung des ganzen ▸Giebelfeldes am Westeingang mit figürlichen Darstellungen. Dort erscheint häufig Christus als Weltenrichter in einer ▸Mandorla, umgeben von Engeln und Apostelsymbolen.

Das Giebelfeld der Klosterkirche in Conques mit dem Weltenrichter in der Mitte scheidet streng die Auserwählten und die Verdammten, die (von Christus aus gesehen) zur Linken von Teufeln in Empfang genommen und gequält werden. Direkt zu Füßen Christi sind der Erzengel Michael und ein tückisch grinsender Teufel dabei, die Seelen abzuwägen. Die Seligen werden von einem Engel durch eine beschlagene Pforte (die den romanischen Kirchentüren gleicht) in den Himmel eingelassen, während ein Teufel die Bösen in einen Höllenrachen treibt.

Anders als in den Weltgerichtsdarstellungen von Autun und Moissac, wo die Seelen der Verstorbenen in endzeitlicher Dramatik durch riesenhafte Engel und Höllengeister in Selige und Verdammte geschieden werden, erscheinen die Vorgänge in Conques stark vereinfacht, fast naiv, wodurch eine größere Anschaulichkeit erzielt wird. An den Figuren finden sich auch Reste von originaler Bemalung, so dass man sich die 124 Figuren ursprünglich farbenfroh bemalt vorstellen muss. Der Text auf den Schriftbändern lautet übersetzt: „Wisset, ihr Sünder, wenn ihr eure Lebensweise nicht ändert, wird euch in Zukunft ein hartes Gericht erwarten!"

Bildprogramme wie das über dem Eingangsbereich von Sainte-Foy in Conques sind auch in der Plastik der ▸Gotik bis ins 13. Jahrhundert bestimmend. So, wie in den Giebelfeldern die Scheidung von Gut und Böse symbolisiert wurde, zieht sich der Kampf zwischen Tugenden und Lastern auch als Inhalt durch die Darstellungen im Innern der Kirchen, z.B. in den Kapitellen (s.S.30f.). Dabei werden – neben der szenischen Darstellung von Begebenheiten aus dem Alten und Neuen Testament – die ▸allegorischen Figuren der christlichen Tugenden Glaube, Hoffnung und Liebe, Kraft, Gerechtigkeit, Vorsicht und Mäßigung durch entsprechende ▸Attribute gekennzeichnet, ebenso wie die Laster Hochmut, Geiz, Neid, Völlerei, Zorn, Faulheit und Wollust.

**Arbeitsanregungen:**

1. Suchen Sie nach verschiedenen Abbildungen von Engeln und Teufeln in der Kunstgeschichte, ordnen Sie diese unter selbst gewählten Kriterien und gestalten Sie daraus eine kleine Ausstellung.
2. Das Gericht im Jenseits spielt in verschiedenen Kulturen eine große Rolle. Vergleichen Sie das Geschehen im Giebelfeld von Sainte-Foy mit einer ägyptischen Darstellung des Totengerichts.

▸**Reliquie:** Überrest der Gebeine oder der Kleider von Heiligen als Gegenstand religiöser Verehrung

▸**Krypta** (griech.-lat.): Gruft, unterirdischer Kirchenraum

▸**Türsturz:** s.S.30

▸**Giebelfeld:** bei romanischen Kirchen die halbkreisförmige Zone über den Türen

▸**Mandorla** (ital.): mandelförmiger Heiligenschein um die ganze Figur (bei Christus- oder Mariendarstellungen)

▸**Gotik:** Stilepoche der europäischen Kunst zwischen 1140 und etwa 1500. Die Gotik nahm ihren Ausgang von Frankreich, speziell der Gegend um Paris, und breitete sich dann über ganz Europa aus.

▸**allegorisch** (griech.-lat.): sinnbildlich, gleichnishaft

▸**Attribut** (lat.: das Hinzugefügte) Motiv zur näheren Kennzeichnung des Dargestellten

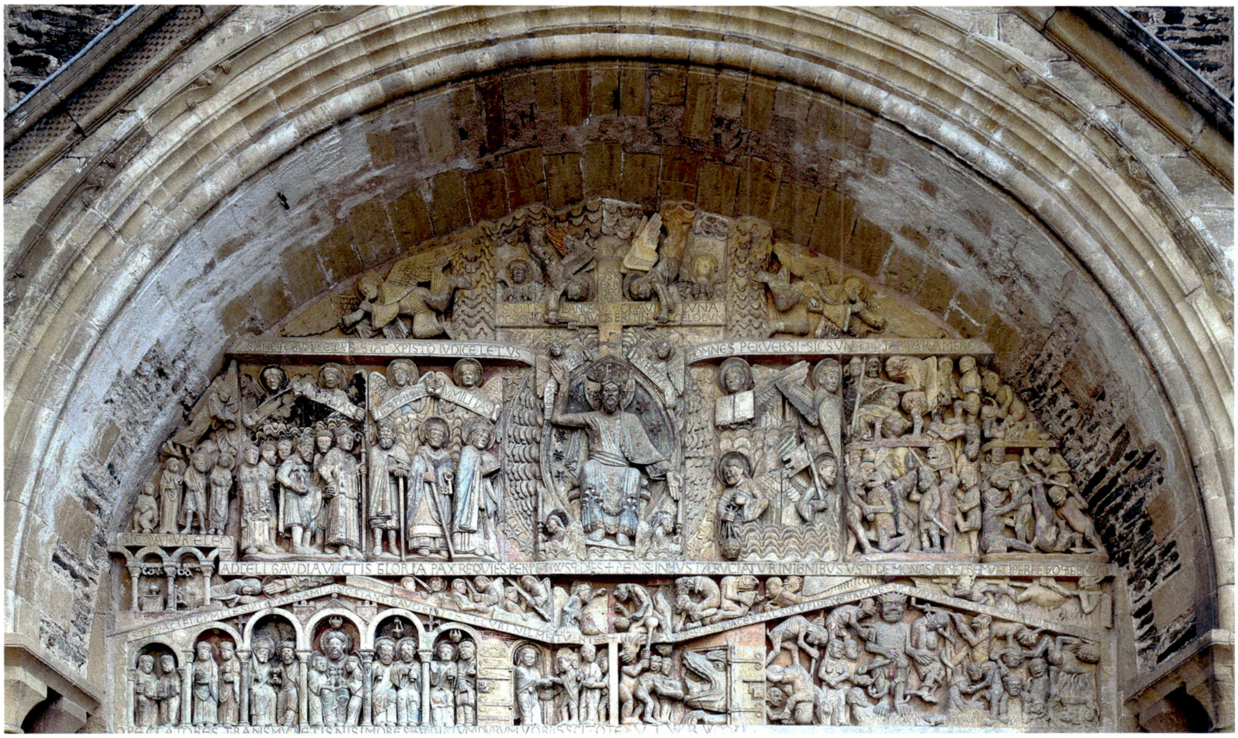

„Jüngstes Gericht", Tympanon, um 1130. Sandstein. Conques, Sainte-Foy, Westportal, Gesamtansicht

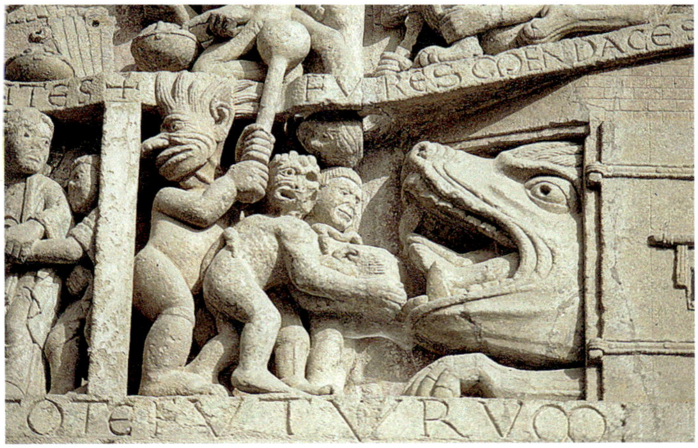

„Der Höllenrachen", Ausschnitt aus dem Tympanon mit der Darstellung des Jüngsten Gerichts. Conques, Sainte-Foy

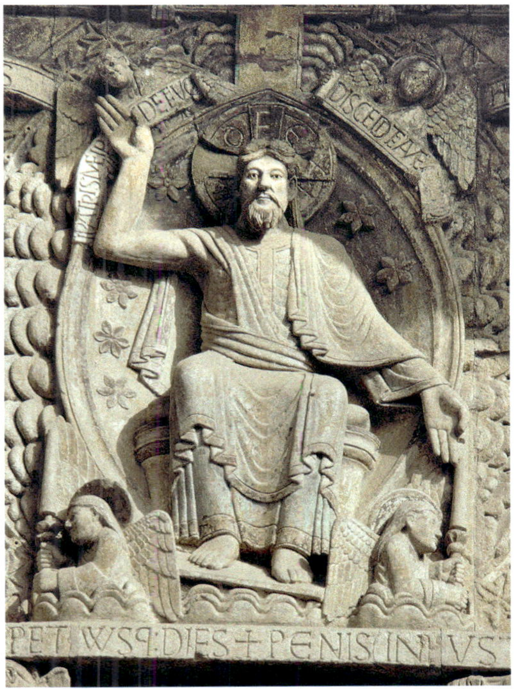

„Christus als Weltenrichter", Ausschnitt aus dem Tympanon mit der Darstellung des Jüngsten Gerichts. Conques, Sainte-Foy

# Romanische und gotische Madonnen

■ *Neben der Christusfigur beginnt, nicht zuletzt unter ▸byzantinischem Einfluss, zu Beginn des 11. Jahrhunderts auch das Motiv der Madonna eine herausragende Rolle zu spielen. Zu nennen sind von diesen erstmals freiplastischen Statuen hier nur zwei Beispiele: zum einen die „Imad-Madonna" im Diözesanmuseum zu Paderborn, eine 112 cm hohe Holzstatue (nach 1050), die aber ursprünglich mit vergoldetem Silberblech umhüllt war. Wie man sie sich eigentlich vorzustellen hat, mag das andere Exemplum verdeutlichen: die „Goldene Madonna von Essen" (Ende 10. Jahrhundert). Beide Madonnen waren ursprünglich ▸Reliquienbehälter, was ihren Wert zusätzlich steigerte. Der in ▸Treibarbeit ausgeführte Goldblechüberzug verleiht der Figur einen fetischhaften ▸Idolcharakter, wozu noch die starren eingesetzten Augen beitragen.*

Schneider 2004, S. 40

Die Technik des Treibens von Edelmetall über einem Holzkern war im frühen Mittelalter weit verbreitet. Sie entstammt dem Kunsthandwerk, der Technik des Goldschmieds, und wurde vor allem für religiös-kultische Objekte verwendet. Mit ihr gestaltete man kleinere Figuren für ▸Reliquiare oder ▸Antependien, Metalltafeln mit figürlichen und ornamentalen Reliefs, die als Verkleidung für die Schauseiten der Altäre dienten. Auch zur Verzierung der Buchdeckel von wertvollen Handschriften, meistens Geschenke eines Herrschers zur Gründung einer Abtei, setzte man neben geschnitzten ▸Elfenbeintafeln und gefassten Edel- und Halbedelsteinen die ▸Emailtechnik und die Technik des Treibens in Gold ein.

■ *Zwischen 973 und 1011 entsteht im Essener Stift eine thronende Muttergottes, die heute als das älteste erhaltene Beispiel in Deutschland gilt [...] Auf dem Thron sitzend, hat sie den Oberkörper leicht nach hinten durchgebogen, was sie mit einer ebenso leichten Vorbeugung des Hauptes beantwortet. Während ihre Knie auseinanderstehen, ruhen die Füße geschlossen am Boden. In dieser Haltung hält sie mit der Linken das Kind, das nicht frontal zum Betrachter ausgerichtet ist, sondern quer auf ihrem Schoß liegt und seinen Blick auf die Mutter richtet. [...] Der vollständigen Vergoldung korrespondieren die weit geöffneten Augen der Maria, die aus großen weißen Emaileinlagen mit dunkel aufgesetzter Iris bestehen und den Betrachter aus dem geheimnisvollen Glanz des Goldes heraus eindringlich fixieren.*

Geese 2007, S. 26 f.

Die Gotik entwickelte die *Madonna mit dem Kind* um 1400 zum Typus der „Schönen Madonnen", die dem „weichen Stil" zugeordnet werden. Verbreitet sind Madonnenfiguren dieses Stils in Frankreich, im deutschen Raum und den östlich angrenzenden Gebieten. Kennzeichen sind eine feine Physiognomie, Anmut und ein zartes Lächeln, auch eine liebevolle Hinwendung zum Kind, das sich vom Herrschertypus zum Kleinkind gewandelt hat. Neben dem Werkstoff Holz wird auch Sandstein oder ▸Gussstein verwendet.

Bei der „Seeoner Madonna" fallen vor allem die etwas kurzen Beine und der proportional ein wenig zu kurze Unterleib auf, was auf volkstümliche Vorbilder schließen lässt. Dazu passt auch die Betonung der schweren Krone, die Maria als Himmelskönigin und einflussreiche Fürsprecherin im Himmel ausweist.

**Arbeitsanregungen:**

1. Vergleichen Sie die Wirkung, die von den drei Mariendarstellungen ausgeht. Untersuchen Sie auch die Unterschiede in der Körperhaltung und in der Gestaltung der Kleiderfalten.
2. Stellen Sie aus hart trocknender Modelliermasse eine sitzende Gewandfigur her. Überziehen Sie anschließend die Figur mit glänzender Folie (Messingdrückblech oder Aluminiumfolie) und beschreiben Sie die dabei vorgehende Veränderung im Ausdruck.
3. Suchen Sie weitere Abbildungen von mittelalterlichen Madonnen in der typischen Sitzhaltung, die es in vielen, oft regionalen Ausprägungen gibt. Stellen Sie daraus eine kleine Übersicht zusammen.

▸**byzantinisch:** das oströmische Konstantinopel nannte sich im Mittelalter Byzanz und entwickelte eine christlich geprägte Hochkultur mit eigener Bildersprache, die seit Karl d. Gr. im Westen nachgeahmt wurde

▸**Reliquienbehälter, Reliquiar** (lat.) Behälter zum Aufbewahren einer Reliquie, meist ein Knochenstück oder ein Überrest der Kleidung einer oder eines Heiligen

▸**Treibarbeit, Treiben:** plastische Technik, bei der ein Metallblech durch Hämmern einer Hohlzform angepasst wird

▸**Idol** (griech.-lat.): Götterbild, auch Götzenbild, das in Kulten verehrt wurde

▸**Antependium** (lat.): Altarvorsatz in Form einer figürlich gestalteten vergoldeten Metallplatte oder aus geschnitztem Holz bestehend

▸**Elfenbeintafel:** kleinformatige Reliefdarstellung, aus Elefantenstoßzähnen geschnitten

▸**Email:** farbige, erhitzte Glasmasse, die meist auf einen Metallgrund aufgetragen wird

▸**Gussstein:** in Form gegossene Masse aus pulverisierten Steinen (z. B. Marmor) und Kalk

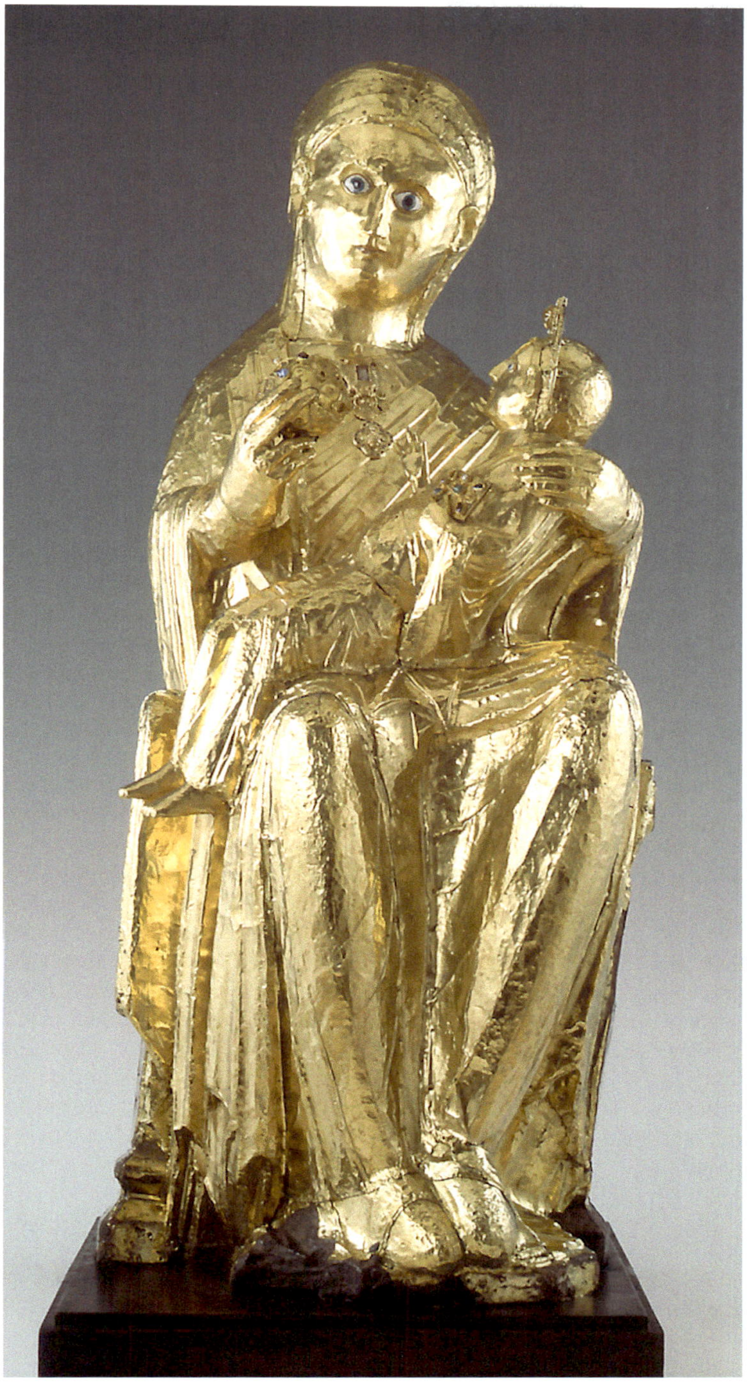

Goldene Madonna, um 970/980. Goldblech über Holzkern, Augen und Heiligenschein aus Email, Höhe 74 cm. Essen, Münster

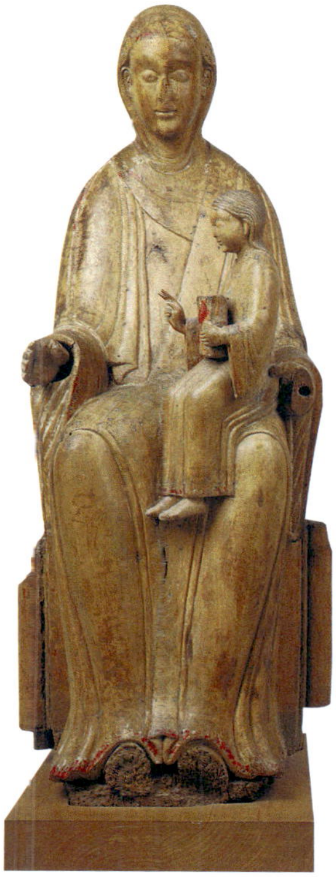

„Imad-Madonna", um 1060. Holzkern ohne Goldfassung, Höhe 112 cm. Paderborn, Diözesanmuseum

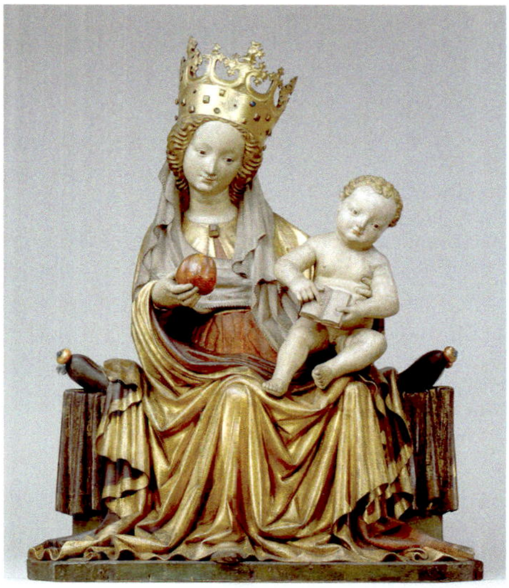

Maria mit Kind aus dem Kloster Seeon, um 1430. Lindenholz, farbige Originalfassung, Höhe 108 cm. München, Bayerisches Nationalmuseum

# Gotische Plastik: Ecclesia und Synagoge

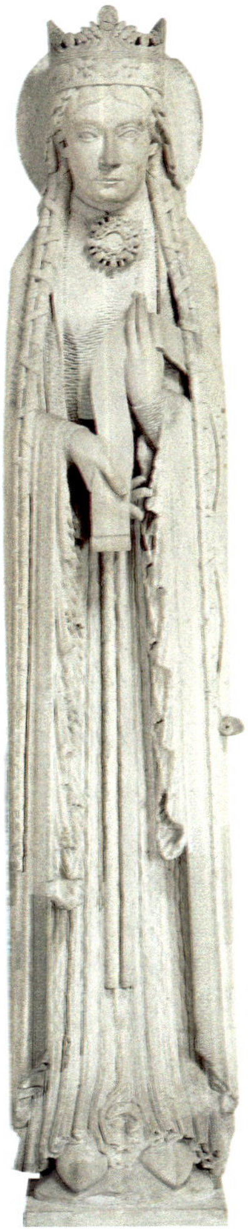

**Romanische Plastik „Königin von Saba" aus Corbeil, um 1150. Sandstein. Paris, Louvre**

**Gotik:** s. S. 32

**Ecclesia** (griech.-lat.): Personifikation der christlichen Kirche

**Synagoge** (griech.-lat.) hier: Personifikation des Judentums und des überwundenen Alten Bundes

**Fürstenportal:** Seitenportal an der Nordseite des Bamberger Domes

**Tympanon** (griech.): in der mittelalterlichen Kirche das Bogenfeld am Eingang über den Türen

**Attribut:** s. S. 32

Die Ausstattung gotischer Kirchenbauten mit ihrem reichen Figurenprogramm besorgte meist eine „Bauhütte", eine wohl organisierte Vereinigung aus Bildhauern, Steinmetzen, Maurern und anderen Handwerkern. Die Werkstätten, in denen Bauschmuck und Figuren entstanden, lagen gewöhnlich in unmittelbarer Nähe des Kirchenbaus, der in Jahrzehnte dauernder Arbeit entstand. Zwischen den einzelnen Bauhütten bestand ein reger Austausch von Handwerkern, sodass stilistische Neuerungen schnell ihre Verbreitung fanden. Da sich die Meister in der Regel auf die Gestaltung der Gesichter oder der Hauptfiguren beschränkten, ist es oft schwierig, die Figuren einer bestimmten Person zuzuordnen. Die unwichtigeren Teile einer Figur wie z. B. die Gewandfalten oder die Rückseite (denn die Figuren standen oft unmittelbar vor einer Wand) wurden meist von Gesellen bearbeitet. So sind auch die Meister der beiden für Deutschland einflussreichsten Bauhütten von Straßburg und Bamberg nicht exakt fassbar, sicher ist jedoch, dass sie Figuren der französischen Gotik in Chartres und Reims gesehen haben, wahrscheinlich sogar ihr Handwerk dort erlernten.

Die Plastiken von Ecclesia und Synagoge hatten durchaus symbolische Bedeutung, nämlich die eines göttlichen Richterspruchs. Dabei stand die Figur der „Ecclesia" auf der Seite der Gerechten, die der „Synagoge" auf der der Verdammten. Vor dem Portal, an dem dieses Figurenpaar aufgestellt war, fanden Gerichtsverhandlungen statt, so auch in Straßburg.

■ *Zu Recht gilt die Synagoge* [in Straßburg] *als eine der edelsten Gestalten in der Geschichte der gotischen, wenn nicht der gesamten mittelalterlichen Skulptur. Eben ist ihr die Krone vom Haupt geglitten* [...], *ihrer Hand entfallen die Tafeln des mosaischen Gesetzes. Die Augen verhüllt eine Binde: Die Synagoge hatte die Ankunft des Erlösers nicht erkannt. Besiegt wendet sie sich ab und beugt das Haupt. Das schlanke Standbein ist fragile Stütze der nach unten zu immer spitzer werdenden Körperbildung. Der gebrochene Lanzenschaft korrespondiert mit der „gebrochenen" Kontur des in sich gedrehten Leibes, der sich unter dem fließenden antikisierend dünnen Gewand abzeichnet. Auch technisch zeugen Ecclesia und Synagoge von höchster Meisterschaft, von einer virtuosen Meißelarbeit.*

Wolf 2007, S. 89

Die etwa zeitgleich entstandenen Figuren des Bamberger Meisters verkörpern in ihrer jugendlichen Kraft und Biegsamkeit ein etwas anderes Ideal. Ursprünglich standen sie zu beiden Seiten des Fürstenportals und flankierten ein Tympanon mit der Darstellung des Weltgerichts. Während der Figur der Ecclesia, die mächtiger und standfester angelegt ist als ihr Pendant, die Unterarme und Hände mit den Attributen des Kelches und des Kreuzstabes fehlen, besitzt die Synagoge sowohl die gebrochene Lanze als auch die Gesetzestafeln. Der Labilität der besiegten Kirche, versinnbildlicht durch die Augenbinde und vor allem durch die nach unten hin stark gedrehten Gewandfalten, steht die breit und fest angelegte gekrönte Figur der siegreichen christlichen Kirche gegenüber.
Der Kunsthistoriker Wilhelm Pinder bemerkte, dass die beiden Bamberger Figuren noch auf die Wand hinter ihrem Rücken bezogen sind und keine freistehenden, vollplastischen Figuren, dass ihre Gestalt „nicht vom begriffenen und durchgefühlten Leibe her [lebt]." (Pinder 1940, S. 300) Ihre Bewegung entsteht nicht aus einer vorgestellten Körperbewegung, sondern entspricht eher einer abstrakten S-Linie, einem in der Gotik bei Figuren häufig verwendeten Schema.

**Arbeitsanregungen:**

1. Vergleichen Sie in Skizzen die beiden Darstellungen der „Synagoge" mit der antiken Figur des „Speerträgers" von Polyklet (s. S. 23) hinsichtlich der Körperhaltung, des Ausdrucks und des statischen Aufbaus der Plastiken.
2. Vergleichen Sie die in der Randspalte abgebildete romanische Figur der „Königin von Saba" mit der Straßburger „Synagoge" in Bezug auf Idealisierung und Realitätsnähe.

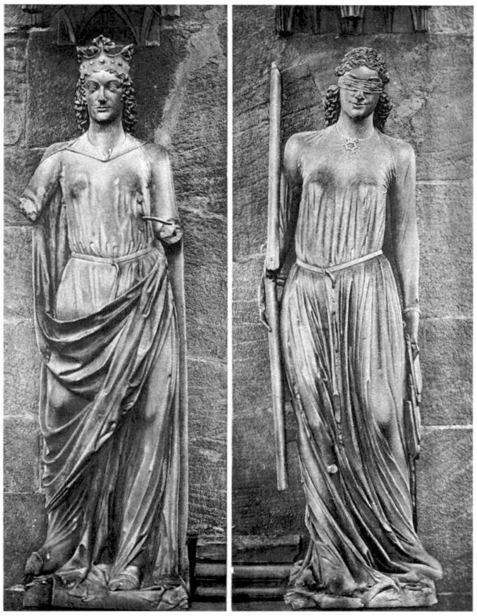

„Ecclesia und Synagoge", 1220–1235. Sandstein, Höhe 189 cm. Bamberg, Dom, Fürstenportal

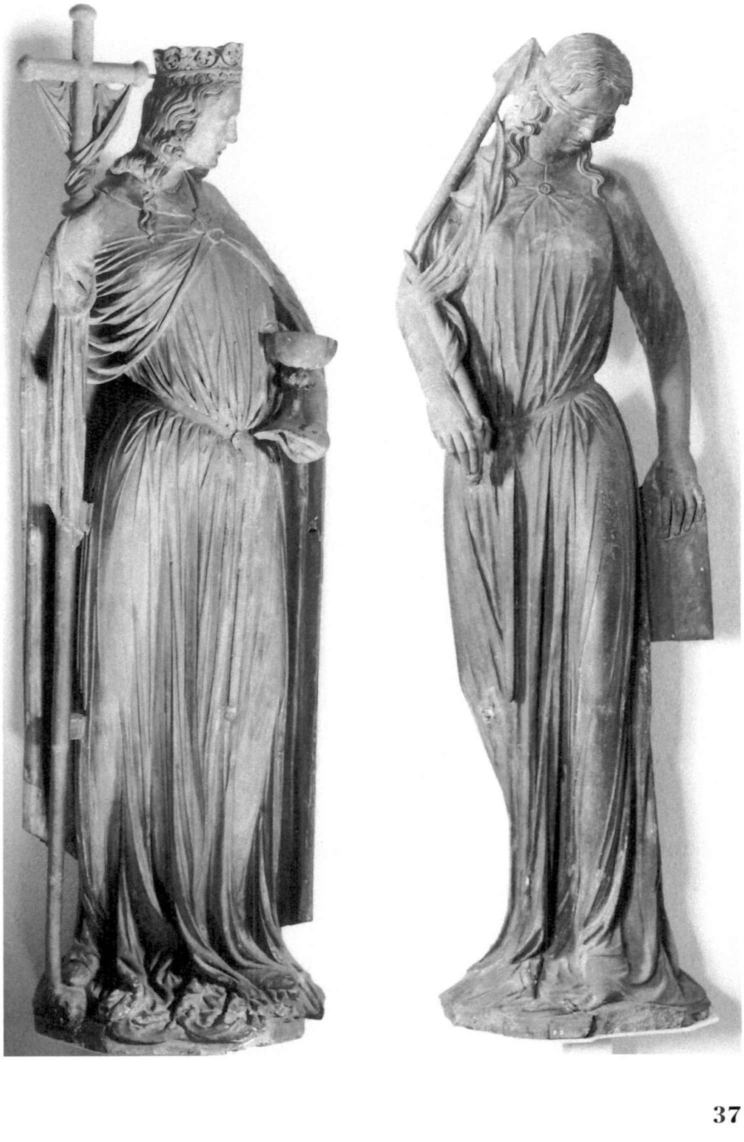

„Ecclesia und Synagoge", 1220–1230. Sandstein, überlebensgroß. Straßburg, Museum des Frauenhauses

# Der gotische Schnitzaltar

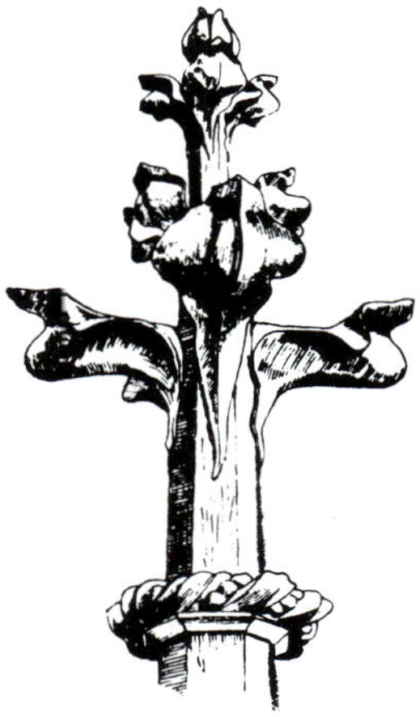

gotische Kreuzblume

Im Verlauf des 14. und 15. Jahrhunderts erhielten die gotischen Kirchen ihre Ausstattung. Die Altäre bekamen hohe Aufbauten, bei denen bemalte Flügel einen ▸Schrein mit vollplastischen geschnitzten und meist farbig ▸gefassten Figuren rahmten. Den oberen Teil des Schreines und den Raum darüber nahm oft ein spitz zulaufender Giebel aus ▸maßwerkähnlichen Architekturteilen und eingestellten bzw. flankierenden Figuren ein, das ▸Gesprenge. Monumentale Flügelaltäre entstanden vor allem im süddeutschen Raum. In Brixen stellten die Werkstätten **Michael Pachers (1435–1498**; Altar in St. Wolfgang am Wolfgangsee**)** oder **Hans Klockers (um 1450/1500)** große Altäre mit vielen Figuren und gemalten Szenen her. Meister und Gesellen der Werkstätte arbeiteten als Maler und Holzschnitzer an den vielen Teilen des Altarwerkes zusammen, sodass die individuelle Handschrift des Meisters oft nur in der qualitativen Überlegenheit der Hauptfiguren erkennbar ist.

Einen riesigen Schnitzaltar (13 m Höhe, 11 m Breite) fertigte der junge Nürnberger Künstler **Veit Stoß (um 1447/48–1533)** in den Jahren 1477–1489 für die Krakauer Marienkirche an. Die Hauptszene des Marienaltars zeigt den Tod der Maria inmitten der Jünger, die anderen Szenen – als ▸Relief gearbeitet – stellen Begebenheiten aus dem Marienleben dar. Die überlebensgroßen Figuren sind farbig gefasst und teilweise vergoldet, wodurch eine prächtige und reiche Gesamtwirkung erzielt wird. In seinen späteren Arbeiten wie etwa dem Bamberger Altar (1520–1523, benannt nach seinem heutigen Aufstellungsort im Bamberger Dom), der in seinen Reliefs ebenfalls Szenen aus dem Marienleben schildert, verzichtete Stoß auf die farbige Fassung.

■ *Solange Bildwerke mit Kreidegrund überzogen wurden, gab es keinen Anlass zur Ausarbeitung feingliedriger Details oder für eine differenzierte Durchbildung der Holzoberfläche selbst; als die Holzoberfläche aber sichtbar bleiben sollte, eröffnete sich den Bildschnitzern ein ganz neues Feld, dessen Gestaltungsmöglichkeiten* [sie] *zu nutzen wussten.*

Baxandall 1996, S. 56

Die Figuren wurden dadurch häufig individueller gezeichnet; die Ausarbeitung der Gewandfalten und der Haarlocken erreichte eine virtuosere Ausgestaltung.

Im fränkischen Raum, vor allem in den Kirchen in und südlich von Würzburg, entstanden im 15. Jahrhundert eine Reihe von Altären aus der Hand von **Tilman Riemenschneider (um 1460–1531)**, der sich 1483 in Würzburg niederließ. Als angesehener Meister führte er eine große Werkstätte, war Ratsmitglied und 1520/21 auch Bürgermeister. Riemenschneider war viermal verheiratet, hatte zahlreiche Kinder und Stiefkinder.

Einige Erfahrungen aus diesem ereignisreichen Leben scheinen in die Figurengruppe „Heilige Anna und ihre drei Männer“ eingeflossen zu sein. Dieses Relief war vermutlich Bestandteil eines Flügelaltars, den Riemenschneider um 1505 für eine Kapelle in Rothenburg ob der Tauber anfertigte. Als Vorbild einer tüchtigen Frau soll – der Legende nach – die hl. Anna, die hintereinander mit drei Männern verheiratet war, erst in hohem Alter Maria, die Mutter Jesu, geboren haben. Die Figur der hl. Anna spiegelt in ihrer Miene eine ernste Festigkeit, die anderen Menschen Kraft spenden und die als Ausdruck christlicher Geborgenheit in einer widrigen Welt gedeutet werden kann. Weitere Teilstücke dieses Annenaltars sind in Museen in London und München zu finden.

**Arbeitsanregungen:**

1. Stellen Sie die Raum erzeugenden Mittel der beiden Reliefs gegenüber.
2. Vergleichen Sie die ungefassten Figuren der „Heiligen Anna mit ihren drei Männern“ mit einer farbig gefassten Plastik, z. B. Ignaz Günthers Schutzengel (s. S. 57). Welche Qualitäten lassen sich besser in Farbe wiedergeben, was kommt in einer ungefassten Plastik besser zur Geltung?
3. Beschreiben Sie genau die Gesichter, Kleidung und Haare der Figuren in Riemenschneiders Relief der hl. Anna. Skizzieren Sie Ergänzungsvorschläge für die fehlenden Hände.

▸**Schrein:** flache Holzkiste, die vom Schreiner hergestellt wird und beim Schnitzaltar die geschnitzten Figuren aufnimmt

▸**Fassen:** aus Holz geschnitzte Figuren wurden üblicherweise mit einem Kreidegrund überstrichen und anschließend farbig bemalt, in der Sprache der Zeit: gefasst; das erledigte oft ein spezialisierter Fassmaler

▸**Maßwerk:** Ornament an gotischen Bauwerken, z. B. Krabben oder Kreuzblumen

▸**Gesprenge:** in Holz geschnitzter architektonischer Aufbau über spätgotischen Flügelaltären

▸**Relief:** s. S. 11

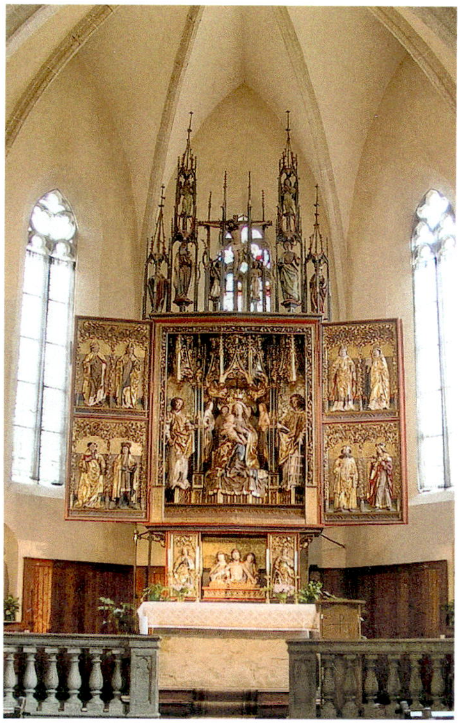

Hans Klocker: Gotischer Flügelaltar in St. Stefanus, 15. Jh. Holz, farbig gefasst. Pinzon bei Montan, Südtirol

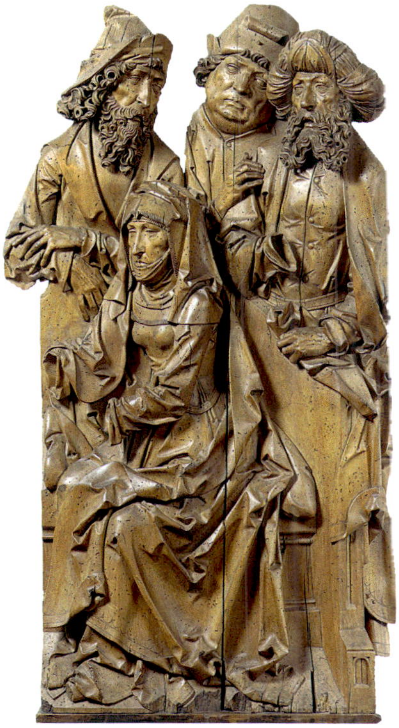

Tilman Riemenschneider: „Die hl. Anna mit ihren drei Männern“, um 1505. Lindenholz ohne farbige Fassung, 115 × 61,5 × 17,5 cm. Berlin, Bode-Museum

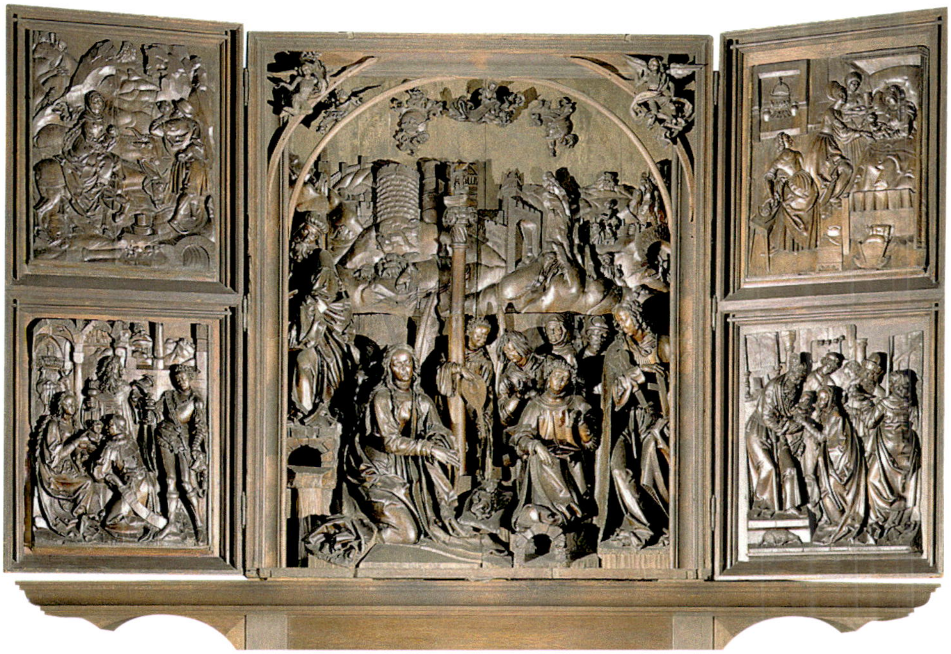

Veit Stoß: Bamberger Altar, 1520–23. Lindenholz ohne farbige Fassung, Höhe 335 cm. Bamberg, Dom

**Spätgotik**
15. Jh.–Anf. 16. Jh.

**1395–1405** Claus Sluter: „Mosesbrunnen", Dijon

**14. Jh.** wirtschaftl. Blüte der oberital. Städte

**1453** Eroberung Konstantinopels durch die Osmanen

**Renaissance / Manierismus**
ca. 1400–1520 / um 1520–ca. 1600

**1401** Ghiberti u. Brunelleschi: Wettbewerbsreliefs für die Baptisteriumstüren, Florenz

**um 1440** Donatello: „David"

**1504** Michelangelo: „David"

**1517** Martin Luthers 95 Thesen

**1546** „paragone": Überlegenheit der Plastik über die Malerei (Cellini)

**1581** Giambologna: „Raub der Sabinerin", Entwicklung der *figura serpentinata*

**Barock**
17. Jh.–Mitte 18. Jh.

**1618** Beginn des 30-jährigen Krieges

**1622–25** Bernini: „Apollo und Daphne"

**1666–1673** Girardon: „Apoll und die Nymphen", Versailles

# Renaissance und Manierismus

## Luca della Robbia: Die Sängerkanzel in Florenz

Ab etwa 1420 entstand in Florenz und in den Städten Oberitaliens die Renaissance als „Wiedergeburt der Antike". Für die Kunst der Bildhauerei spielte dabei neben dem Studium antiker Bildwerke, vor allem römischer Sarkophage, das Erfassen und Abbilden der Natur, das die Künstler durch Aktstudien und die Beschäftigung mit der Anatomie zu vervollkommnen suchten, eine wichtige Rolle; die Entdeckung der Zentralperspektive als Abbildungsverfahren auf der ebenen Fläche einer Wand ermöglichte die Erzeugung von Raumillusion.

Ein Meisterwerk des Florentiner Bildhauers **Luca della Robbia (1400–1482)** ist die Sängerkanzel für den Dom der Stadt, die 1431–1438 im Geist der Frührenaissance entstand. Hier verbinden sich antikische Formen und Bewegungsmotive mit dem realistischen Zug der Florentinischen Kunst, wodurch die ▸ Reliefs mit den heiteren singenden und musizierenden Kinderengeln frühlingshaft frisch und harmonisch wirken. Die Sängerkanzel war ursprünglich im Kuppelraum des Doms an einem der Pfeiler angebracht. Sängerknaben und Musikanten hatten darauf ihren Platz.
Die Darstellungen auf den insgesamt zehn Relieftafeln zeigen Knaben, Mädchen und ▸ Putten beim Singen, Tanzen und Musizieren mit verschiedenen Instrumenten, so z. B. auf dem Relief mit den ▸ Psalterium spielenden Engeln:

■ *Die drei stehenden Psalteriumengel in ihren leise wehenden antikischen Kleidern bestimmen die Komposition. Die sich kräuselnden Ränder der Gewandüberschläge scheinen von einer Figur zur anderen überzuleiten und sie in flachem Bogen zu verbinden. In die durch die Schrägstellung der großen Engel entstehenden Zwischenräume sind zwei musizierende Putten eingefügt. Der untere Teil der Tafel wird durch sie belebt und zusammengefasst.*

Lisner 1960, S. 9

Fraglich ist, ob es sich bei den Sängern, Tänzern und Musikantinnen um Kinder oder um Engel handelt. Ein realistisches Vorbild waren die Knabenchöre und Musikantengruppen der Zeit sowie geistliche Spiele und Aufführungen, in denen Knaben als Engel auftraten.

In ihrem Aufbau gleicht die Kanzel einem Balkon. Die Reihe der vier unteren Reliefs wird durch vier ▸ Konsolen unterbrochen, die wiederum vier Marmorbalken tragen, auf denen die Kanzel aufruht. Die etwas größeren oberen vier Relieftafeln werden durch vier ▸ Doppelpilaster getrennt. Ein Gebälk schließt die Tribüne nach oben ab. Auf drei waagrechten ▸ Gesimsbändern steht der Text des Psalms 150,1–6 , in dem es heißt: „Lobet den Herrn in seinem Heiligtum, [...] mit Pauke und Reigen, lobt ihn mit Saitenspiel und Flöte. Lobt ihn mit hellen ▸ Zimbeln [...]! Alles, was Odem hat, lobe den Herrn! Halleluja."

Luca della Robbia und sein Neffe Andrea (1435–1525) lieferten auch einen wichtigen Beitrag zur Popularisierung von Kunst. Vor allem ihre aus Ton hergestellten, meist weiß glasierten Madonnenreliefs vor blauem Grund, waren auch für breitere Bevölkerungsschichten erschwinglich.

**Arbeitsanregungen:**

1. Beschreiben Sie genau das Relief von der Sängerkanzel, gehen Sie auf die von Luca della Robbia verwendeten Elemente der Raumdarstellung ein und zeigen Sie den Aufbau und die Komposition der Figuren in Skizzen.
2. Fertigen Sie ein Tonrelief mit Figuren an, die Musik machen, z. B. eine Popgruppe mit den entsprechenden Instrumenten oder ein klassisches Streichquartett. Schaffen Sie bei den Figuren eine Raumabstufung durch Überschneidungen und durch eine nach hinten abnehmende Tiefe der Reliefteile. Brennen und bemalen oder glasieren Sie Ihr Relief.

▸ **Relief:** über eine Fläche erhaben vortretendes Bildwerk

▸ **Putto** (lat.-ital.): nackter kleiner Knabe mit oder ohne Flügel; Umformung der gotischen Kinderengel nach dem Vorbild der antiken Eroten

▸ **Psalterium**: harfenähnliches Saiteninstrument mit trapezförmigem Schallkörper und Darmsaiten

▸ **Konsole:** Wandbrett; herausragender Mauerteil

▸ **Doppelpilaster:** flache Wandpfeiler zur Gliederung einer Fassade oder einer Wand

▸ **Gesims:** ein meist horizontaler Bauteil, der eine Wand in einzelne Abschnitte gliedert

▸ **Zimbel**: Schlaginstrument des Altertums aus kleinen Metallbecken

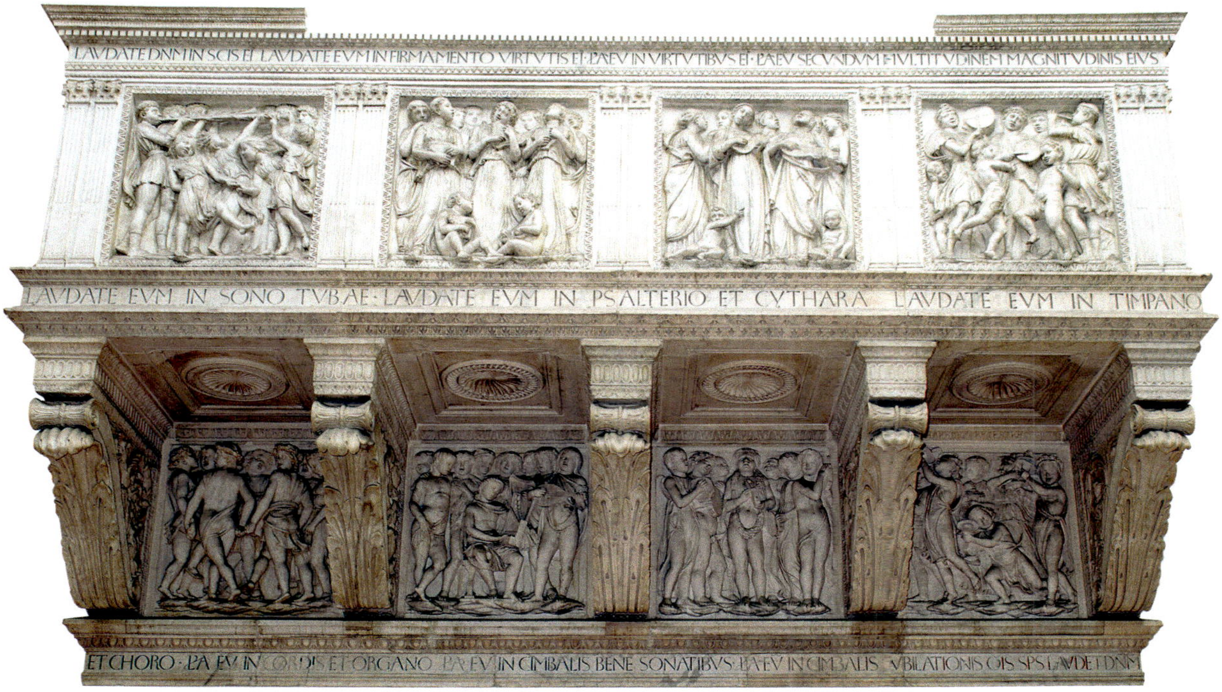


Luca della Robbia: Sängerkanzel für den Florentiner Dom, 1431–37. Marmor, Höhe 328 cm, Breite 560 cm. Florenz, Museo dell'Opera del Duomo

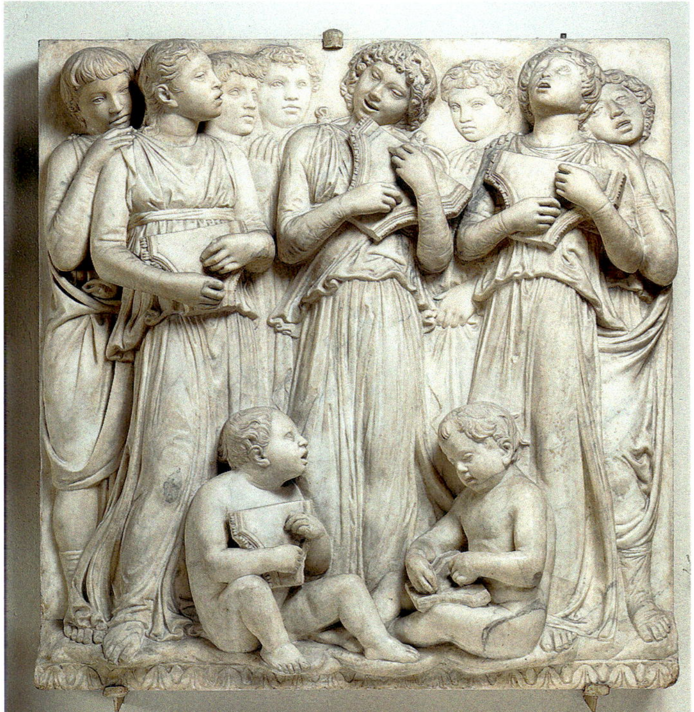

Relief der Sängerkanzel mit den Psalteriumengeln

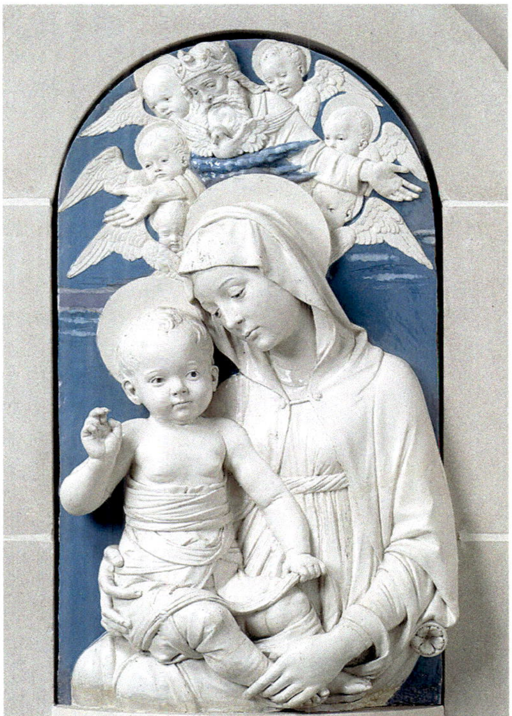

Andrea della Robbia: „Madonna mit Kind", um 1470. Terrakotta, glasiert, Höhe 118 cm, Breite 73 cm, Tiefe 16 cm. New York, Metropolitan Museum of Art

# Verrocchio: Frauenporträt und Reiterstandbild

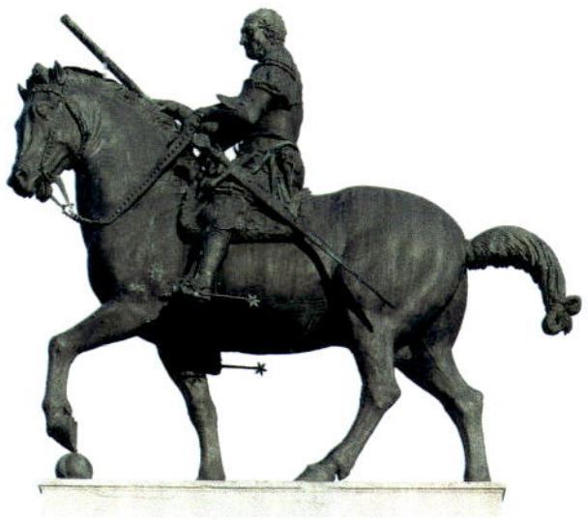

**Donatello: Reiterstandbild des „Gattamelata", 1446/53. Bronze, Höhe ca. 340 cm. Padua, Piazza del Santo**

**Andrea del Verrocchio (um 1435–1488)** gehörte im Florenz der Frührenaissance einer jüngeren Generation von Bildhauern an, die ihre Werke nicht mehr ausschließlich für die Kirche herstellten, sondern ihre nun weltlich orientierten Aufträge von einer großbürgerlichen Schicht erhielten. Dabei gewann vor allem das Porträt, das Abbild einer individuellen Person, an Bedeutung. Jetzt konnte jeder, der dazu finanziell in der Lage war, ein Bildnis von sich in Auftrag geben. Im Zuge des neuen Realismus betonten die Bildhauer die individuellen Eigenheiten des Dargestellten. „Jedes physiognomische Detail war ihnen wichtig, besonders bei den männlichen Bildnissen. Sie zeigten Falten und Runzeln, Tränensäcke und zu große Ohren." (Johannsen 2005, S. 142)

So weist auch die „Marmorbüste einer Frau" von Andrea del Verrocchio, die um 1480 in Florenz entstanden ist, eine neue realistische Sehweise auf. Ungewöhnlich für ein Marmorporträt ist zunächst schon die Darstellung der Arme und Hände, denn bisher wurde bei einer Büste nur der Kopf bis zum Brustansatz wiedergegeben. Die Arme der Figur sind angewinkelt, die Hände schützend vor die Brust gehalten. Die linke Hand weist auf einen kleinen Strauß Frühlingsblumen, der am Ausschnitt des Kleides angesteckt ist. Körper und Kopf der Frau zeigen eine kraftvolle Jugendlichkeit ohne glättende Idealisierung, das breite Gesicht wird von einer kurzen Lockenfrisur gerahmt, der Gesichtsausdruck ist wach. Die Büste stammt aus dem Besitz der Familie Medici, doch ist nicht gesichert, wen die Frauenfigur darstellen soll.

Eine völlig andere Tonart schlug Verrocchio mit dem Reiterstandbild des Heerführers Bartolomeo Colleoni an, das nach neunjähriger Herstellungszeit 1488 seinen Platz neben der Kirche S. Giovanni e Paolo in Venedig fand. Seit der Antike, als vor allem römische Kaiser ihr Bild als reitende Herrscher in Rom aufstellen ließen (s. S. 26 f.), hatte es monumentale Darstellungen von Pferd und Reiter in Bronzeguss nicht mehr gegeben. Wohl existierten steinerne, meist kleinformatigere Figuren von reitenden Heiligen oder von hochgestellten Personen als Teil eines Grabmals. Ausnahmen sind der Bamberger und der Magdeburger Reiter, die als Steinplastiken wohl neben einer bestimmten Person auch das Idealbild des christlichen Ritters verkörperten. Verrocchios Bronzestandbild ist nach Donatellos „Gattamelata" (1453) das zweite große Reiterdenkmal der Frührenaissance. Verrocchio erhielt den Auftrag 1480 von der Stadt Venedig, fünf Jahre nach dem Tod Colleonis, der die Armee der Republik in vielen Schlachten erfolgreich geführt hatte.

Verrocchio zeigt den Heerführer in voller Rüstung auf einem schweren, mächtigen Streitross. Dabei verwendet er wirkungsvoll den Kontrast zwischen glatten Teilen des Pferdekörpers und der Rüstung einerseits und den fein ziselierten Ornamenten auf dem Helm, der Satteldecke und dem Pferdegeschirr andererseits. Auch in den gekräuselten Locken der Mähne gibt es diese Gegensätze. Dem Gesicht des alten Soldaten verleiht er durch tiefe Falten und einen wilden Blick jenen Ausdruck von Machtbewusstsein und Entschlossenheit, der mit der Rolle des Befehlshabers der venezianischen Truppen in Verbindung zu bringen ist.

Verrocchio starb im Jahr 1488, bevor er seinen Entwurf in Bronze gießen und das Standbild auf dem vorgesehenen Platz aufstellen konnte. Das besorgte ein gewisser Alessandro Leopardi.

**Arbeitsanregungen:**

1. Charakterisieren Sie in einer Gegenüberstellung der beiden Plastiken von Verrocchio und der Straßburger Figuren der „Ecclesia" und „Synagoge" (s. S. 37) die Ideale der gotischen und der Renaissanceplastik.
2. Fertigen Sie zu den Händen der „Dame mit den Schlüsselblumen" Studien in Kreide oder Kohle an.
3. Stellen Sie aus Ton ein Pferd und anschließend eine Reiterstatue her, die auf das Pferd gesetzt werden soll. Vergleichen Sie Ihr Reiterstandbild mit Beispielen aus der Kunstgeschichte.

**Frührenaissance:** seit 1420 vor allem in Florenz und anderen Städten Oberitaliens geschaffener Stil, der mit der Wiederentdeckung der Antike ein neues Menschenbild kreierte, sich an der Realität und am Naturstudium orientierte und eine neue Architektur mit ausgewogenen Proportionen schuf

**Bronzeguss:** s. S. 11

**Ziselieren:** s. S. 26

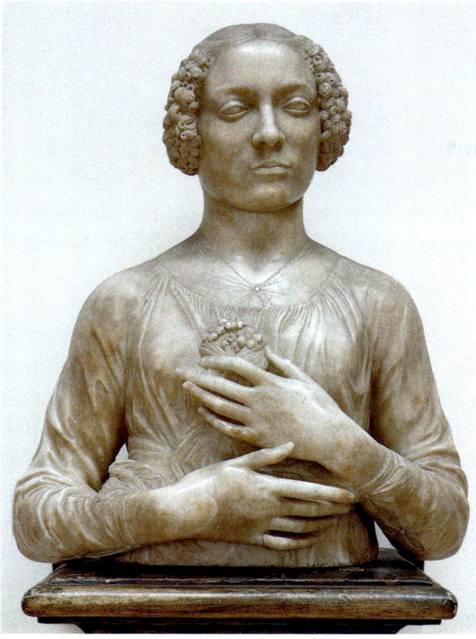

Andrea del Verrocchio: „Frauenporträt", um 1480. Marmor, unterlebensgroß. Florenz, Nationalmuseum

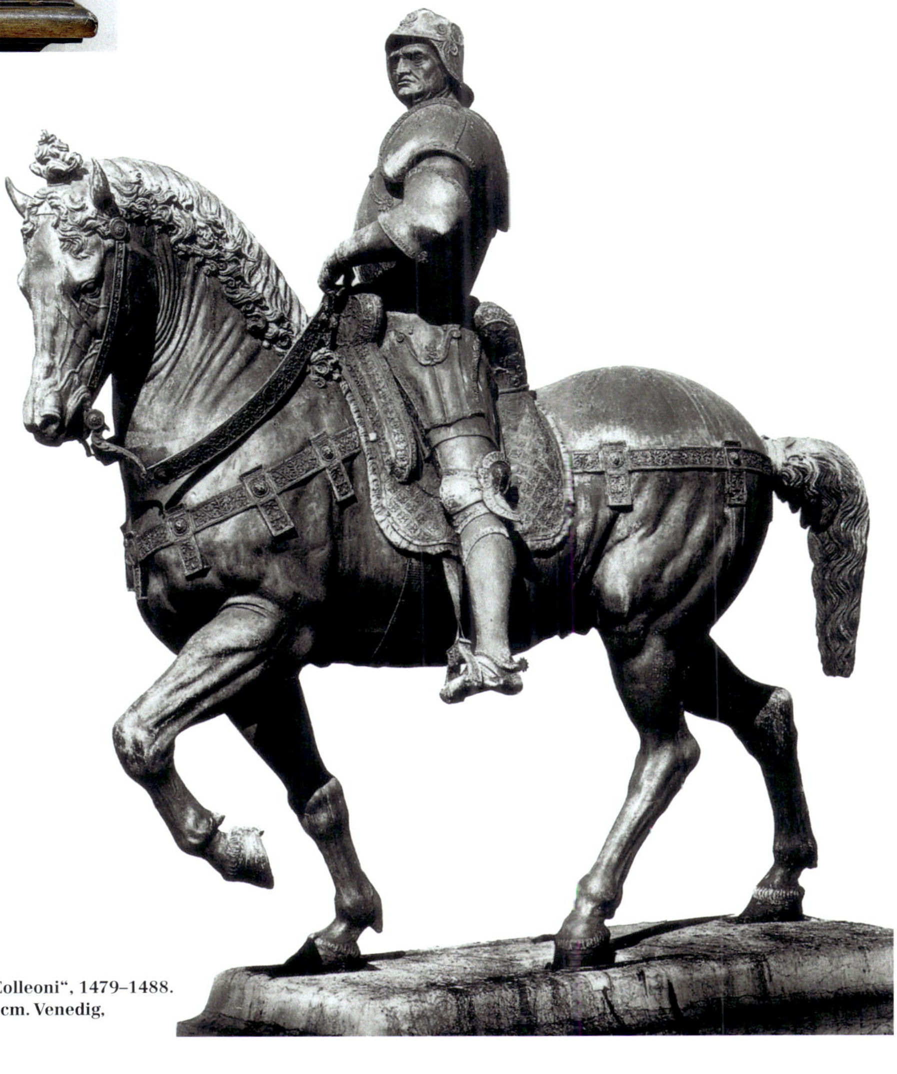

Andrea del Verrocchio: Standbild des „Colleoni", 1479–1488. Bronze, Höhe von Pferd und Reiter 395 cm. Venedig, vor Santi Giovanni e Paolo

# Michelangelo und das Schönheitsideal der Renaissance

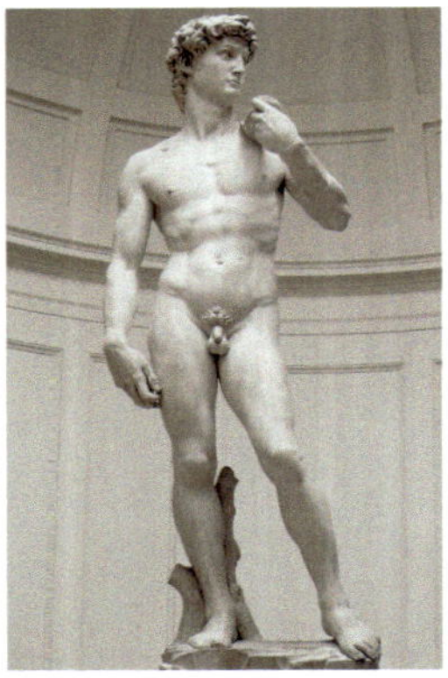

**Michelangelo Buonarroti: „David", 1501–1504. Marmor, Höhe 434 cm. Florenz, Galleria dell'Accademia**

Mit dreiundzwanzig Jahren schlug der junge Florentiner Bildhauer **Michelangelo Buonarroti (1475–1564)** aus einem Marmorblock die Figurengruppe der Gottesmutter Maria, die ihren toten Sohn auf den Knien hält, die Pietà, in einer völlig neuen Auffassung: Michelangelo zeigte die Figur der Maria nicht als Mutter eines Dreiunddreißigjährigen, als alternde Frau von etwa sechzig Jahren, sondern als jugendliche Schönheit, die ihre verhaltene Trauer in einem ebenmäßigen Gesicht trägt. Auch der tote Christus erscheint bei Michelangelo nicht als entstellter, gequälter Leichnam, sondern als kräftiger jugendlicher Mann mit Spitzbart und lockig gelegten Haaren, eher im Schlaf entspannt ausgestreckt als tot. Um die Harmonie der Komposition zu wahren, auch um den leicht nach hinten gesunkenen Kopf des Gottessohnes zu zeigen, hob Michelangelo das rechte Bein der Maria durch einen untergestellten Felsbrocken etwas an. Die kräftigen Faltenwürfe des Gewandes der Maria geben dem Körper des toten Christus und der ganzen Figurengruppe statischen Halt. Die resignierte Geste der linken Hand Marias entspricht ihrem traurig gesammelten Blick.
Die Makellosigkeit des Gesichtes der Maria veranlasste im Jahr 1972 einen verwirrten Bewunderer, sie mit einem Hammer zu traktieren; ein Arm brach ab und das Gesicht wurde stark beschädigt. Erst nach jahrelanger aufwendiger Restaurierung wurde die Gruppe der Pietà wieder an ihrem alten Platz in einer Seitenkapelle des Petersdomes in Rom aufgestellt, nun allerdings hinter dickem Panzerglas.

Die Pietà war neben einer ▸ Bacchusfigur die zweite Großplastik, die Michelangelo während seines ersten Aufenthaltes in Rom zwischen 1498 und 1501 schuf. Zuvor hatte er bei Domenico Ghirlandaio das Malen von ▸ Fresken erlernt und bei Bertoldo di Giovanni eine Einführung in die Bildhauerei erhalten. Im Palast der Medici, der führenden Familie von Florenz, war Michelangelo mit den Ideen des ▸ Humanismus, mit der Begeisterung für antike Literatur und Bildwerke in Berührung gekommen.

Um 1519 stellte Michelangelo als Auftragsarbeit eine Figur des auferstandenen Christus mit einem Kreuz her. Auch bei dieser Plastik stattete er den Körper des Gottessohnes mit allen ▸ Attributen männlicher Schönheit aus, auf dem Höhepunkt seiner Kraft, so, wie er den muskulösen Körper seines „David" in Florenz gestaltet hatte und später den Weltenrichter in seinem „Jüngsten Gericht" im Vatikan. Jahre zuvor hatte Michelangelo bereits eine Christusfigur mit Kreuz in Marmor gearbeitet, hatte die Figur jedoch verworfen, weil bei der Ausarbeitung des Gesichts eine entstellende schwarze Gesteinsader zum Vorschein gekommen war. Diese Statue wurde erst im Jahr 2001 in einer Klosterkirche bei Rom wiederentdeckt.

In Michelangelos letztem Werk, der sogenannten „Pietà Rondanini", hält die Gottesmutter den leblosen Körper ihres toten Sohnes in den Armen, als hätte sie ihn eben vom Kreuz abgenommen. Die schmale Christusfigur ist eng mit dem Körper der Maria verbunden; sein rechter Arm, abgetrennt vom Körper und deutlich größer in den Proportionen, zeigt, dass die Christusfigur ursprünglich größer angelegt war. Erst im Arbeitsprozess arbeitete er aus der ursprünglichen Figur des Gottessohnes die zwei Körper des Christus und der Maria heraus. Michelangelo ließ die Plastik als anrührendes Beispiel der Vergeblichkeit menschlichen Schaffens liegen und führte sie nicht zu Ende.

**Arbeitsanregungen:**

1. Vergleichen Sie die beiden Pietà-Darstellungen Michelangelos nach ihrer Komposition, nach ihrem Ausdruck und nach dem Glaubensgehalt, der sich in den beiden Gruppen jeweils äußert.
2. Vergleichen Sie Michelangelos Plastik „Der auferstandene Christus" mit der Darstellung des gekreuzigten Christus des mittelalterlichen „Gerokreuzes" (s.S.5). Leiten Sie daraus die jeweiligen Vorstellungen ab, die sich das Mittelalter anders als die Renaissance vom Gottessohn machte.

▸ **Bacchus:** griech.-röm. Gott des Weins

▸ **Fresko:** auf frischem, noch feuchten Putz ausgeführte Malerei

▸ **Humanismus:** geistige Strömung zur Zeit der Renaissance, die das Bildungsideal der griechisch-römischen Antike erneuerte

▸ **Attribut:** s.S.32

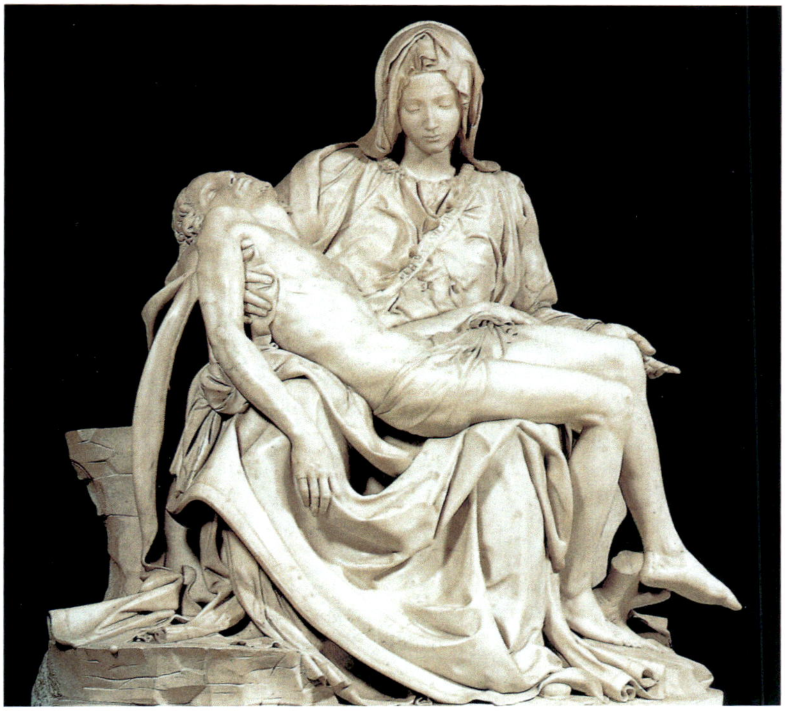

Michelangelo Buonarroti: „Pietà“, 1498–1501. Marmor, Höhe 175 cm, Breite 168 cm. Rom, Petersdom

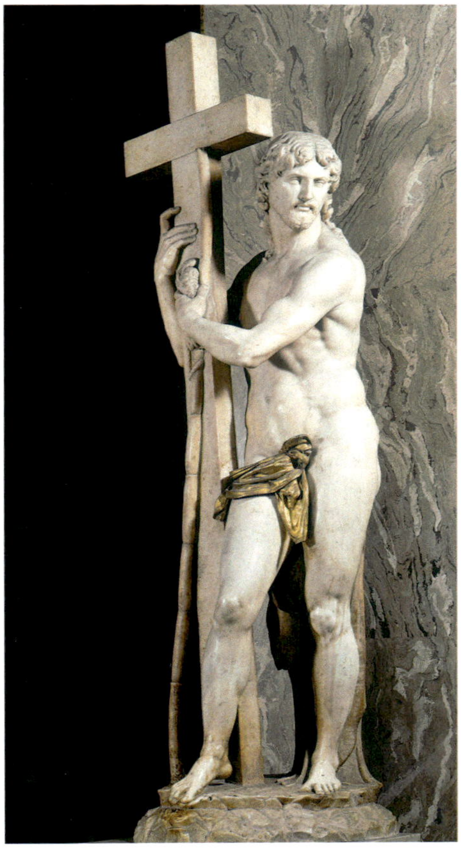

Michelangelo Buonarroti: „Der auferstandene Christus“, um 1514. Marmor, Höhe ca. 205 cm. Rom, Santa Maria sopra Minerva

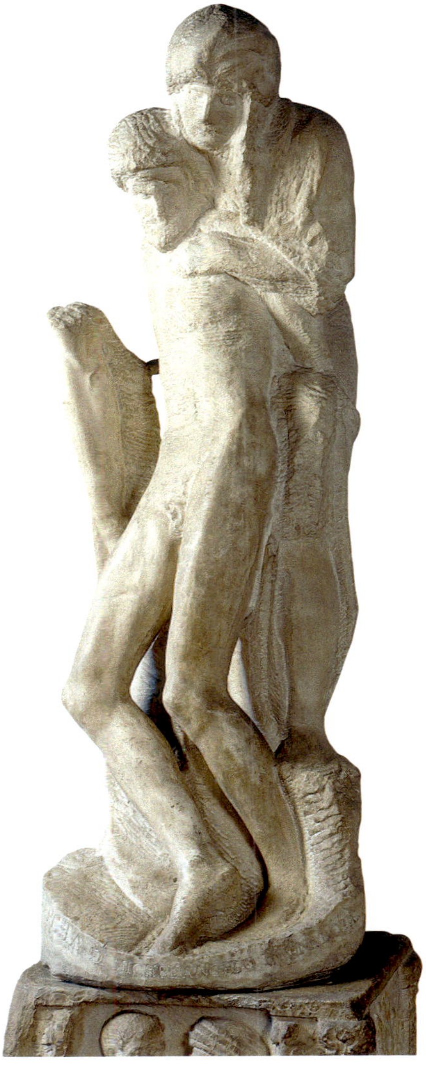

Michelangelo Buonarroti: „Pietà Rondanini“, 1555–64. Marmor, Höhe 195 cm. Mailand, Castello Sforzesco

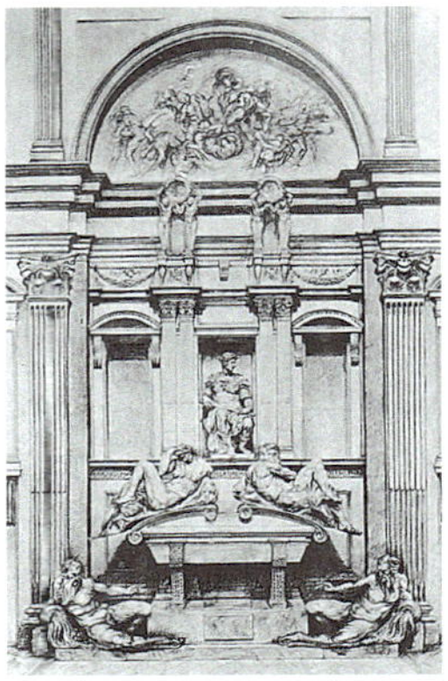

**Michelangelo Buonarroti: „Grabmal für Giuliano de Medici", 1520–34. Florenz, San Lorenzo, Neue Sakristei. Vervollständigung (Flussgötter, Fresko im Bogenfeld) von A. E. Popp**

Zweimal während seines Bildhauerlebens übernahm Michelangelo die Ausgestaltung eines Grabmals: Von 1505 bis etwa 1516 arbeitete er am Grabmal Julius II. (Papst von 1503–1513), das vom Entwurf bis zur Fertigstellung viele Veränderungen erfuhr und dessen bekannteste Figur der Moses ist. Das zweite Grabmal schuf Michelangelo für Lorenzo und Giuliano de Medici in der Zeit von 1520–34. Die zwei Medicifürsten verkörpern in ihren Haltungen die beiden grundlegenden Typen menschlicher Tätigkeit, die vita activa und die vita contemplativa, das tätige und das betrachtende, sinnende Leben.

Lorenzo de Medici, Herzog von Urbino, der in jungen Jahren in geistiger Umnachtung starb, wird als der introvertierte Melancholiker mit der Denkergeste in Form der aufgestützten Hand dargestellt, sein Ellbogen liegt auf einer Geldkassette (Saturngeborenen wird der Hang zum Neid nachgesagt). Ihm sind die ▸allegorischen Figuren der Morgenröte und der Abenddämmerung zugeordnet. Dabei wird die Morgenröte durch eine schöne junge Frau verkörpert, die eben aus dem Schlaf erwacht, während der Abend als müde sich lagernder alter Mann charakterisiert ist. Giuliano de Medici, General der päpstlichen Truppen, stellt den extrovertierten Typus dar; er ist der Herrscher mit Stab und freigebiger Geste (er hält Münzen in der Hand), ihm sind die Allegorien von Tag und Nacht zugeordnet. Die vier allegorischen Figuren symbolisieren die kurz bemessene Zeit des menschlichen Lebens. Im ursprünglichen Entwurf waren rechts und links unter den Figuren der Tageszeiten vier Flussgötter vorgesehen, die den Bereich der Natur, auch der Unterwelt mit den vier Strömen verkörpern sollten. Ein ▸Bozzetto für einen der Flussgötter wird als ▸Terrakotta in der Casa Michelangelo in Florenz aufbewahrt.

Michelangelo gilt als der größte Bildhauer der ▸Hochrenaissance. Seine bekanntesten Werke wie der David, seine Pietà und sein Moses verkörpern allgemeinmenschliche Befindlichkeiten wie Entschlossenheit, Trauer und Zorn. Michelangelos Größe zeigt sich in der perfekten Beherrschung der menschlichen Anatomie wie auch in der Darstellung der Tragik des menschlichen Lebens. Wegen der riesenhaften Größe seiner Figuren, ihrer Ausdruckskraft und ihrer muskulösen Körper spricht man auch von der „terribilità", der schrecklichen Schönheit seiner Werke.

Michelangelos Arbeitsweise – zu erkennen vor allem an seinen unvollendeten Plastiken – befreit die Formen aus dem Block, der unförmigen Masse. ▸Vasari benutzt zur Verdeutlichung dieses Prozesses vom Hervortreten der Formen aus einer ebenen Oberfläche das Bild vom Modell, das in einer Wanne mit Wasser liegt und durch das Ablassen des Wassers allmählich zum Vorschein kommt. Auch Michelangelos angebliche Behauptung, „eine gute Skulptur müsse einen Berg hinunterrollen können, ohne zu zerbrechen, ist [...] eine recht gute Kennzeichnung seines künstlerischen Ideals." (Panofsky 1980, S.252)

Plastiken der Hochrenaissance besitzen meist eine zentrale Achse und bieten dem Betrachter einen harmonischen Anblick, ohne dass er die Plastik umrunden muss, um alle wichtigen Aspekte zu sehen. ▸Leonardo da Vinci spricht von einer Kombination zweier Reliefs, von Vorderansicht und Hinteransicht. Bildhauer dieser Zeit bauen ihre Figuren annähernd symmetrisch auf, sie verwenden im Aufbau ihrer Plastiken eher gemäßigte Winkel als Horizontalen und Vertikalen. Oft stehen die Plastiken in Nischen.

**Arbeitsanregungen:**

1. Stellen Sie aus Abbildungen von Plastiken Michelangelos eine kleine Werkübersicht zusammen. Zeigen Sie auch seine kunsthistorische Stellung durch Beispiele aus der Frührenaissance, dem Manierismus und dem Barock (s. dazu S. 43, 49, 51, 53).
2. Vergleichen Sie Michelangelos bildhauerische Arbeitsweise mit der ägyptischen (s. S. 20) und griechischen (s. S. 22) Methode.
3. Arbeiten Sie aus einem Gipsblock oder Ytongstein eine sitzende Figur heraus. Bereiten Sie die Formen durch Skizzen vor, in denen Sie auf die Gegebenheiten des Blocks eingehen.

▸**Allegorie** (griech.-lat.): Verbildlichung eines abstrakten Begriffs, häufig durch eine Person mit kennzeichnenden Beigaben, z.B. ist hier der „Nacht" die Eule als Nachtvogel beigefügt

▸**Bozzetto** (ital.): Entwurf, Skizze einer Plastik, meist in einfacherem, leichter gestaltbarem Material, z.B. Ton

▸**Terrakotta** (ital.: gebrannte Erde): Ton wird in der Bildhauerei sehr häufig als Material für Entwürfe verwendet, auch als Modell für Abgüsse. Um die Plastiken haltbarer zu machen, wird der Ton gebrannt.

▸**Hochrenaissance:** Monumentalstil, der mit den Künstlern Leonardo da Vinci, Michelangelo und Raffael zwischen 1500 und 1520 im Rom der Päpste seinen Höhepunkt erreichte

▸**Vasari, Giorgio** (1511–1574): verfasste Lebensbeschreibungen der bekanntesten Künstler der Renaissance und des Manierismus

▸**Leonardo da Vinci** (1452–1519): neben seinen Bildern hinterließ Leonardo umfangreiche Skizzenbücher und theoretische Schriften

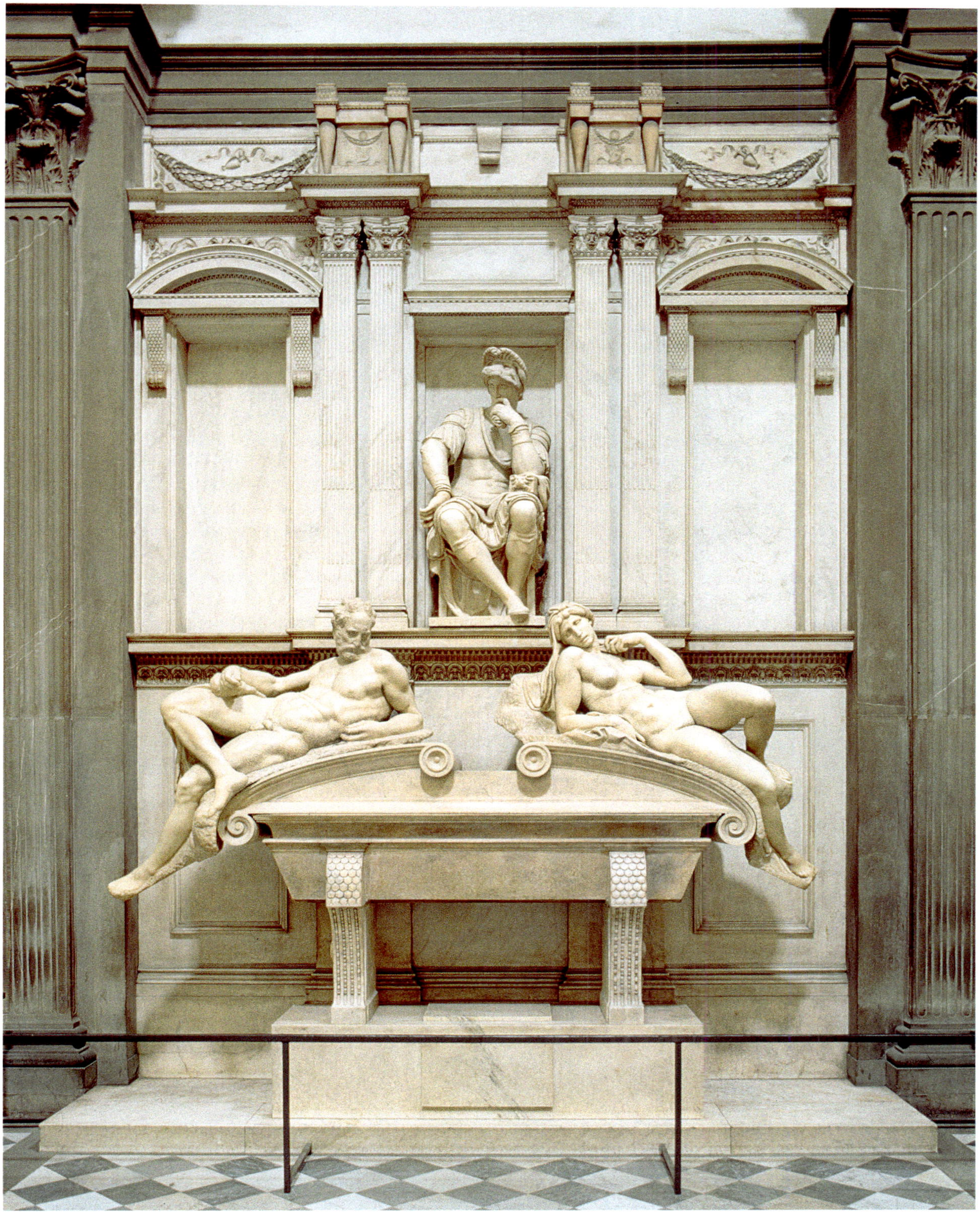

Michelangelo Buonarroti: „Grabmal für Lorenzo de Medici“, 1520–31. Marmor. Allegorische Figuren des Crepusculo (Dämmerung, links) und der Aurora (Morgenröte, rechts), Figuren etwa lebensgroß. Florenz, San Lorenzo, Neue Sakristei

# Die *figura serpentinata*

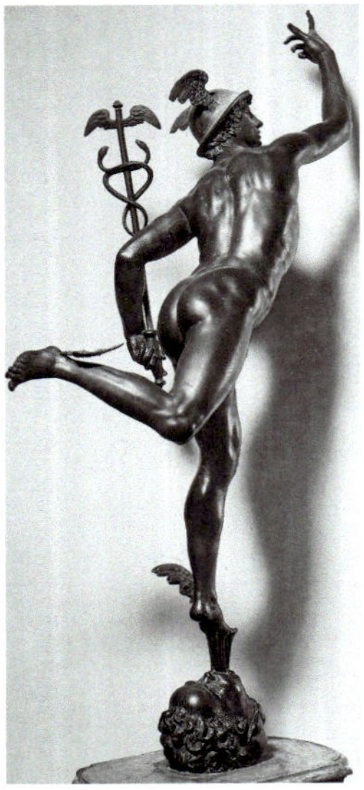

Giambologna: „Merkur", 1580. Bronze, Höhe 187 cm. Florenz, Bargello

Der italienische Goldschmied und Bildhauer **Benvenuto Cellini (1500–1571)** behauptete, eine gute Plastik müsse dem Betrachter vier Ansichten bieten, später steigerte er diese Forderung auf bis zu vierzig Ansichten, während ein gemaltes Bild nur eine Ansicht bieten könne. Damit wollte Cellini die Überlegenheit der Kunstform Plastik über die Malerei beweisen. In der Folge entstand die Idealforderung der ▸*figura serpentinata* für die Plastik des ▸Manierismus. Zwischen 1525 und 1600 schufen die Bildhauer Figuren und Figurengruppen, die durch die vielfältigen ▸Torsionen ihrer Körper den Betrachter dazu auffordern, im Herumgehen um die Plastik eine ganze Reihe von ansprechenden Ansichten und komplexen Bezügen zwischen den Körperteilen und -achsen zu entdecken.

Als der zwanzigjährige Bildhauer **Giambologna** (Jean de Boulogne, auch Giovanni da Bologna, **1529–1608**), der aus Douai in Flamen im heutigen Belgien stammte, wo er auch seine künstlerische Ausbildung erhielt, im Jahre 1557 von einer Studienreise aus Rom kommend in Florenz Station machte, fand er dort Mäzene und Auftraggeber. Giambologna blieb in Florenz und lieferte mit seiner Werkstätte zahlreiche Figuren in Marmor und als ▸Bronzeguss; daneben entwickelte er eine umfangreiche Produktion von ▸Kleinbronzen, oftmals Kopien seiner monumentalen Werke, die Abnehmer und Sammler in ganz Europa fanden.

■ *Ohne allzu viel Energie auf die theoretische Durchdringung eines Themas zu verwenden, widmet sich Giambologna allein der formalen Lösung seiner Kompositionen, die er minutiös in Wachs- und Tonmodellen vorbereitete. Vollendete Pose, perfekte Balance, menschliche Körper, die auf ein beinahe abstraktes Ideal reduziert werden, ohne dass dabei jedoch die natürlichen Proportionen im manieristischen Sinne verfälscht werden, sowie technisch makellose Ausführung wurden das Geheimnis seines Erfolges.*

Kryza-Gersch in: Seipel 2006, S. 15

Es ist vor allem die Schönheit der bewegten Körper, die in erster Linie zum Ausdruck kommt, und die meisterhafte Beherrschung der Anatomie, auch in komplizierten Drehungen und Wendungen, die der Künstler in seinen Figurengruppen demonstriert.

Die inhaltliche Aussage ist dabei häufig auf einfache Bewegungsmotive beschränkt, so das raffinierte Sich-Wenden der Venusfigur vom Venusbrunnen in den Florentiner Boboligärten, das mit der Geste des Sich-Wegdrehens und schamhaften Sich-Bedeckens verführerisch die anatomischen Gegebenheiten ins rechte Bild rückt und mit dem zurückgewendeten Blick gleichzeitig die Wirkung auf den Betrachter prüft. In ihrer Drehung, die vom rechten Standbein ausgehend beim linken, hochgestellten Bein der Figur beginnt, weiter über den aufgestützten linken Arm zu den Schultern reicht, und über den angewinkelten rechten Arm bis zur Wendung des Kopfes hochsteigt, entwickelt sich die Figur schraubenförmig um eine gedachte Mittelachse und verwirklicht so das Ideal der manieristischen Plastik, die *figura serpentinata*.

Bei der Bronzefigur des Götterboten „Merkur" (1580) erweckt Giambologna den Eindruck, als schwinge sich der Gott eben aus dem vollen Lauf in einer kraftvollen Bewegung nach oben in die Lüfte. Dieser Bewegungsimpuls durchzieht die gesamte Plastik, von der Spitze des linken Fußes – einzige Auflagefläche der Bronzefigur und so nur in diesem Material zu verwirklichen – bis zum hochgereckten Zeigefinger der rechten Hand.

**Arbeitsanregungen:**

1. Vergleichen Sie die beiden Figuren Giambolognas, „Venus" und „Merkur", in ihrem Ausdruck, ihrer Bewegung und in der sich aus dem jeweils verwendeten Material ergebenden Wirkung.
2. Stellen Sie – mit Ihren Mitschülern – die abgebildeten und weitere Plastiken Giambolognas in ihren gedrehten Posen als „lebendes Bild" nach und fertigen Sie davon Skizzen und Fotografien an.

▸ **figura serpentinata** (ital. serpentino: schlangenartig): um eine imaginäre Achse gewundener Aufbau einer Figur oder einer Figurengruppe

▸ **Manierismus** (ital. maniera: Stil) Strömung zwischen 1520 und 1600, in der sich das künstlerische Können und die Beherrschung der Gestaltungsmittel verselbstständigt

▸ **Torsion** (lat.): Drehung einer Figur

▸ **Bronzeguss:** s. S. 11

▸ **Kleinbronzen:** kleinere Figuren oder Figurengruppen aus Bronze, die in mehreren Exemplaren hergestellt wurden und leicht transportiert werden konnten

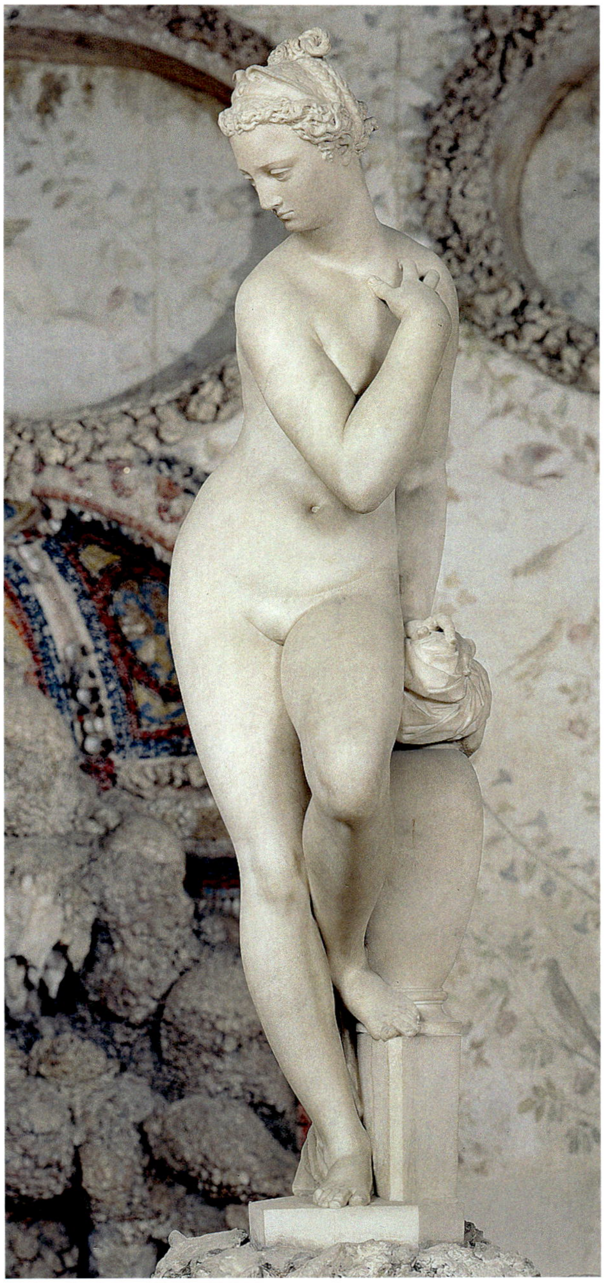

Giambologna: „Venus“ vom Venusbrunnen, um 1575. Marmor, Höhe 295 cm. Florenz, Boboligärten, Grotte

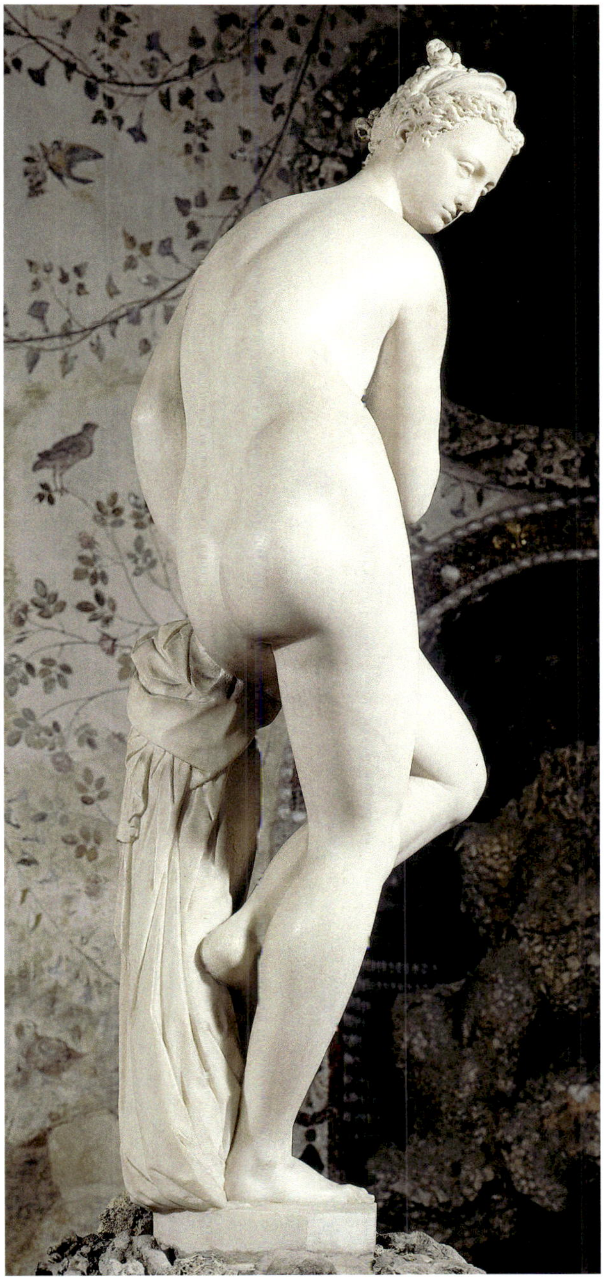

„Venus“ vom Venusbrunnen, Seitenansicht

Renaissance ca. 1400–1520

**1513** Peter Vischer: Bronzefigur für das Kaisergrab, Innsbruck

**1540–43** Cellini: „Das Salzfass" („Saliera")

Barock / Rokoko 17. Jh.–Mitte 18. Jh. / um 1730–ca. 1780

**1621–22** Bernini: „Pluto und Proserpina"

**1648** Gründung d. franz. Akademie

**1703** Andreas Schlüter: Reiterstandbild d. Großen Kurfürsten

**1723** Asam: „Himmelfahrt Mariens"

**1728** Vollendung d. Dresdner Zwingers

**1741** Joh. J. Kaendler: Schwanenservice, Meißener Porzellanmanufaktur

**1744** Bossi: Stuckarbeiten i. d. Würzburger Residenz

**1776** Pigalle: Voltaire-Statue

Klassizismus um 1780–ca. 1850

**1781** Kant: „Kritik der reinen Vernunft"

**1795–97** Joh. Gottfried Schadow: „Prinzessinnengruppe"

# Barock und Rokoko

## Bernini und der italienische Barock

Wie in der Architektur und Malerei beginnt um 1600 auch in der Bildhauerei ein Wandel sichtbar zu werden. Die Epoche des Barock bricht an, ihr erstes Zentrum ist Rom. Skulpturen erscheinen nun als freie Bekrönung von Bauwerken, Brücken oder Portalen, umgeben von Luft und Licht. Sie treten dynamisch aus den Nischen der reich gegliederten Fassaden in den Raum hervor, beherrschen das Zentrum von Plätzen oder Gärten, Bassins oder Brunnenanlagen. In der Innenausstattung setzen sie auffällige Akzente bei den Treppenanlagen der Schlösser, in den Kirchen lenken sie die Aufmerksamkeit zu den imposanten Grabmalen, Kanzeln oder Altären.

Häufig wählten die Bildhauer eine bestimmte augenblickliche Haltung als ▸transitorisches Moment. Der Eindruck dramatischer Unruhe, des Flüchtigen entsteht, etwa durch die faltenreiche, wie von einem Sturm aufgebauschte Kleidung. Die steinernen Figuren wirken lebendig, zum Teil wie der Natur abgeschaut, aber auch jenseitig entrückt, dann wieder übermächtig in ihrer Kraft oder ekstatisch in ihren Emotionen.

Die italienischen Bildhauer ließen an geeigneten Stellen ihrer Steinskulpturen gezielt belebende Werkspuren stehen. Aus der Nähe sind einmal Rillen durch die Führung des ▸Zahneisens sichtbar, dann wieder kleine Löcher, mit dem ▸Punktiereisen geschlagen. Auf anderen Flächen erscheinen körnige Schlagspuren der ▸Boucharde, aber auch Bohrungen, die der Herausarbeitung der Strukturen von Haar- oder Bartlocken dienen. Matte, raue oder geriffelte Partien der Skulptur erscheinen in unterschiedlicher Weise gedämpft oder auch dunkler - im scharfen Kontrast zu den auf Hochglanz polierten Oberflächen, etwa der glatten Haut, die das auftreffende Licht schimmernd reflektiert. Solchermaßen differenzierte ▸Texturen stellen unterschiedliche stoffliche Beschaffenheiten künstlerisch virtuos im Medium des Steins dar. Sie dokumentieren aber auch mit einem gewissen Stolz den Gestaltungsvorgang selbst als sichtbare Spur von der Hand des Meisters.

**Giovanni Lorenzo Bernini** (1598–1680) beherrschte diese Facetten der Steinbildhauerei meisterlich. Er war der einflussreichste Künstler und Architekt seiner Zeit. Anfangs arbeitete er vor allem für Kardinal Scipione Borghese, einen Neffen Papst Pauls V. Zur Ausstattung seiner Villa bestellte der Kunstsammler bei Bernini mehrere überlebensgroße Skulpturen wie den „David" (1624).

Aus dieser Zeit stammt auch der „Raub der Proserpina", eine Figurengruppe aus dem antiken Mythos um die schöne Tochter des Jupiter und der Erdgöttin Ceres. Pluto, der hartherzige Herrscher über das Totenreich, entführt Proserpina in die Unterwelt, wo der dreiköpfige Höllenhund Cerberus den Eingang bewacht. Sie wird seine Gemahlin und muss fortan die eine Jahreshälfte im Totenreich verbringen, darf jedoch als Vegetationsgöttin die fruchtbaren Frühlings- und Sommermonate auf der Erde verweilen. Ihre Sage schilderte der römische Dichter Ovid zur Zeit von Kaiser Augustus im fünften Buch seiner „Metamorphosen".

Den Bildhauern der Pariser Akademie empfahl Bernini 1665 das Abzeichnen von Gipsabgüssen antiker Skulpturen, um die Idee des Schönen zu begreifen, aber

■ *... sich nicht gänzlich auf Abzeichnen und Nachformen zu beschränken, sondern selbstständige Arbeiten nebenher laufen zu lassen: Skulpturen, Gemälde und dergleichen. So mischt man Produktion und Imitation oder mit anderen Worten: Handlung und Betrachtung, und daraus ergeben sich Fortschritte, die erstaunlich sein können.*

Zit. nach Burbaum 2003, S. 202 f.

**Arbeitsanregungen:**

1. Weisen Sie die Neuerungen Berninis im Vergleich mit Giambolognas (s. S. 48 f.) Werken nach.
2. Beschreiben Sie Berninis Interpretation des antiken Mythos an seinem Werk.
3. Entwerfen Sie große dramatische Figuren(-gruppen) für geeignete Orte, z. B. für den Pausenhof Ihrer Schule.

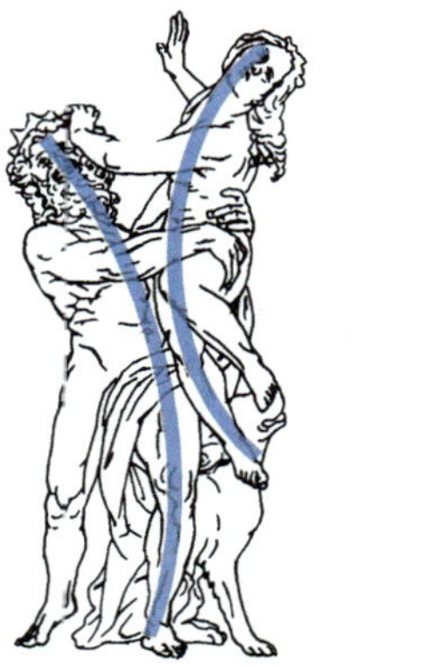

**Achsensystem von Berninis „Raub der Proserpina"**

▸**transitorisches Moment** (lat.: vorübergehend): Punkt einer Handlung oder Geschichte, dessen Darstellung die zukünftige Entwicklung ankündigt bzw. einbezieht

▸**Zahneisen, Punktiereisen, Boucharde:** Bildhauerwerkzeuge zur Steinbearbeitung (s. S. 8)

▸**Textur** (lat.): Eigenschaften einer Oberfläche

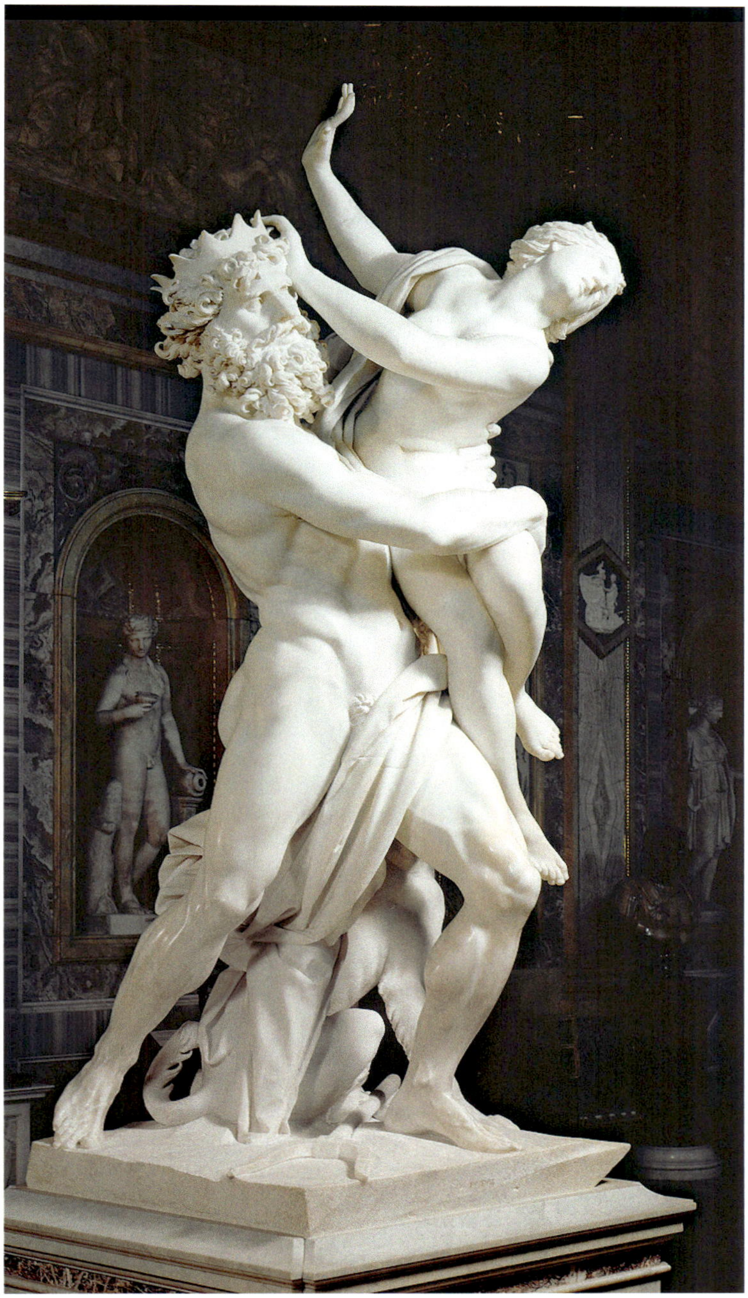

Giovanni Lorenzo Bernini: „Raub der Proserpina“, 1621–22. Marmor, Höhe 225 cm. Rom, Galleria Borghese

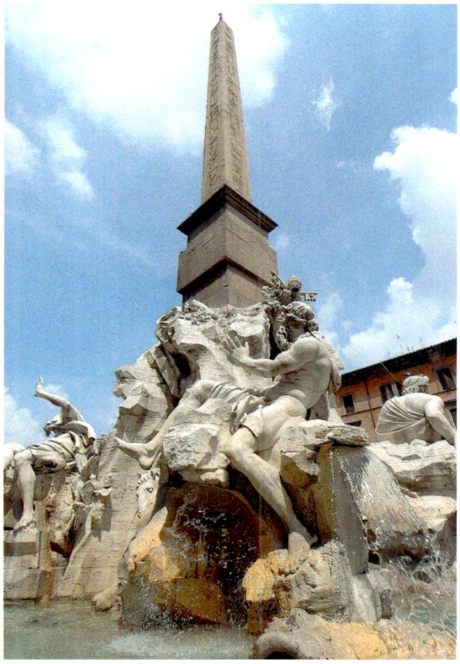

Giovanni Lorenzo Bernini: „Vierströmebrunnen“, 1642–51. Marmor und Travertin. Rom, Piazza Navona

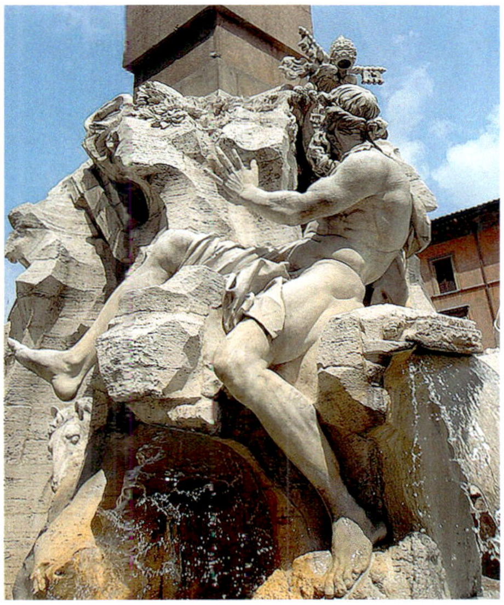

„Vierströmebrunnen“, Detailansicht des Flussgottes „Donau“

# Zwischen Pathos und Vanitas – Barockklassizismus in Frankreich

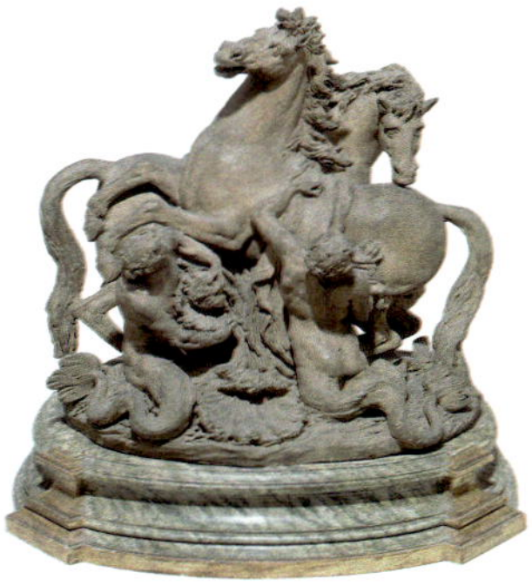

**Balthazar und Gaspard Marsy: „Die Pferde des Sonnengotts" (Bozzetto). Terrakotta, 37 × 35,5 × 29,5 cm. Paris, Louvre**

In den Ländern Europas zeigten sich je andere nationale Ausprägungen des Barock. Die Bildhauer Frankreichs etwa wendeten sich mehrheitlich von der stürmischen Dynamik Berninis (s. S. 50 f.) ab, lediglich Pierre Puget (1620–1694) blieb dieser Tradition treu. Die anderen wendeten sich verstärkt Vorbildern aus der griechischen Antike zu. Es entstand ein speziell französischer ▸ Klassizismus – nüchterner und gemäßigter als der Stil des italienischen Meisters, aber trotzdem elegant und feierlich, ▸ pathetisch und monumental.

Die Gründung der Akademie der Künste 1648 in Paris setzte ein deutliches Zeichen für eine eigenständige französische Kunst und sorgte zugleich mit akademischen Regeln für eine Vereinheitlichung im Erscheinungsbild der französischen Barockplastik. Die Künste waren fortan in der „Hauptstadt der Welt" eng an den Geschmack des absolutistischen Hofes im nahe gelegenen Versailles gebunden. Ludwig XIV. hatte die mögliche politische Bedeutung der Kunst erkannt und ermahnte die Mitglieder der Akademie: „Ich vertraue Ihnen die kostbarste Sache der Welt an: meinen Ruf." (Zit. nach dell'Arco 1987, S. 181)
Im Schloss von Versailles und seiner riesigen Parkanlage ließ er entsprechende Zeichen setzen. Repräsentative Kunst und umfassender Machtanspruch sind hier auf das Engste miteinander verbunden. Die Wasserbassins und Brunnen mit ihren mächtigen Fontänen, die geometrischen Labyrinthe, die endlosen Alleen und Wege, die versteckten Grotten, die offenen Terrassen und die zu regelmäßigen Formen gestaltete Pflanzenwelt vereinigen sich zum Ruhme des Sonnenkönigs.

In den dort platzierten Skulpturen ließ er sich mit dem antiken Sonnengott Apoll gleichsetzen und seine Herrschaft mit der Ewigkeit der Natur vergleichen. Die Sonnenrosse von **Gaspard (1624–1681)** und **Balthazar Marsy (1628–1674)** – in unmittelbarer Nähe von Girardons Apollobad – versinnbildlichen den ungestümen Anbruch eines jeweils neuen, aber immerwährenden Tageslaufes unter dem Zeichen der Sonne und des Lichts. **François Girardon (1628–1715)**, der Lieblingsbildhauer des Hofes, gilt als Hauptvertreter des französischen Barockklassizismus. Seine Arbeiten – auch im religiösen Bereich – sind gekennzeichnet von einer besonderen Ausgewogenheit.

„Memento mori" (Bedenke, dass du sterblich bist) und „vanitas" (nichtiges Treiben) – mit diesen zentralen Gedanken stellte die kirchliche Kunst dem Gläubigen im 17. Jahrhundert die Begrenztheit seines irdischen Daseins vor Augen. Unaufhaltsam zerrinnt die Zeit bis zum unvermeidlichen Tod, der jedoch als Beginn des wahren, ewigen Lebens gesehen wurde. Hier drücken sich beständige Mahnung zum rechten Weg auf Erden und christliche Zuversicht auf Erfüllung im Jenseits zugleich aus. Diesen engen Zusammenhang zwischen diesseitigem und jenseitigem Leben thematisieren die vielen imposanten Grabmäler der Epoche, ob als ▸ Epitaph an den Wänden der Kirchen oder als repräsentative Ruhestätte mit ▸ Sarkophag und Skulpturen. Allesamt waren sie Auftragsarbeiten von Amts- und Würdenträgern, wie auch das Grabmal des einflussreichen Kardinals und Kanzlers Richelieu. In der ursprünglichen Aufstellung von dessen Freigrab ließ Girardon die Figur direkt auf den Altar der Kirche blicken, eingerahmt von den ▸ Personifikationen der christlichen Lehre und der Barmherzigkeit – als Zeichen der Vergeistigung und Hinwendung zu Gott.

**Arbeitsanregungen:**
1. Informieren Sie sich näher über die Piazza Navona in Rom (s. auch S. 51) sowie den Schlosspark von Versailles. Vergleichen Sie die jeweilige Präsentation und die Aufgaben der Skulpturen.
2. Untersuchen Sie mithilfe von analytischen Skizzen Aufbau und Raumbezug der Skulpturen.
3. Besuchen Sie einen barocken Schlosspark und skizzieren Sie dort die Anordnung und Details der Freiplastiken. Entwerfen Sie eine Skulptur als moderne Ergänzung für diesen Ort.

▸ **Klassizismus** (lat.): Rückbesinnung auf die Antike, besonders auf die klassische Phase der griechischen Kunst (s. S. 22)

▸ **pathetisch** (griech. pathos: Leiden): von leidenschaftlicher Bewegung, vollkommener Ergriffenheit und stärkster Empfindung gekennzeichnet, z. B. in der Unterwerfung, Ekstase, Erhebung, auch im Sterben; Merkmal barocker Kunst

▸ **Epitaph** (griech. epitaphios, lat. epitaphium: zum Grab gehörig; Grabschrift): oft unabhängig vom Bestattungsort angebrachtes Gedächtnismal an den Innen- oder Außenwänden von Kirchen

▸ **Sarkophag** (griech. sarkophagos: Fleischfresser): kastenförmiges, besonders auf dem Deckel oft plastisch ausgestaltetes Behältnis zur Aufnahme einer Leiche

▸ **Personifikation:** Darstellung eines abstrakten Begriffes etc. durch Figuren

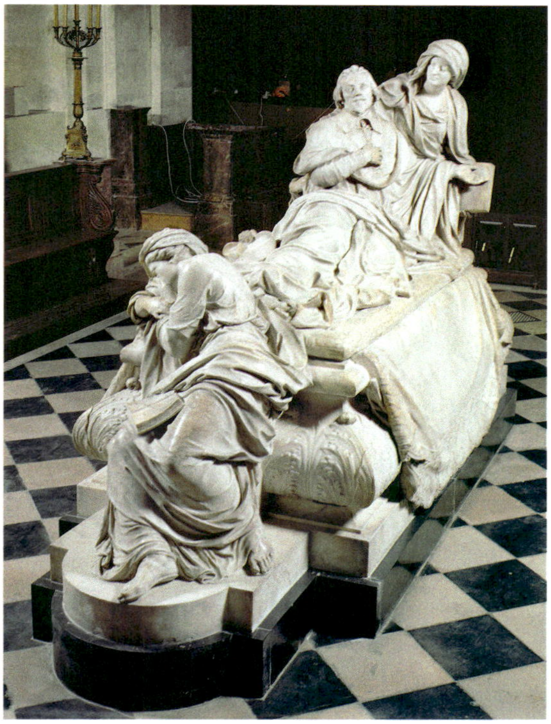

François Girardon:
„Grabmal für Kardinal Richelieu“,
1675–94. Marmor, etwa lebensgroß.
Paris, Chapelle de la Sorbonne

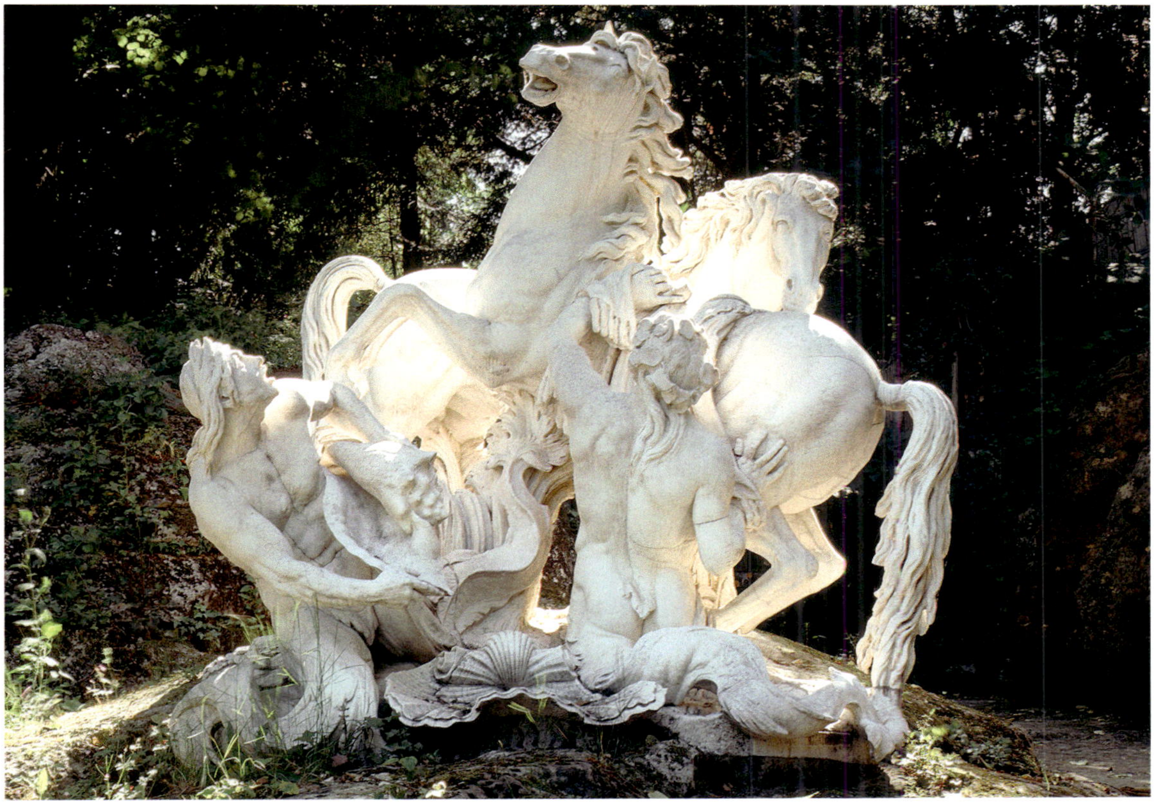

Balthazar und Gaspard Marsy: „Sonnenrosse“, 1668–75. Marmor, etwa lebensgroß. Versailles, Schlosspark

# Fürstliche Sammelleidenschaft im Barock: Dinglinger und Permoser

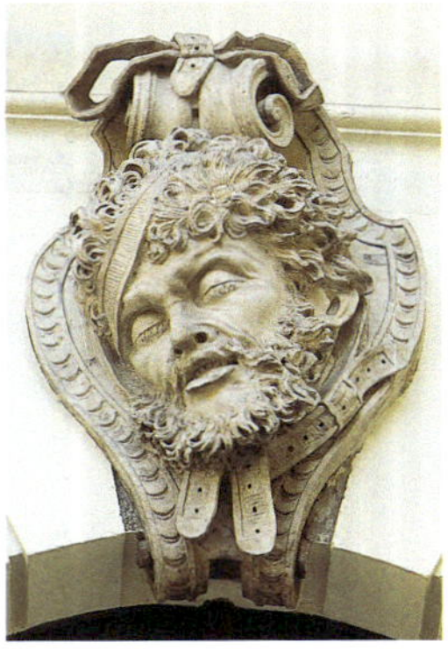

Andreas Schlüter: Maske eines sterbenden Kriegers, um 1696. Sandstein. Berlin, Zeughaus

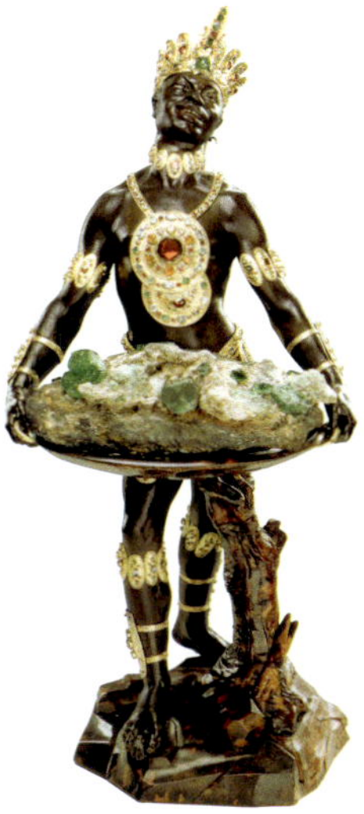

Balthasar Permoser und Werkstatt Dinglinger: „Mohr", um 1724. Birnbaumholz, Silber und Edelsteine, Höhe ca. 64 cm. Dresden, Grünes Gewölbe

▸ **Zeughaus:** Arsenal, Waffenlager einer Stadt

▸ **Smaragdstufe:** Probe- oder Schaustück eines Gesteins, in diesem Fall Smaragdkristalle in Quarz

▸ **Attribut** s.S.32

Verzögert durch den Dreißigjährigen Krieg setzten sich die künstlerischen Neuerungen des Barock im deutschen Raum relativ spät durch – so finden sich viele Meisterwerke der Plastik erst in der Zeit um 1700. Zu den bedeutendsten Künstlern der Zeit zählt der Architekt und Bildhauer **Andreas Schlüter (um 1660–1714).** Seine „Maske eines sterbenden Kriegers" gehörte ursprünglich zu 21 weiteren im Innenhof des ▸ Zeughauses, des ersten monumentalen Barockbaus in Berlin. Sie alle zeigen Besiegte aus den Türkenkämpfen des 17. Jahrhunderts und verherrlichen den kriegerischen Ruhm des Auftraggebers von Schlüter, des Großen Kurfürsten von Brandenburg und späteren Königs Friedrich I. von Preußen.

Die Fürsten der Zeit ließen aber nicht nur repräsentative Werke schaffen, sie sammelten auch Kleinodien sowie kuriose oder exotische Dinge aus der Natur in privaten Kunst- und Wunderkammern. Das Grüne Gewölbe des Dresdner Schlosses erfüllte eine solche Funktion. Es besaß so viele wertvolle Kostbarkeiten, dass es zur reichsten Schatzkammer Europas wurde – im Besitz und als Vermögen des sächsischen Fürsten.
Zu den eindrucksvollsten Arbeiten in Dresden zählen die Kabinettstücke von **Johann Melchior Dinglinger (1664–1731).** Er war Hofgoldschmied von August dem Starken, dem sächsischen Kurfürsten. In einem seiner Hauptwerke, dem „Hofstaat zu Delhi am Geburtstag des Großmoguls Aureng-Zeb" (1701–1708), zeigt er in unzähligen Einzelheiten das Treiben am Hofe des reichsten Fürsten der Erde in Indien. In diesem ersten großen Zeugnis der in Deutschland aufkommenden Asienmode sind zahlreiche Edelsteine und Perlen verarbeitet, unter anderem etwa 5000 Diamanten, je 160 Rubine und Smaragde.

Auch der sächsische Hofbildhauer **Balthasar Permoser (1651–1732)** trug mit kleinen Kunstwerken zur prunkenden Sammlung seines Fürsten bei. Von ihm stammt der „Mohr", den Mitarbeiter Dinglingers reich verzierten. Diese Figur präsentierte eine ▸ Smaragdstufe, ein Geschenk des Kaisers Rudolf II., das als außerordentliches Wunderwerk der Natur galt.
Zwar war Permosers Hauptaufgabe die Ausgestaltung des Dresdner Zwingers mit Figurenschmuck, doch daneben führte er auch Auftragsarbeiten wie „Die Apotheose des Prinzen Eugen" für den österreichischen Sieger über die Türken aus. Permoser zeigt ihn umgeben von zahlreichen ▸ Attributen seines Ruhmes als Feldherr. Aufgestellt wurde die Skulptur im Offiziersspeisesaal des Oberen Belvedere. Heute befindet sie sich im Spiegelkabinett des Unteren Belvedere in Wien – beide gehören zur barocken Schlossanlage des Prinzen, für deren repräsentative Ausgestaltung er von überall her Kunst zusammentragen ließ.

August der Starke schuf 1723–30 in den Räumen der „Geheimen Verwahrung" – so wurde das Grüne Gewölbe genannt – die erste museal organisierte Schatzkammer Europas, indem er seine Bestände nach Sachgebieten ordnen ließ. Diese Entwicklung zeigte sich vielerorts in Europa. Fürstliche Kunstkammern wurden aufgelöst und Spezialsammlungen entstanden. Die Geschichte der Museen, wie wir sie heute kennen, begann: 1759 öffnete das British Museum in London seine Pforten, in Deutschland war das 1769–1779 erbaute Museum Fridericianum in Kassel die früheste öffentliche Galerie.
Was einst dem Geschmack der Zeit und des Einzelnen entsprechend zusammengetragen worden war, ordnet und erforscht man seither nach wissenschaftlichen Gesichtspunkten. Damit hatten die Kunst- und Wunderkammern aufgehört zu existieren.

**Arbeitsanregungen:**

1. Vergleichen Sie die Dresdner Kostbarkeiten mit mittelalterlichen Kleinplastiken (s.S.32ff.) nach Form und Funktion.
2. Untersuchen Sie die Darstellungsweise und Wirkung der „Apotheose des Prinzen Eugen".
3. Listen Sie auf, was in einer modernen Kunst- und Wunderkammer versammelt sein sollte.

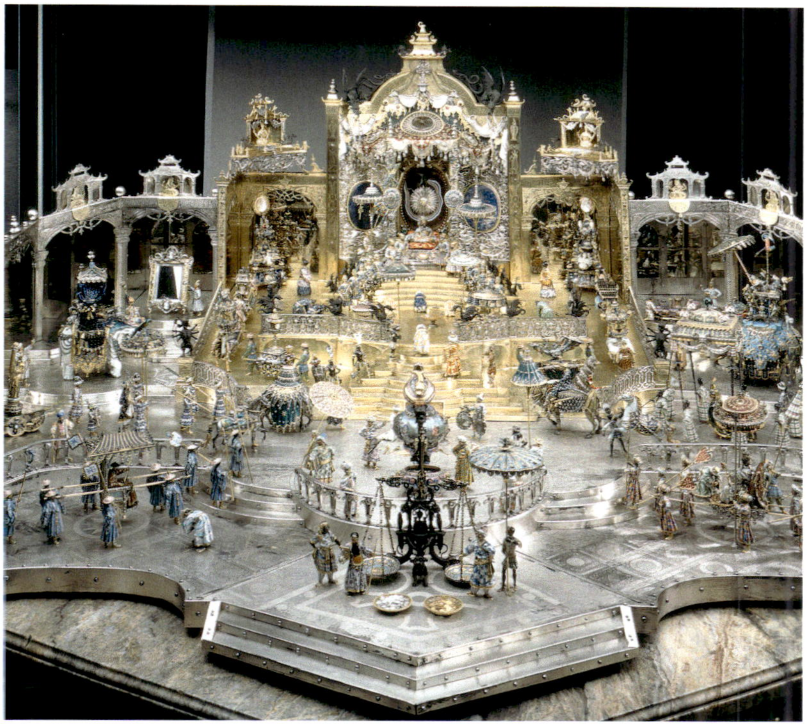

Werkstatt Johann Melchior Dinglinger: „Der Hofstaat zu Delhi am Geburtstag des Großmoguls Aureng-Zeb“, 1701–08. Holzkern, Silber, Email und Edelsteine. Dresden, Grünes Gewölbe

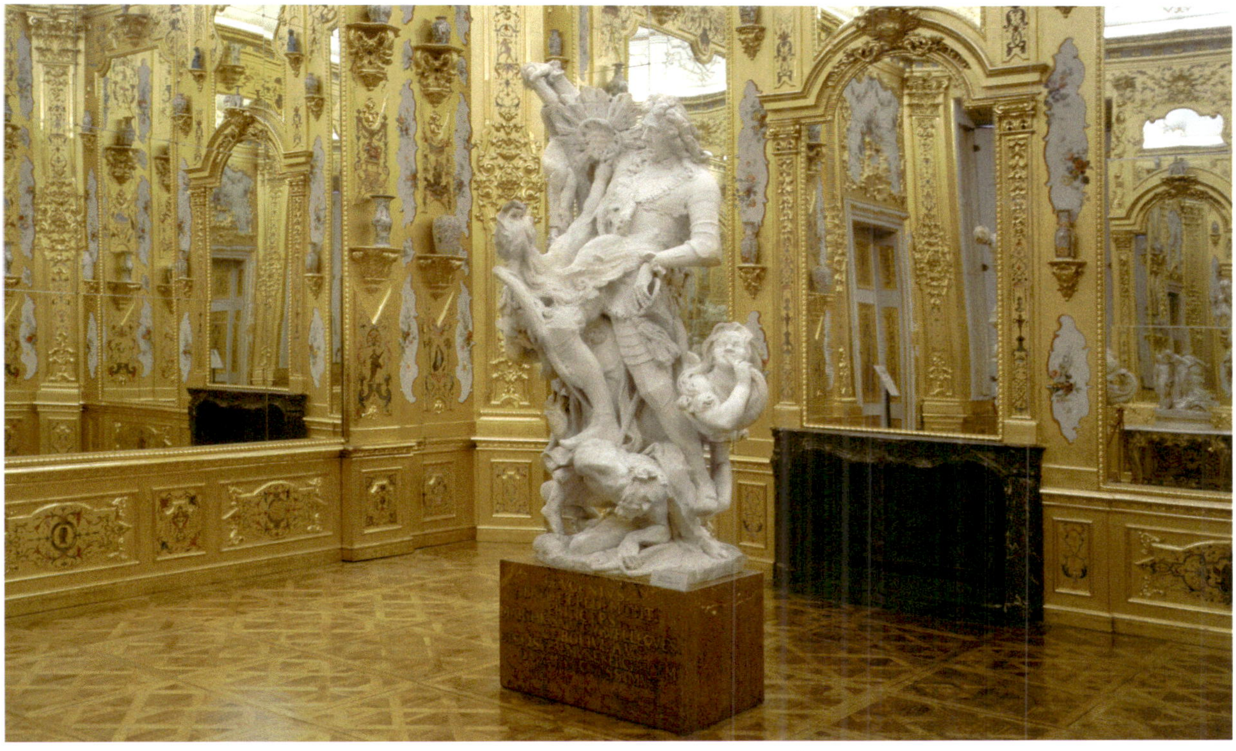

Balthasar Permoser: „Apotheose des Prinzen Eugen“, 1718–21. Marmor, Höhe 230 cm. Wien, Österreichische Galerie, Unteres Belvedere

# Himmlische Erscheinungen – süddeutsche Rokokoplastik

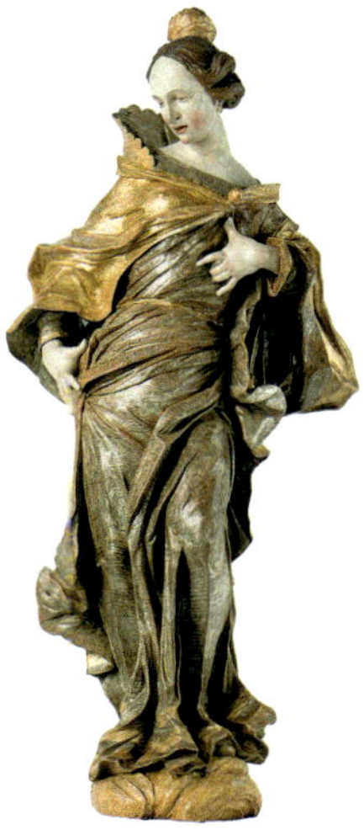

**Franz Anton Feuchtmayer: Muttergottes, um 1750. Lindenholz, farbig gefasst, Höhe 162 cm. Berlin, Bodemuseum**

**Rocaille** (franz.: steiniger Boden): plastisches Hauptornament des Rokoko

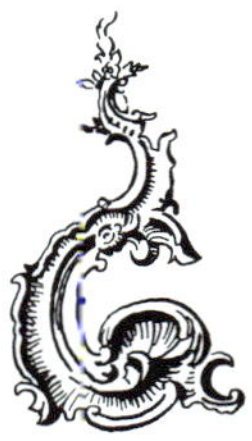

**Rocaille**

**Ornament**: (lat.: Ausrüstung, Schmuck): Schmuck- oder Verzierungselement, das durch eine in sich geschlossene Form gekennzeichnet ist

**Metamorphose** (griech.): Umgestaltung, Verwandlung

**Kleinplastik**: bei Sammlern beliebte kleinformatige Plastiken; oft in höherer Stückzahl gefertigt, etwa als Bronzeguss

**Stuck**: (ital.): aus Gips und Zusatzstoffen angerührter Mörtel

**polychrom**: (griech. polys: viel und chroma: Farbe): mehrfarbig

**Fassen**: s. S. 38

Ihren Ursprung hatte die Kunst des Rokoko im Dekorationsstil des Pariser Stadtadels um 1730. Als Schmuckelement wird die Rocaille charakteristisch, die auch zur eigenständigen plastischen Form werden kann. Das wuchernde, muschelartige oder kammähnliche Ornament überspielt die Grenzen zwischen Malerei, Plastik und Architektur, setzt alles mit allem in einen Zusammenhang und ermöglicht „die unausgesetzte Metamorphose, die hier anschaulich wird, den Übergang oder Überschlag von Figur zum Ding, von Ding zu Pflanze, vom Rahmen zur Füllung." (Huballa in: Wetzel 1999, S. 386)
Das Rokoko bevorzugt den ästhetischen Reiz des Künstlichen. So wird von Madame Pompadour, der Geliebten des französischen Königs, berichtet, sie habe parfümierte Porzellanblumen den natürlichen vorgezogen. Die Epoche ist fasziniert vom ewig Jungen und kindlich Naiven, vom scheinbar unschuldigen, jedoch auch intim-erotischen Spiel, dann wieder vom Genuss einer märchenhaft zelebrierten Exotik.
Diese Vorlieben zeigen sich in der Kleinplastik der Zeit, die raffiniert mit lichten Farben bemalt war, wie die begehrten Porzellanfiguren als Tafeldekorationen. Sie stellen Anekdoten aus zeitgenössischen Komödien dar oder spielerische Szenen, z. B. als Schäferinnen oder Schäfer Verkleidete, sowie galante Kavaliere, die junge Damen bezirzen.

Das Rokoko verbreitete sich Mitte des 18. Jahrhunderts auch in Süddeutschland und entfaltete sich dort in einer langen schöpferischen Sonderentwicklung. In der Plastik arbeitete man gerne mit Stuck oder mit polychrom gefasstem Holz und verlieh den Oberflächen jeweils die Farbe, die man im Ensemble benötigte. Hochaltarfiguren etwa sind oft marmor- oder alabasterartig weiß gehalten oder aber golden, so dass sie durch das auftreffende Licht eine glänzend strahlende Festlichkeit bekommen. Religiöse Motive nehmen galante Formen an, sie zeigen sich höfisch-vornehm, exaltiert tänzelnd oder auch niedlich. Die Figuren, die vital und sinnlich wirken, sind in vielen Fällen von Elementen der Volkskunst durchdrungen.

Zusammen mit seinem Bruder Cosmas Damian, der Wandmalereien beisteuerte, begründete **Egid Quirin Asam (1692–1750)** das süddeutsche Rokoko. Die Kirche in Rohr war sein Erstlingswerk als Architekt. Der Hochaltar „Himmelfahrt Mariens" zeigt in seiner Konzeption noch deutlich den Einfluss römischer Barockplastik (s. S. 50 f.). „Bühnenaltar" und Umraum sind als Ganzes begriffen: Theatralisch agierende Figuren, architektonische Inszenierung und Beleuchtungseffekte dienen einem religiös-überwirklichen Schauspiel. Mit einer Eisenstange ist die scheinbar frei schwebende Figurengruppe um Maria an der Rückwand befestigt. Tiefe Falten steigern die Plastizität der hellen Figuren mit ihren dramatisch in den Raum ausgreifenden Gesten und machen diese auch für die Sicht aus der Ferne deutlich. Die gesamte Ausstattung besteht aus Stuck, auch die Marmor vortäuschenden Säulen und der scheinbar steinerne Sarkophag.

In der Figurengruppe von **Ignaz Günther (1725–1775)** ist der Erzengel Rafael dargestellt, zu seinen Füßen die Schlange als Symbol des Bösen, an seiner schützenden Hand der allein reisende kleine Tobias (Buch Tobit, 4 und 5). Die Figuren dienten womöglich als Bekrönung einer Kanzel. Sie scheinen auf den Betrachter zuzueilen; so animiert die Skulptur den Gläubigen zum Dialog und leitet seinen Blick über Rafaels Rechte gen Himmel.

**Arbeitsanregungen:**

1. Fertigen Sie analytische Skizzen zur „Himmelfahrt Mariens" mit Aspekten wie Richtungsbezüge, Aufbau als Ensemble, Lichtführung und Farbverteilung.
2. Benennen Sie Gemeinsamkeiten der abgebildeten Beispiele und Unterschiede zur Barockplastik (s. S. 50–55).
3. Isolieren Sie zeichnerisch den „Tobias" und entwerfen Sie ihm die Figur eines neuen schützenden Begleiters.

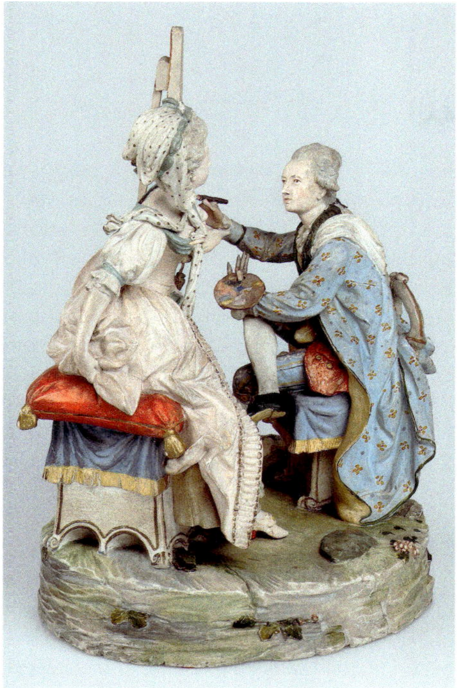

Anton M. Grassi: „Die Porträtsitzung".
Biskuitporzellan, bemalt, Höhe 30 cm.
Frankfurt, Museum für Kunsthandwerk

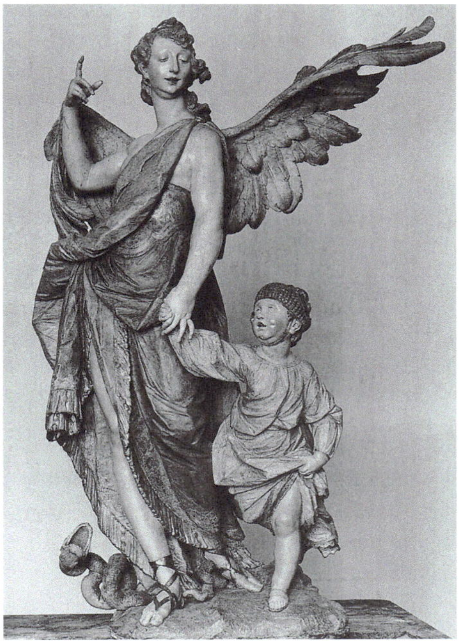

Ignaz Günther: „Tobias und der Engel", 1763.
Holz, polychrom gefasst, Höhe 177 cm. München,
Bürgersaalkirche

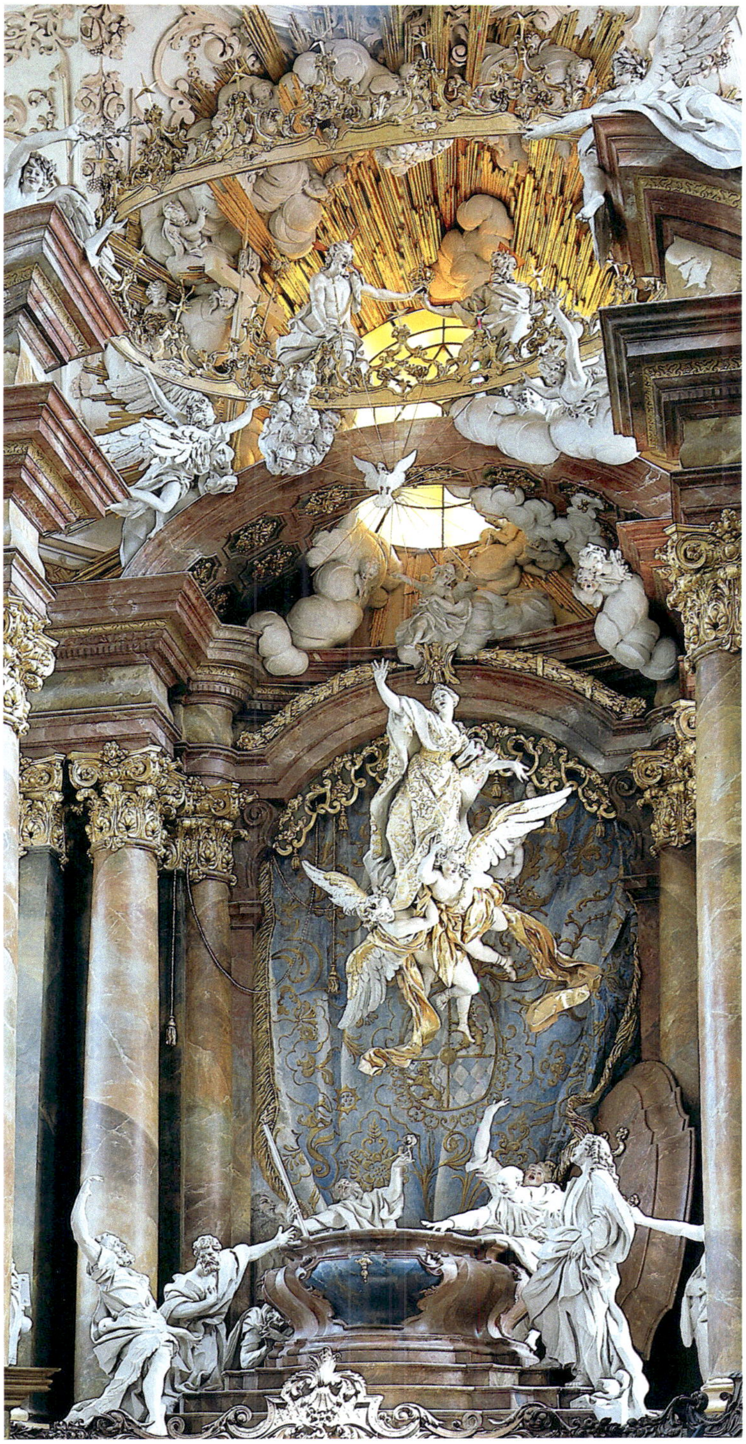

Egid Quirin Asam: „Himmelfahrt Mariens". Altaraufbau in der ehemaligen Stiftskirche der Augustinerchorherren zu Rohr (heute Benediktiner-Abteikirche), um 1720–23.
Stuck, farbig gefasst, vergoldet

Klassizismus um 1780–ca.1850

**1755** J. J. Winckelmann: „Gedanken über die Nachahmung der griechischen Werke“

**1780** Canova in Rom

**1797** Thorvaldsen in Rom

Historismus/Impressionismus um 1850–ca.1900/um 1860–ca.1900

**1851** Chr. Daniel Rauch: Reiterdenkmal Friedrich d. Gr., Berlin

**1852–57** Ernst Rietschel: Goethe-Schiller-Denkmal, Weimar

**1877** Auguste Rodin: „Das eherne Zeitalter“

**1880** Fertigstellung des Kölner Doms

**1884–86** Auguste Rodin: „Bürger von Calais“

**1886** Max Klinger: Beethoven-Denkmal (bis 1902)

Klass. Modene um 1900–ca.1933

**1905** Expressionistische Künstlervereinigung „Die Brücke“

**1909** Picasso: „Tête de femme“ (Fernande)

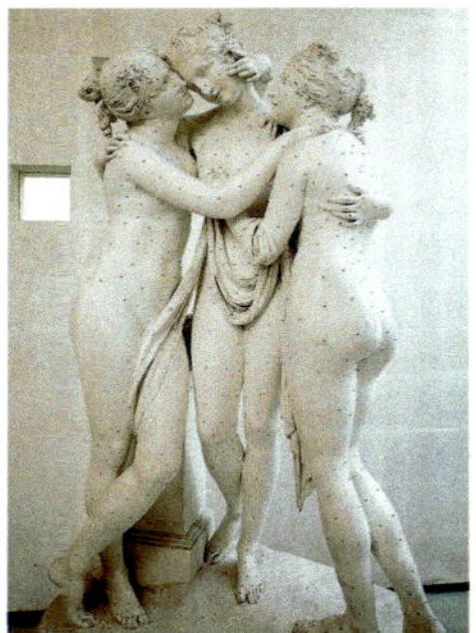

**Antonio Canova: Gipsmodell zur Plastik der „Drei Grazien“. Possagno, Gipsoteca Canoviana**

**Klassizismus:** grundsätzlich jede Kunst, die durch den Rückgriff auf die klassische Kunst der Antike geprägt ist

**Bozzetto:** s.S.6

**allegorisch:** bildhaft

**Reliefplatte:** Bildwerk, das aus einer ebenen Steinplatte herausgearbeitet ist

# Plastik des 19. Jahrhunderts

## Klassizismus: Nachahmung der griechischen Kunst

Johann Joachim Winckelmann (1717–1768) formulierte in seinem Werk „Gedanken über die Nachahmung der griechischen Werke der Malerei und Bildhauerkunst“ (1755) den Satz, dass man nur über die Nachahmung der Alten, der Griechen, zu einer gewissen Größe in der Kunst kommen könne. Mit seiner Begeisterung für die griechische Kunst prägte Winckelmann die Plastik des Klassizismus in der ersten Hälfte des 19. Jahrhunderts, die, dem Ideal der antiken Plastik nacheifernd, Figuren in göttergleicher Nacktheit oder in griechischen Gewändern bildete.

Der Italiener **Antonio Canova (1757–1822)** war ab 1780 der führende Bildhauer Roms, wo sich die meisten Sammlungen antiker Bildwerke befanden. Seine Marmorplastiken griechischer Götter entsprachen den Wünschen seiner Auftraggeber sowie den Idealen des Klassizismus. Päpste und weltliche Herrscher bestellten Plastiken und Grabmäler bei Canova, der eine große Werkstatt mit zahlreichen Gehilfen unterhielt.

*Erste Einfälle, in raschen, expressiven Skizzen auf Papier notiert, knetete er zuerst in kleine Wachs- oder Tonmodelle. Diese „Bozzetti“ übertrug er sodann in originalgroße Tonfiguren, von denen Gehilfen Gipsabgüsse nahmen. Und dieser Gips-Vorrat wurde so lange gehortet, bis sich Auftraggeber für die Ausführung in Marmor fanden.*
*Vor der Arbeit am Stein wurden die vorspringenden Teile der Gipsmodelle dicht an dicht mit Nägeln punktiert. Diese Abstände wurden dann maßgenau auf den Marmorblock übertragen und von den Assistenten auf die Punkte zu geschlagen. Hände und Köpfe blieben dann Canovas Werk. Auch das Schleifen, Glätten, Feilen und Polieren der Oberfläche überließ er keinem Gehilfen.*

Bürklin 1990, S. 92

Im Jahr 1797 kam der dänische Bildhauer **Bertel Thorvaldsen (1770–1844)** nach Rom, wo er bald, von Canova gefördert, zu ähnlicher Berühmtheit gelangte wie sein Vorbild. Um die vielen Aufträge aus ganz Europa ausführen zu können, stellte Thorvaldsen Mitarbeiter an, die nach seinen Modellen mithilfe der oben beschriebenen Punktiermethode Marmorplastiken herstellten. Nur so ist die hohe Zahl von Plastiken aus Thorvaldsens Hand zu erklären; allein das Museum in Kopenhagen besitzt 860 Skulpturen. Neben Marmorstatuen stellte er auch zahlreiche allegorische Darstellungen wie die Reliefplatte mit den drei Grazien her.

Ein Aufenthalt in Rom gab auch dem jungen Bildhauer **Johann Gottfried Schadow (1764–1850)**, neben Christian Daniel Rauch (1777–1857) der wichtigste Bildhauer des preußischen Klassizismus, die entscheidenden Anregungen für seine Arbeit. Seine bekannteste Plastik ist die Zweiergruppe der Prinzessinnen Luise und Friederike von Preußen (1797), die Schadow in zeitgenössischen, als antik verstandenen Gewändern und locker gegeneinander gelehnt, darstellte. Erst 1893 gelangte die Doppelskulptur in die Öffentlichkeit, als sie im Bildersaal des Berliner Schlosses aufgestellt wurde.

Mit seiner „Christus“-Statue für die Frauenkirche in Kopenhagen prägte Thorvaldsen einen Typus, der die Vorstellung vom Gottessohn während des 19. Jahrhunderts maßgeblich bestimmte. Aus ganz Europa erhielt er Aufträge für Standbilder berühmter Persönlichkeiten, so bestellte Stuttgart ein Schiller-Denkmal, Mainz ein Gutenberg-Denkmal, Warschau ein Kopernikus-Denkmal.

**Arbeitsanregungen:**

1. Der Kunsthistoriker Fritz Baumgart behauptete 1957, in den Figuren der Klassizisten „kreist kein Blut, schlägt kein Herz“. Wie denken Sie darüber?
2. Vergleichen Sie die Figur des „Perseus“ von Canova in Aufbau und Ausdruck mit der antiken Figur des „Speerträgers“ (S. 23; vgl. auch S. 36 AA 1).

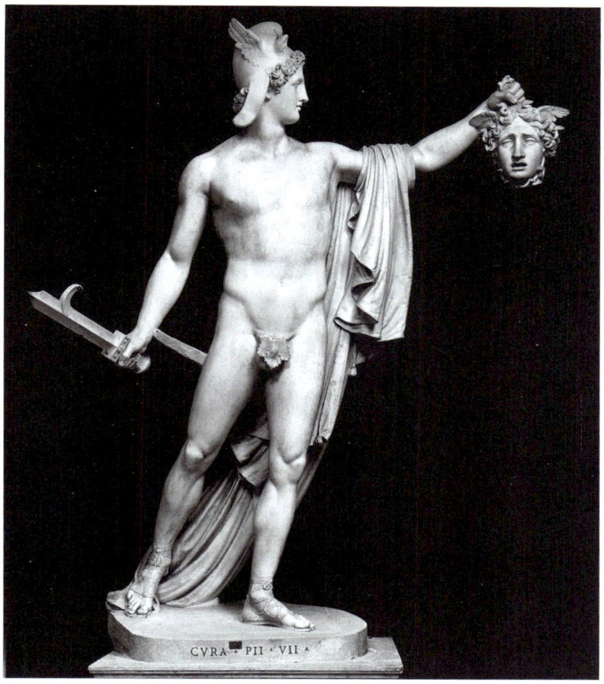

Antonio Canova: „Perseus", 1797–1801. Marmor, Höhe 236 cm. Rom, Vatikanische Museen

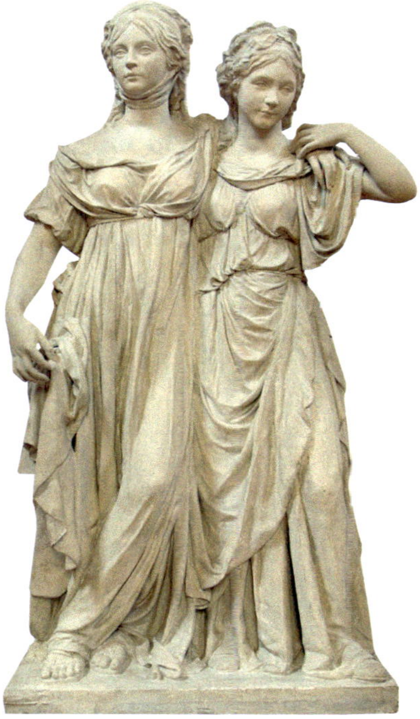

Johann Gottfried Schadow: „Kronprinzessin Luise von Preußen und Prinzessin Friederike", 1797. Marmor, Höhe 172 cm. Berlin, Nationalgalerie in der Friedrichswerderschen Kirche

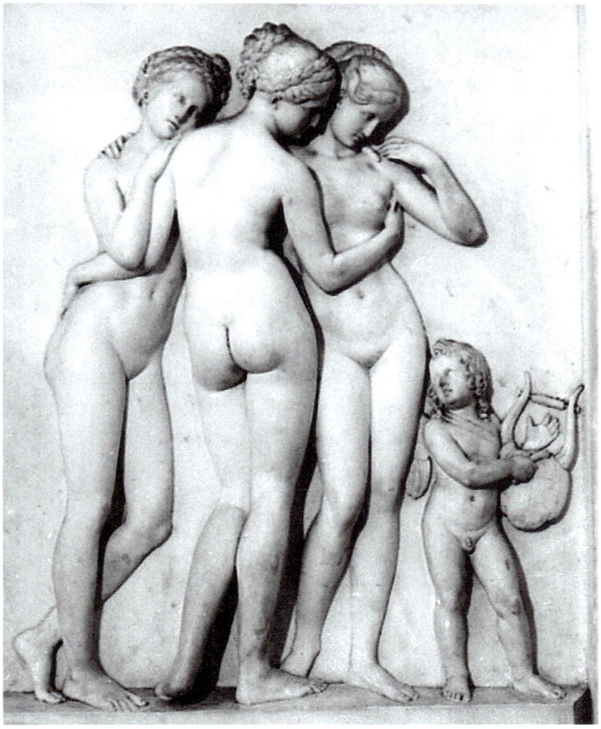

Bertel Thorvaldsen: „Drei Grazien". 1821. Hochrelief. Teil des Grabmals von Andrea Appiani. Marmor, Marmor, Höhe 130 cm. Mailand, Palazzo Brera

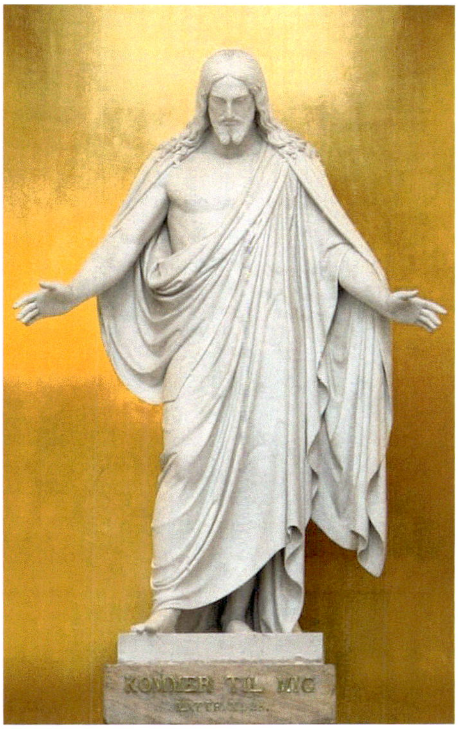

Bertel Thorvaldsen: „Christus", 1839. Marmor, überlebensgroß. Kopenhagen, Frauenkirche

# Denkmalkonzeptionen I: Künstlerbilder

Das 19. Jahrhundert wird oft als bürgerliches Jahrhundert bezeichnet. In den Standbildern berühmter Vorfahren, von Künstlern wie Albrecht Dürer, von Gelehrten, Dichtern und Religionsstiftern, suchten die Bürger vieler Städte ihre Bedeutung darzustellen. Anders als die Könige und Fürsten der Renaissance und der Barockzeit, die sich gern als Feldherren auf dem Pferd abbilden ließen, stellte man jetzt die Geistesheroen oft stehend und in den Kleidern ihrer Zeit dar. Der Konflikt zwischen einem möglichst realistischen Abbild, nach Porträts oder nach einer ▸ Totenmaske gefertigt, und dem überzeitlichen ▸ Pathos, das dem Geehrten den Rang eines Genies verleihen sollte, teilte häufig die öffentliche Meinung.

Mit diesem Problem musste sich auch der Bildhauer **Ernst Rietschel (1804–1861)** auseinandersetzen, der in den Jahren 1852–1857 mit dem Auftrag betraut wurde, ein Denkmal für die beiden Dichter Johann Wolfgang von Goethe (1749–1832) und Friedrich Schiller (1759–1805) zu schaffen. Vor dem Deutschen Nationaltheater in Weimar fand die überlebensgroße Figurengruppe ihren Aufstellungsort. Sie zeigt den älteren Goethe, wie er dem jüngeren Schiller in vertraulicher Geste die linke Hand auf die Schulter legt. Beide halten gemeinsam einen Lorbeerkranz. Während das Gesicht Goethes eher sinnend in sich gekehrt erscheint, blickt die Schillerfigur seherisch in die Ferne. Ein Sockel versetzt die beiden Dichterfürsten in imposante Höhe.

Eine ganz andere Konzeption verfolgte der Bildhauer, Maler und Grafiker **Max Klinger (1857–1920)** mit seinem Denkmal für den Komponisten Ludwig van Beethoven (1770–1827), den er als Jupiter in göttlicher Nacktheit zeigt, auf einem Thron sitzend und mit einem Adler zu seinen Füßen. Klinger hatte schon vorher mit der Kombination verschiedener Steinarten experimentiert. Seine Beethovenplastik, angesiedelt zwischen ▸ Jugendstil und ▸ Symbolismus, fand bei ihrer Präsentation geteilte Zustimmung und gelangte schließlich ins Kunstmuseum nach Leipzig, wo sie heute noch steht. Den Kampf zwischen Konvention und neuer künstlerischer Form zeigt auch die Denkmalplastik des französischen Bildhauers **Auguste Rodin (1840–1917)**. Im Jahr 1891 erhielt er von der Schriftstellervereinigung in Paris den Auftrag zu einem Denkmal für den Romancier Honoré de Balzac (1799–1850).

■ *Balzac war seit mehr als vierzig Jahren tot. So studierte Rodin Porträts, auch Karikaturen des Schriftstellers, las Bücher von und über ihn und traf sich mit Balzac-Kennern.* [...] *Er bestellte bei Balzacs altem Schneider einen Anzug in den Maßen des Schriftstellers,* [stellte ihn im Gehrock, nackt und schließlich] *in seiner üblichen Arbeitskleidung, der Kutte eines Dominikanermönches, dar.*

Johannsen 2005, S. 250

Die Entwürfe Rodins wurden teils begrüßt, teils entsetzt abgelehnt, so auch sein letzter monumentaler Entwurf. Zu ausdrucksstark hatte Rodin den Dichter auf das Wesentliche reduziert:

■ *Alles ist auf den Kopf konzentriert, den Ort des Denkens und der Inspiration.* [...] *Das Gesicht ist aufgedunsen von Krankheit, die langen dichten Haare sind eine unförmige Masse, die Lippen breit, die Augenbrauen dick und wulstig, die Augenhöhlen leer* [...]. *Balzac, so wie Rodin ihn sieht, das ist der Dichter als Seher.*

Johannsen 2005, S. 252

Die Folge von Rodins kühnem Entwurf war, dass ein anderer Künstler ein konventionelles Denkmal Balzacs lieferte. Erst im Jahr 1930 erfolgte ein erster ▸ Bronzeguss von Rodins „Balzac".

**Arbeitsanregungen:**
1. Zeichnen und fotografieren Sie das Denkmal einer berühmten Persönlichkeit in Ihrer Stadt und beschreiben Sie die Art der Darstellung in einem kurzen Text.
2. Charakterisieren Sie die Konzeptionen der drei abgebildeten Denkmäler.
   Wie könnte ein zeitgemäßes Denkmal z. B. für Goethe heute aussehen?

▸ **Totenmaske:** vom Gesicht eines Verstorbenen genommene Abformung in Gips, Wachs oder Ton

▸ **Pathos** (griech.): Feierlichkeit, Leidenschaftlichkeit

▸ **Jugendstil**: europäische Stilrichtung etwa von 1895 bis 1905. Der Jugendstil, ausgehend von floralen Linienornamenten, strebt das Gesamtkunstwerk aus Architektur, Plastik, Malerei und Gebrauchskunst (Design) an.

▸ **Symbolismus:** Kunstrichtung etwa zwischen 1880 und 1905. Der Symbolismus ist von Melancholie, Todesahnung und Dekadenz durchdrungen und beschäftigt sich in seinen Bildern und literarischen Werken vor allem mit den mythischen Kräften des Seins, Werdens und Vergehens, mit einer höheren Wirklichkeit hinter den realen Erscheinungen.

▸ **Bronzeguss:** s. S. 11

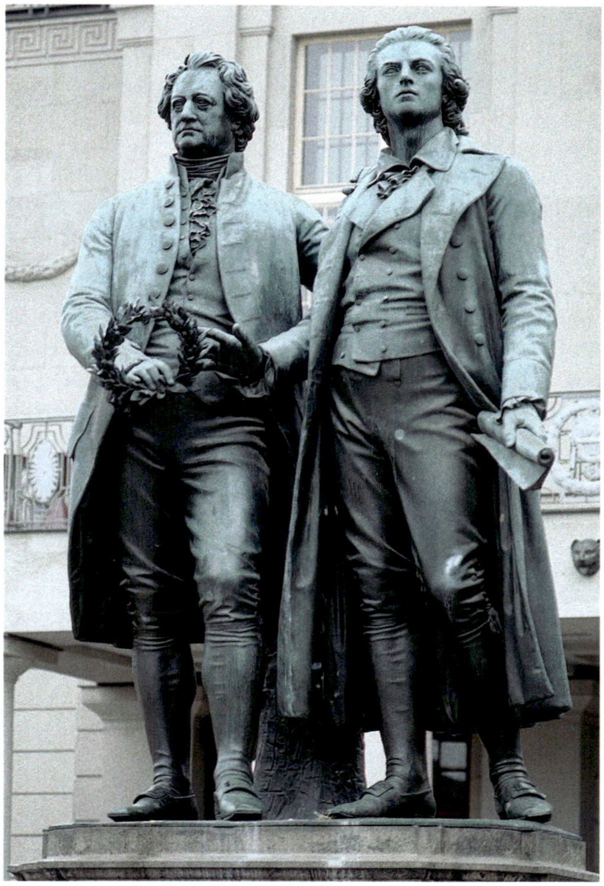

Ernst Rietschel: „Goethe-Schiller-Denkmal“, 1852–57, überlebensgroß, Bronze. Weimar

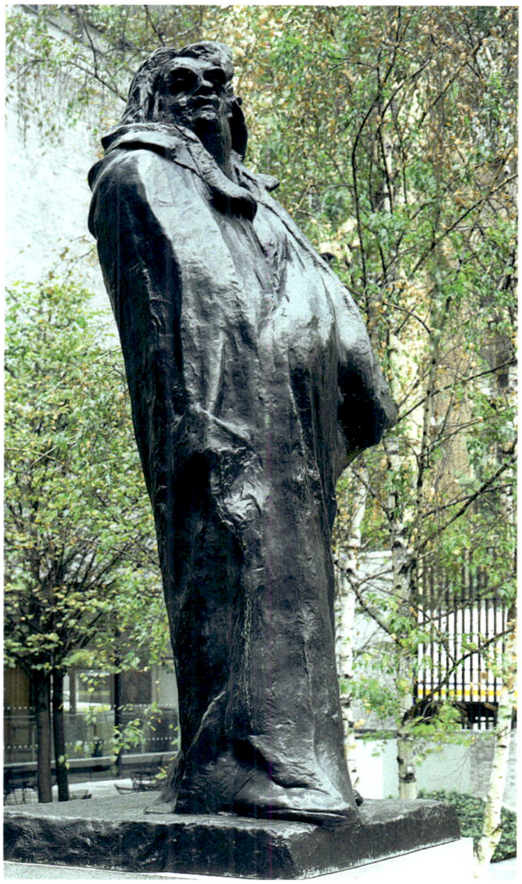

Auguste Rodin: „Balzac“, 1891–98. Bronze, Höhe 300 cm. Paris, Musée Rodin

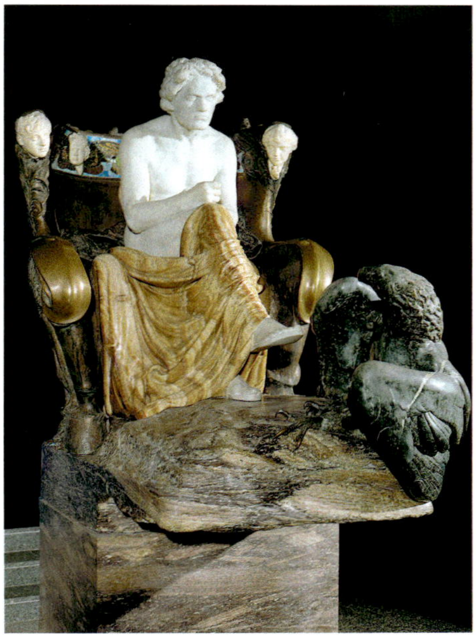

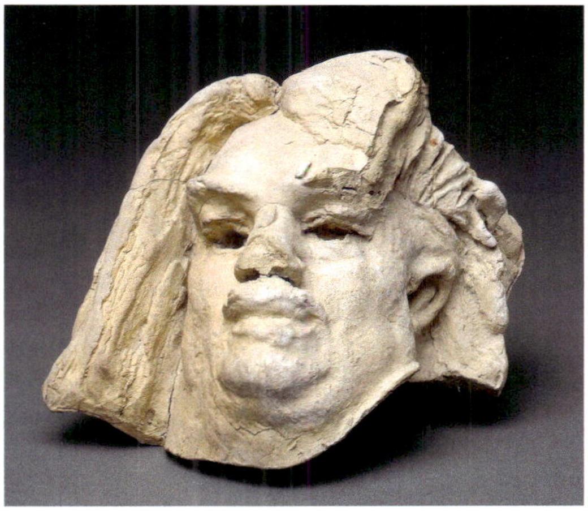

Auguste Rodin: Studie zum „Balzac“-Denkmal. Gips. Paris, Musée Rodin

Links:
Max Klinger: „Beethoven“, 1897/1902. Marmor, Bronze, Bernstein und Elfenbein, Gesamthöhe 310 cm. Leipzig, Museum der Bildenden Künste

# Denkmalkonzeptionen II: Nationale Mythen

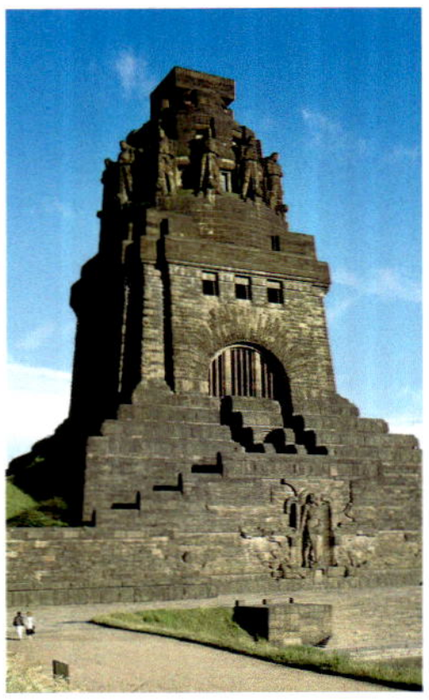

**Christian Behrens, Franz Metzner: „Völkerschlachtdenkmal", 1913. Granit, Höhe 91 m. Leipzig**

Gegen Ende des 19. Jahrhunderts steigerte sich das nationale Bewusstsein vieler europäischer Länder, was – neben politischen Neugründungen – in der Kunst zur Errichtung von Nationaldenkmälern führte. Hundert Jahre nach den Befreiungskriegen gegen die französischen Heere, die in der Völkerschlacht von Leipzig ihren Höhepunkt gefunden hatten, errichtete ein Komitee das Völkerschlachtdenkmal in Leipzig. Die Bildhauer **Christian Behrens (1852–1905)** und **Franz Metzner (1870–1919)** schufen im Geist des ▸ Jugendstil und ▸ Symbolismus eine Anlage, die in ihrer steinernen Wucht zwischen Architektur und Plastik steht.

Die Begeisterung über die nationale Einheit des deutschen Kaiserreichs führte nach 1871 überall in den deutschen Ländern zur Errichtung von Bismarcktürmen und Bismarckplastiken. In der Figur des Reichskanzlers sahen die Bürgerkomitees, die den Bau der Ehrenmäler initiierten, die Garantie für staatliche Vernunft und machtvolle Politik. Aus den vielen Bismarck-Plastiken ragt die Großplastik des Bildhauers **Hugo Lederer (1871–1940)** aufgrund ihrer konsequenten blockhaften Gestaltung heraus. Nicht das realistische Bild des Reichskanzlers, sondern eine ▸ Allegorie des Wächters ist in den großen Granitblöcken dargestellt

Die Idee, das Ideal der Freiheit in der Form einer fackeltragenden Kolossalfigur zu versinnbildlichen, stand am Anfang eines Projekts, dessen gestalterische Umsetzung französische Humanisten den Vereinigten Staaten von Amerika zum hundertsten Jahrestag der Unabhängigkeitserklärung von 1776 in Form der bekannten Freiheitsstatue schenkten. Der französische Bildhauer **Frédéric-Auguste Bartholdi (1834–1904)** war mit der Ausführung betraut worden. Nach einem elf Meter hohen Modell ▸ trieben Arbeiter die Einzelteile der 46 Meter hohen Figur in Kupferblech. Die tragende Konstruktion aus Stahl für die Montierung der Figurenteile (und die Treppen zur Fackel und zum Diadem der Figur) fertigte der Erbauer des Pariser Eiffelturms, Gustave Eiffel. An der Hafeneinfahrt von New York aufgestellt, verkörpert die Freiheitsstatue bis heute das Prinzip von Freiheit, gilt immer noch als Mahnung und Ansporn.

Für die sogenannten Märzgefallenen, für Vertreter proletarischer Vereinigungen, die bei den Machtkämpfen zwischen linken und rechten Gruppierungen in Deutschland nach dem Ersten Weltkrieg ums Leben gekommen waren, sollte der Architekt **Walter Gropius (1883–1969)**, seit 1919 Leiter des ▸ Bauhauses in Weimar, eine würdige Gedenkstätte entwerfen. Gropius tat dies in der abstrakten Formensprache des ▸ Kubismus.

Nach einem Beschluss des deutschen Bundestages erhielt der amerikanische Architekt **Peter Eisenman (*1932)** den Auftrag zur Errichtung eines Denkmals für die während der Zeit des Nationalsozialismus ermordeten Juden Europas. Im Zentrum von Berlin errichtete er ein ▸ Stelenfeld aus 2711 Betonquadern, die bei einer Länge von 2,38 Metern und einer Breite von 0,95 Metern bis zu einer Höhe von vier Metern ansteigen.

■ *Eisenmans „Denkmal für die ermordeten Juden Europas" ist kein undurchdringbares Wirrsal, kein bedrängender Irrgarten – seine Struktur ist nicht monumental, sondern transparent.* [...] *Es ist keine Weihestätte, die dem Besucher architektonische Symbolik aufdrängt und Ehrfurcht abnötigt, sondern eine begehbare Skulptur.*

Heinrich 2005, S. 24

**Arbeitsanregungen:**

1. Erläutern Sie anhand der nebenstehenden Bilder die verschiedenen Konzepte von Denkmälern und Besinnungsstätten.
2. Suchen Sie in Ihrer Stadt oder näheren Umgebung ein Denkmal auf. Dokumentieren Sie den Bestand, ermitteln Sie Anlass und Entstehung des Denkmals und diskutieren Sie seine Zeitgemäßheit.
3. Entwickeln Sie in Ihrer Gruppe in Skizzen und plastischen Entwürfen Ideen für ein Denkmal, in dem die Wiedervereinigung Deutschlands von 1989 ihren Ausdruck findet.

▸ **Jugendstil:** s. S. 60

▸ **Symbolismus:** s. S. 60

▸ **Allegorie** (griech.-lat.): bildhafte Darstellung eines Begriffs, oft als Personifikation mit kennzeichnenden Beigaben

▸ **Treiben:** s. S. 11

▸ **Bauhaus:** erste modern organisierte Kunsthochschule in Weimar, später in Dessau (1919–33)

▸ **Kubismus:** Stilrichtung in den ersten Jahrzehnten des 20. Jahrhunderts, die in der Plastik den geometrisch-räumlichen Aufbau von Figuren betont

▸ **Stele:** einfaches Denkmal für eine Person oder ein Ereignis, das oft nur aus einem schlichten Steinblock mit Inschrift besteht (s. auch S. 20)

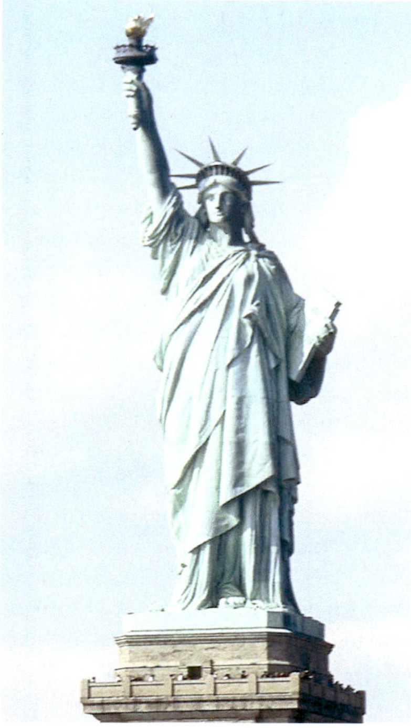

Frédéric-Auguste Bartholdi: „Freiheitsstatue“, 1885. Eisengerüst mit Kupfer verkleidet, Höhe 46 m. New York, Liberty Island

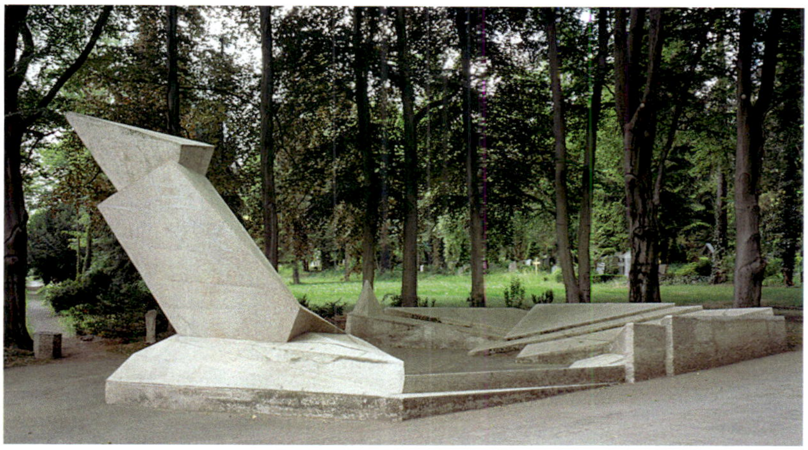

Walter Gropius: „Denkmal für die Märzgefallenen“, 1922. Beton, Höhe 3 m. Weimar, Hauptfriedhof

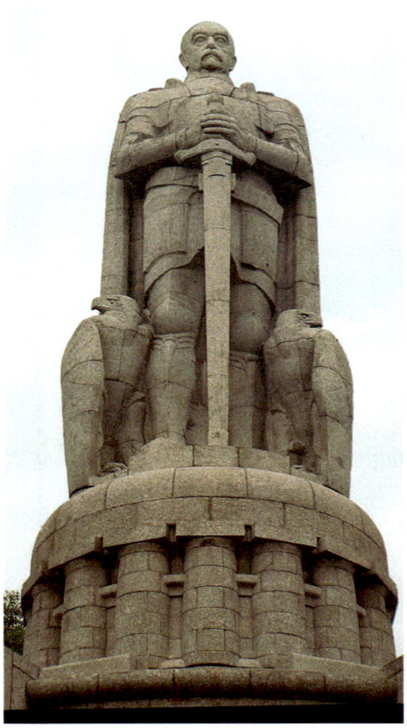

Hugo Lederer: „Bismarck-Denkmal“, 1906. Granit, Gesamthöhe 35 m, Höhe der Figur 15 m. Hamburg, Elbhöhe

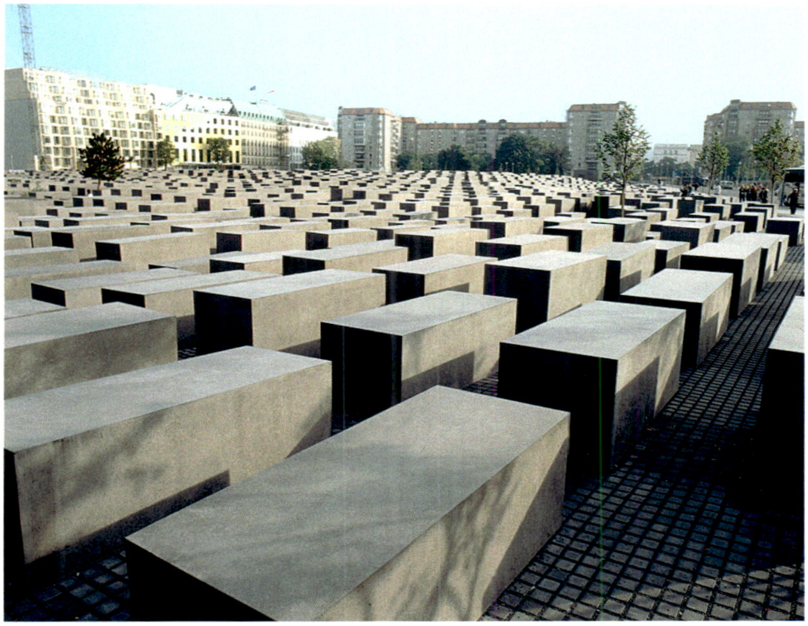

Peter Eisenman: „Denkmal für die ermordeten Juden Europas“, 2003–05. Betonstelen bis 4 m Höhe, Breite 2,38 m, Tiefe 95 cm. Berlin, Stresemannstraße

# Hildebrand und das Problem der Form

Die Kunst des 19. Jahrhunderts blickt oft zurück auf vergangene große Epochen der Kunst. So bezogen sich die Klassizisten auf die griechische Antike (s. S. 58), die ▸ Romantiker auf das Mittelalter, die ▸ Historisten auf ▸ Renaissance und ▸ Barock. Gleichzeitig bahnen sich in den Bildern und Plastiken Entwicklungen an, die erst in den radikalen Entwürfen der frühen Moderne am Beginn des 20. Jahrhunderts ihren adäquaten Ausdruck finden. Im Bereich der Plastik verkörpert der Bildhauer **Adolf von Hildebrand (1847–1921)** diese Mittelstellung. In seinem Buch „Das Problem der Form in der bildenden Kunst" (1893) entwickelte Hildebrand eine erstaunlich moderne Auffassung von repräsentativer Plastik. Er weist u. a. auf den Unterschied zwischen zwei Arten des optischen Erfassens eines Gegenstandes hin: das aus der Ferne und das aus der Nähe.
Im öffentlichen Raum, wo Skulpturen meist nicht als Kunstobjekte gedacht sind, die sich in allen ihren Formen nur einer eingehenden Betrachtung beim aufmerksamen Umschreiten erschließen, konstatiert Hildebrand die Fernsicht als die übliche. Das Auge des Betrachters sieht hier die aufgestellten Plastiken eher ▸ reliefhaft und nicht vollräumlich. In diesem Bildzusammenhang verzichtet die Wahrnehmung des Betrachters auf unwesentliche Details einer Figur zugunsten der wichtigen die Form bestimmenden Züge.
Um diesen Gesetzmäßigkeiten der Wahrnehmung gerecht zu werden, muss nach Hildebrand der Bildhauer die plastische **Wirkungsform** von Denkmalen oder Reliefs auf Plätzen, in Parks und in Museen, finden und herstellen. Zugunsten der Betrachtung aus der Ferne verzichtet er auf Einzelheiten der **Daseinsform** seiner Plastik, die nur aus der Nähe oder in der dreidimensionalen Ansicht einer Figur fassbar und wichtig werden, wie Überschneidungen oder starke Schatten.

Die fernsichtige Wirkungsform erscheint eher bildhaft. Dieser wahrnehmungsphysiologischen Tatsache unseres Sehapparats muss der Bildhauer folgen und sie bei der Gestaltung seiner Figuren berücksichtigen, indem er vorspringende Rundungen bei Schultern oder Gelenken vermeidet oder flacher macht, indem er die Bewegungen einzelner Gliedmaßen weniger ausladend gestaltet und insgesamt darauf achtet, dass der große Umriss nicht durch in den Raum ragende Einzelheiten verunklärt wird. Hildebrand formuliert dabei die Vorstellung eines unsichtbaren Raumblocks, in den die Figur eingestellt ist, über den sie an keiner Stelle hinausragt. Diesen gedachten Raumblock erkennt und erlebt auch der Betrachter als zur Figur gehörig.

Seine theoretischen Einsichten setzte Hildebrand unter anderem beim „Wittelsbacher Brunnen" (1891–1895) in München um. Städtebaulich erfüllt der Brunnen eine Doppelfunktion: Zum einen schließt er optisch den Lenbachplatz ab, zum anderen bereitet er auf die Gartenanlage des Maximilianplatzes vor, die mit ihren Bäumen die dunkle Folie bildet, vor der sich der Brunnen abhebt. In den beiden beherrschenden Figuren, die der griechischen ▸ Mythologie entnommen sind, verwirklichte Hildebrand seine Forderungen von Fern- und Nahsicht bei der Gestaltung von Skulpturen. So stellt die linke, männliche Figur die ▸ Allegorie der zerstörenden Kraft des Wassers dar, während die rechte, weibliche Figur die nährenden und heilenden Kräfte des Wassers verkörpern soll. Nach Hildebrands plastischer Theorie erschließen sich das volle Rund der Kaskaden und das Halbrund des großen Beckens erst aus dem nahsichtigen Umschreiten der Brunnenanlage.

**Arbeitsanregungen:**

1. Erklären Sie anhand der nebenstehenden Bilder die von Hildebrand formulierten Begriffe „Daseinsform" und „Wirkungsform".
2. Vergleichen Sie die Brunnenanlage von Adolf von Hildebrand und den „Strawinsky-Brunnen" von Niki de Saint Phalle und Jean Tinguely (S. 79) im Hinblick auf den Aufbau und die Komposition sowie auf die Rolle, die bei beiden Brunnen dem Betrachter zugedacht ist.

▸ **Romantik:** Stilrichtung im 19. Jahrhundert, die die individuelle, gefühlsbetonte Weltsicht des Einzelnen betont; im Erleben der Natur und in der Religiosität des Mittelalters sehen die Romantiker ihre Ideale

▸ **Historismus:** geistige Haltung in der Kunst des 19. Jahrhunderts, die in ihren Bildwerken den historischen Aspekt betonte und in ihren Architekturwerken historische Stile nachahmte

▸ **Renaissance:** von der Rückbesinnung auf die klassischen Formen der Antike gekennzeichneter Stil des 15. und 16. Jahrhunderts

▸ **Barock:** von bewegt erscheinenden und üppig schmückenden Formen bestimmter Stil des 17. und 18. Jahrhunderts

▸ **Relief:** s. S. 11

▸ **Mythologie:** Fabel- und Sagenwelt, hier die griechisch-antike, in der die Natur des Waldes und der Haine als von Nymphen und Faunen, die der Meere als von Tritonen und Nereiden belebt gedacht wurde

▸ **Allegorie:** s. S. 62

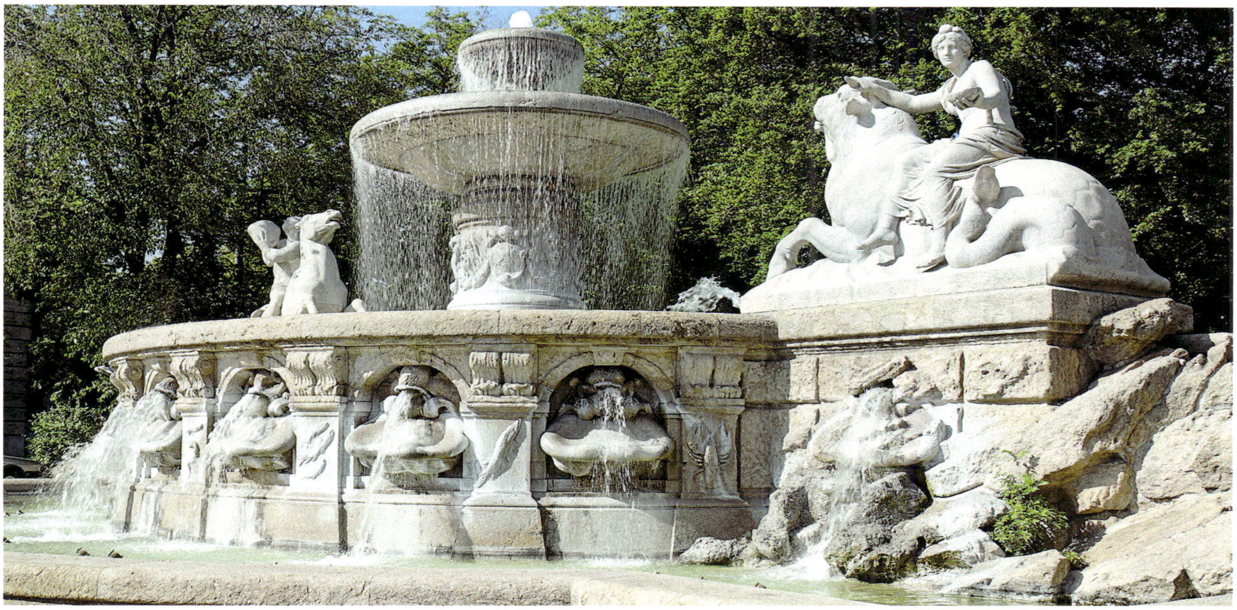

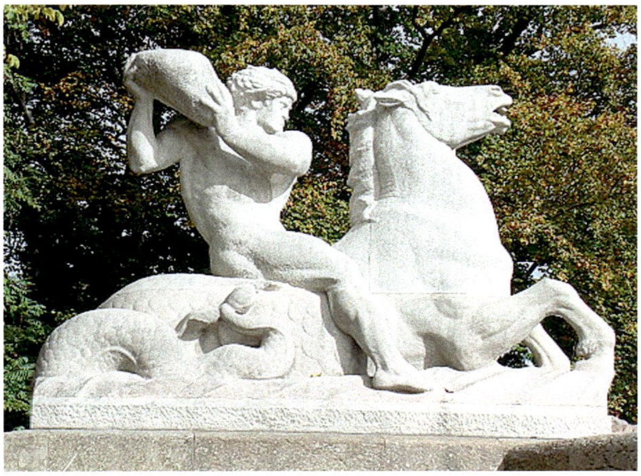

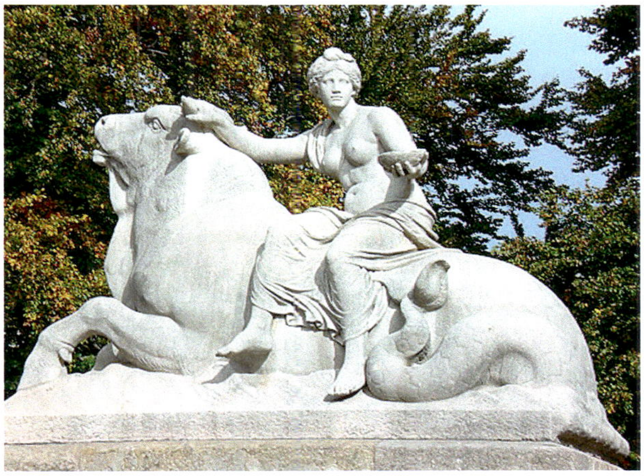

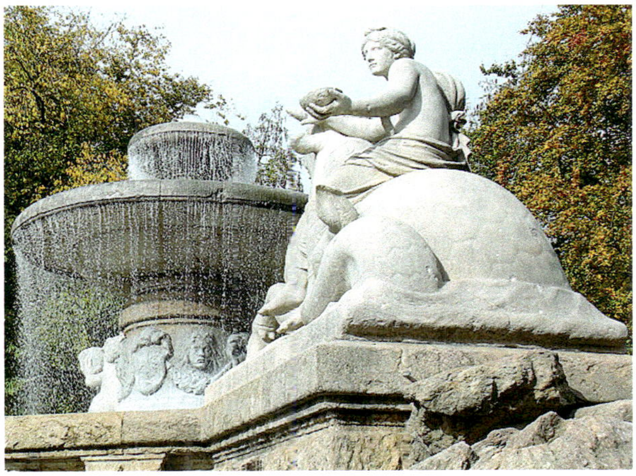

Adolf von Hildebrand: „Wittelsbacher Brunnen“ am Lenbachplatz in München, 1891–1895. Breite des Beckens 25 m.
Oben: Gesamtansicht des Brunnens
Mitte links: Allegorie der zerstörenden Kräfte des Wassers
Mitte rechts: Allegorie der Segenskraft des Wassers
Unten rechts: seitliche Ansicht

Historismus
um 1850 – ca. 1900

**1880** Rodin: „Der Denker“

**1886** Bartholdi: Freiheitsstatue, New York

**1894** Adolf v. Hildebrand: „Wittelsbacher Brunnen“, München

Klassische Moderne
um 1900 – ca. 1933

**1905** Aristide Maillol: „Méditerranée“

**1907** Pablo Picasso: „Demoiselles d'Avignon“

**1911** Wilhelm Lehmbruck: „Große Kniende“

**1917** Russ. Revolution; Marcel Duchamp: „Fontäne“

**1919** Tatlin: „Modell für ein Denkmal der Dritten Internationale“

**1924** Constantin Brancusi: „Der Anfang der Welt“

Kunst nach 1945

**1948** Barnett Newman: „Das Erhabene ist jetzt“

**1949** Gründung der BRD/DDR

**1954** erste documenta in Kassel

# 20. Jahrhundert: Klassische Moderne

## Vom Abbild zur abstrakten Figur

Am Beginn des 20. Jahrhunderts stand in der Plastik eine Neubesinnung auf ihre fundamentalen Gegebenheiten, auf die ▸ stereometrischen Formen von Kugel und Kubus, Walze und Spindel. So, wie ▸ Paul Cézanne für die Malerei konstatiert hatte, dass sich alles in der Natur wie Kugel, Kegel und Zylinder modelliert, näherte auch **Aristide Maillol (1861–1944)** die Körperteile seiner Mädchenfiguren den stereometrischen Formen an. Maillols künstlerische Bedeutung liegt darin, dass er der Skulptur ein geschlossenes Volumen und klare strenge Strukturen gab. Anders als Rodin (s. S. 60 f.), der die Oberfläche seiner Figuren aufbrach und zerklüftete, glättete Maillol die Oberflächen seiner Figuren und rundete sie zu zylindrischen und kugelförmigen Körpern.
Bei seinen kräftigen Mädchenakten wie der „Méditerranée“ (1902/05) entspricht die Körperhaltung wohl der menschlichen Anatomie, aber die Figur gleicht in ihrem ruhigen Sitzen doch mehr einem architektonisch gebauten als einem organisch bewegten Körper. Das Runde, Schwellende und Pralle erhält seinen Sinn und seine ästhetische Wirksamkeit erst aus dem klaren Gefüge des statischen Aufbaus. Maillols Tendenz zur Vereinfachung und schließlich zur Abstraktion wurde jedoch erst von den Bildhauern der nächsten Generation konsequent, wenn auch auf verschiedenen Wegen, weitergeführt.

Nach ▸ kubistischen Formexperimenten kehrte der französische Bildhauer **Henri Laurens (1885–1954)** Ende der Zwanzigerjahre zunächst zu figürlichen Formen zurück und gelangte schließlich zu einem organischen, kurvigen Stil rhythmisch bewegter Kompositionen. In seiner Bronzeplastik „Der Herbst“ von 1948 entwickelte Laurens

■ *die Figur aus übersteigerten, ▸ biomorphen Formen. Prinzip ist die weiche Wölbung, der kontinuierlich fließende Umriss, die Verfremdung von Kopf, Leib und Gliedmaßen zu kissenartig aufgeblähten Einheiten. Der weibliche Akt, nur im Laubhaar als ▸ Allegorie des Herbstes angedeutet, schwillt üppig, bewegt und sinnlich wie eine Fruchtbarkeitsgöttin.*

Stabenow 1995, S. 195

Der deutsch-französische Künstler **Hans Arp** (auch Jean Arp, **1886–1966**) gehörte seit 1916 der Dada-Bewegung an, später stand er den Surrealisten nahe (s. S. 76 ff.). Seit 1929 verschmolz er die von Naturobjekten gewonnenen Formen mit menschlichen Körperteilen zu neuen Figuren. In den weich fließenden Rundungen seiner Plastiken zeigte er das ins Allgemeine verfremdete Werden und Vergehen in der Natur.

Der österreichische Bildhauer **Fritz Wotruba (1907–1976),** benutzte seit den Fünfzigerjahren des 20. Jahrhunderts abstrakte stereometrische Blöcke als Bauelemente für seine Sitzenden, Stehenden oder Liegenden.

■ *Allmählich lernt unser Auge im spröden Block die maßvollsten Abstufungen, die unmerklichsten Verschiebungen wahrzunehmen. Die ▸ syntaktische Zucht, die dieser Künstler sich auferlegt, ist alles andere als einförmig. Im archaisch gebundenen Umriss sind die feinsten Schwingungen untergebracht, die scharfe Kante ist elastisch in den Raum gekrümmt, die Fläche ist gespannte Membran, die Gliedmaßen greifen konfliktlos, oft schwebend ineinander. Alles ist gewogen und ausgewogen, geordnet und gefügt, ins Lot gebracht.*

Hofmann 1967, S. 10

**Arbeitsanregung:**

1. Neben den Plastiken, die im Bereich zwischen natürlichen Körperformen des Menschen und den abstrakten Grundformen stehen, gibt es Figuren, die den Bereich zwischen Mensch und Maschine ausloten (z. B. von Epstein, Belling, Depero). Entwerfen Sie in Tonstudien „Maschinenmenschen“, bei denen Sie organische Formen mit Maschinenteilen (z. B. (Zahn-)Räder, Drehgelenke usw.) verbinden.

▸ **stereometrisch:** geometrisch-räumlich

▸ **Paul Cézanne** (1839-1906): franz. Maler, der – ausgehend von der aufgelockerten Malerei der Impressionisten – zu einer rhythmischen Verfestigung der Bildstruktur allein mit den Mitteln der Farbe gelangte

▸ **Kubismus:** Stilrichtung am Beginn des 20. Jahrhunderts; zuerst in der Malerei von Picasso und Braque initiiert, wurde sie dann aber auch in der Plastik und Architektur verfolgt (s. S. 62)

▸ **biomorph:** Form, die tierischen oder menschlichen Körperformen ähnlich ist

▸ **Allegorie:** s. S. 62

▸ **syntaktisch:** auf den Satzbau bezogen; hier: auf das vom Künstler gewählte Formenrepertoire

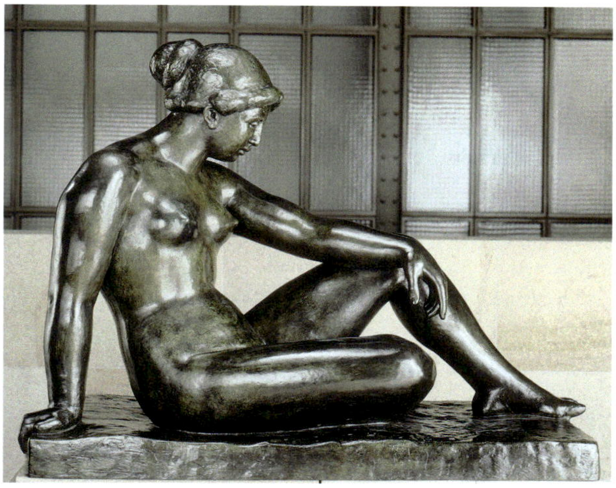

Aristide Maillol: „La Méditerranée“ (1. Zustand), 1902. Bronze, 112 × 142 × 71 cm. Paris, Musée d´Orsay

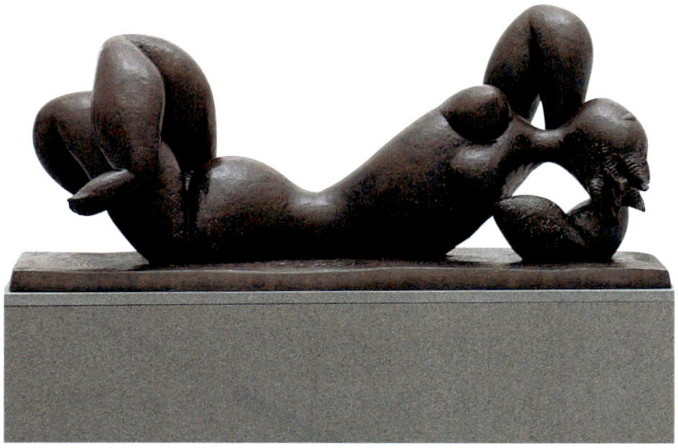

Henri Laurens: „Der Herbst“, 1948. Bronze, 80 × 170 × 57 cm. München, Pinakothek der Moderne

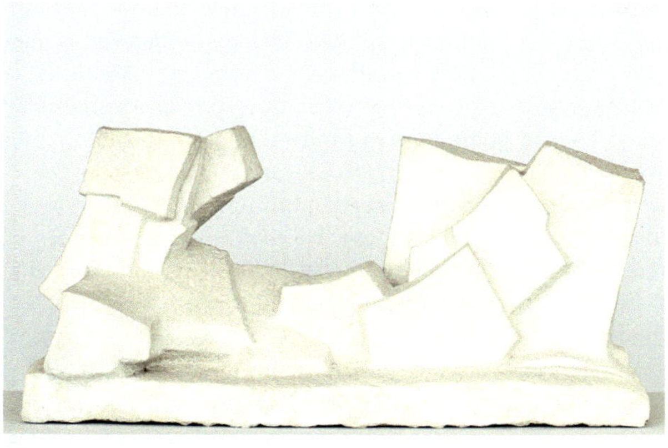

Fritz Wotruba: „Liegende Figur“, 1962/63. Kalkstein, Länge 160 cm. Duisburg, Wilhelm Lehmbruck Museum

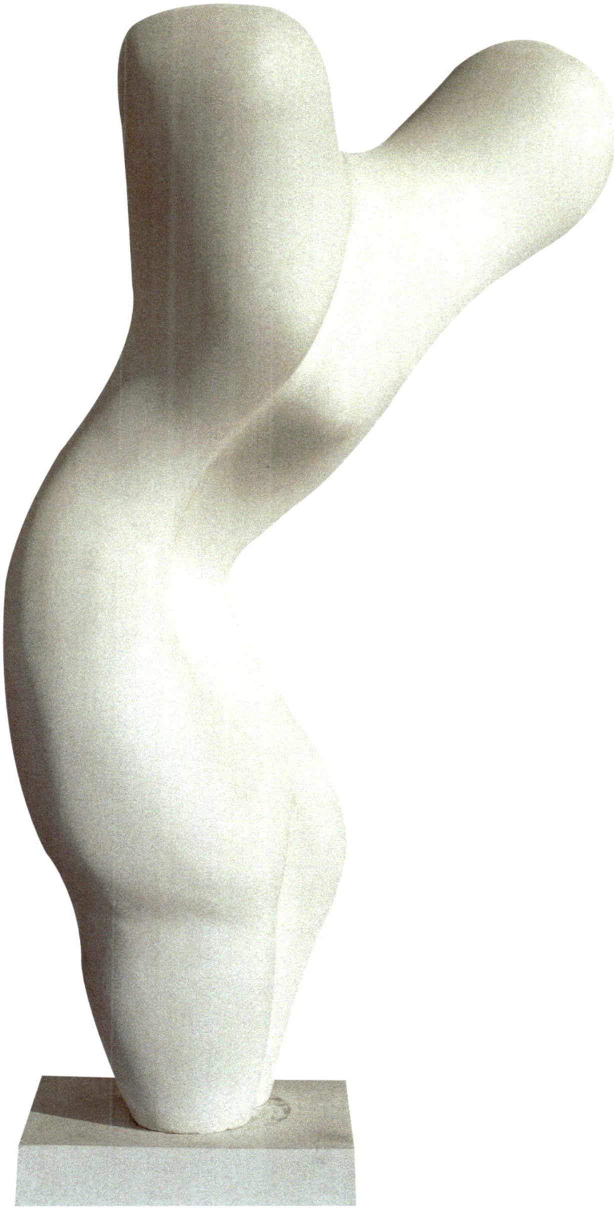

Hans Arp: „Pyrenäen-Torso“, 1959. Gips, 102,5 × 48,5 × 58 cm. Stuttgart, Staatsgalerie

# Biomorphe Plastik: Brancusi und Moore

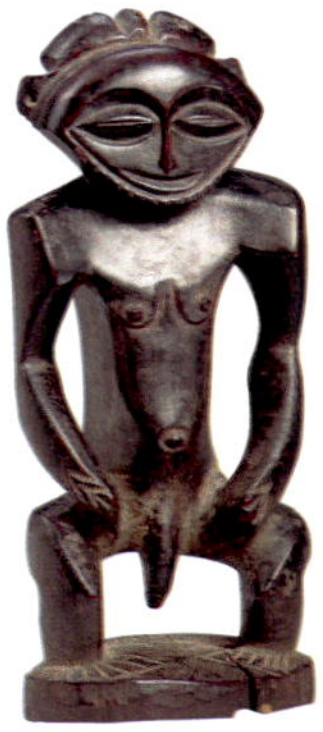

**Luba-Figur, afrikanische Stammeskunst aus Zaire, Hartholz**

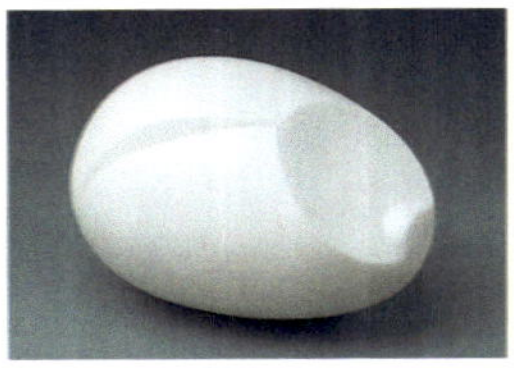

**Constantin Brancusi: „Das Neugeborene", 1915. Marmor, 14,6 × 21 × 14,9 cm. Philadelphia, Museum of Art**

Die Tradition bäuerlicher Schnitzereien und die Blockhaftigkeit afrikanischer Holzfiguren waren die beiden Wurzeln, aus denen der rumänische Bildhauer **Constantin Brancusi (1876–1954)** seine Plastiken entwickelte. Ausgehend vom Realismus Rodins (s. S. 60 f.) vereinfachte Brancusi seine Köpfe und Figuren zum Block, zur Ei- oder zur Spindelform, und versuchte so, zu ihrem einfachsten und zugleich aussagekräftigsten Charakter vorzudringen. Dabei spielte auch die Wahl des Materials und damit der Oberfläche in Entsprechung zur Form eine wichtige Rolle. Freunde berichteten, dass Brancusi einige Bronzeplastiken tagelang mit sich herumtrug und mit seinen Händen „polierte".

Die eigenwilligsten und ursprünglichsten Formen entwarf Brancusi meist in Holz und gab ihnen Titel wie „Adam und Eva", „Hexe" oder „Der verlorene Sohn". Wenige dieser Holzformen entwickelte Brancusi weiter, wie z. B. die „Unendliche Säule", von der Versionen in Holz, Gips und Stahl in verschiedenen Größen (bis zu 20 Metern Höhe) existieren. Block, Zylinder und Ei sind die Urformen, in denen Brancusi seine Plastiken denkt. In anderen Werkgruppen beschäftigte er sich mit Tierformen, die er ebenfalls auf wesentliche Merkmale reduzierte, wie die verschiedenen Versionen von „Vogel", „Hahn", „Seehund" und „Fisch" demonstrieren.

Beim „Fisch" führt die Vereinfachung der Gestalt des beidseitig abgeplatteten Fischleibes zur eleganten Form eines Flusskiesels und suggeriert gleichzeitig durch die abgeschrägte Vorderkante die dynamische Vorwärtsbewegung im Wasser. Vom „Fisch" existieren Versionen in verschiedenen Größen und Materialien, so auch in polierter Bronze, wodurch die Form zum einen eine ungewöhnliche Schärfe und Präzision erhält, zum anderen durch die spiegelnde Oberfläche den Betrachter und den Umraum in leicht verzerrter Wiedergabe mit einbezieht.

Diese Formwiederholungen fertigte Brancusi nicht an, um die Zahl seiner Plastiken durch Kopieren der gleichen Form zu vermehren, nicht, „um die Skulptur ein anderes Mal zu machen, sondern um weiterzugehen". (Schneckenburger 2000, S. 426)

Seit den Dreißigerjahren bildete sich in der Bildhauerei eine Gestaltungsweise als breite Strömung aus, die ▸ biomorphe Plastik genannt wird. Künstler dieser Richtung formten ihre plastischen Gebilde „wie die Pflanze ihre Frucht bildet" (Hans Arp). Biomorphe Plastiken verfertigten z. B. Arp (s. S. 66 f.), Hans Hartung, Barbara Hepworth (s. S. 10) und Henry Moore (s. S. 69).

Der englische Bildhauer **Henry Moore (1898–1986)** erklärte die Funktion seines Studiums von Naturgebilden: „Am tiefsten interessiert mich die menschliche Figur, doch habe ich Gesetzlichkeiten von Form und Rhythmus beim Studium von Naturgebilden wie Kieselsteinen, Felsen, Knochen, Bäumen, Pflanzen entdeckt." (Zit nach Schneckenburger 2000, S. 477)

Moore verband die Anregungen aus Naturformen mit denen von Schöpfungen der außereuropäischen Kulturen Ägyptens, Altamerikas und Afrikas. Er verarbeitete in seinen Bildwerken aber ebenso das neue Repertoire der Moderne, etwa die Betonung des Materials und seiner typischen Oberflächenstrukturen. Ein weiteres Merkmal seiner Plastiken ist die ▸ Fragmentierung, der Bruch der Formen, auch der Kontrast von Außen- und Innenraum einer Figur. Mit seinen zahlreichen Plastiken im öffentlichen Raum gilt Henry Moore als der wichtigste Bildhauer der Fünfzigerjahre des 20. Jahrhunderts.

**Arbeitsanregungen:**

1. Vergleichen Sie Brancusis Plastik „Das Neugeborene" mit einem Hühnerei und einem Säugling. Worin liegen formal und von der künstlerischen Idee her die wesentlichen Unterschiede?
2. Weisen Sie an Beispielen afrikanischer Plastik Einflüsse auf die Schöpfungen moderner Plastik nach.
3. Entleihen Sie ein Skelett aus der Biologiesammlung und entwickeln Sie in Skizzen und Studien aus einer Knochenform eine abstrakte Plastik aus Ton oder aus weichem Holz.

▸ **biomorph:** s. S. 66

▸ **Fragmentierung:** eine Ganzheit in einzelne, unverbundene Teile zerbrechen

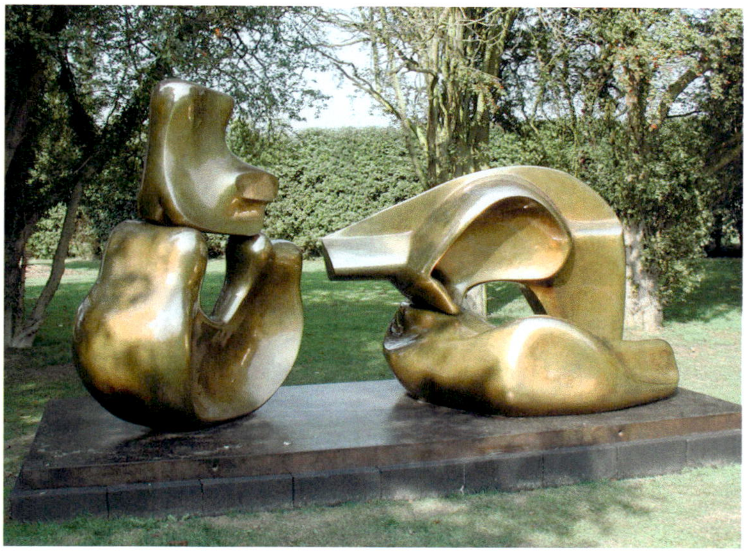

Henry Moore: „Large Four Piece Reclining Figure", 1972/73. Bronze, Länge 402 cm. Perry Green, Henry Moore Foundation

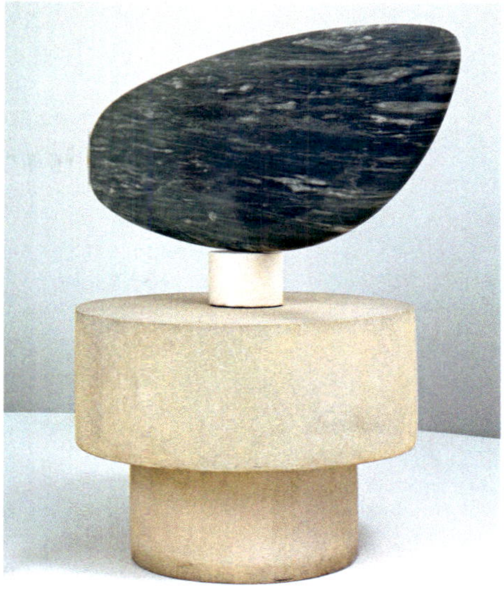

Constantin Brancusi: „Der Fisch", 1930. Blaugrauer Marmor, Sockel aus Marmor und Kalkstein, 53,3 × 180,3 × 14 cm. New York, Museum of Modern Art

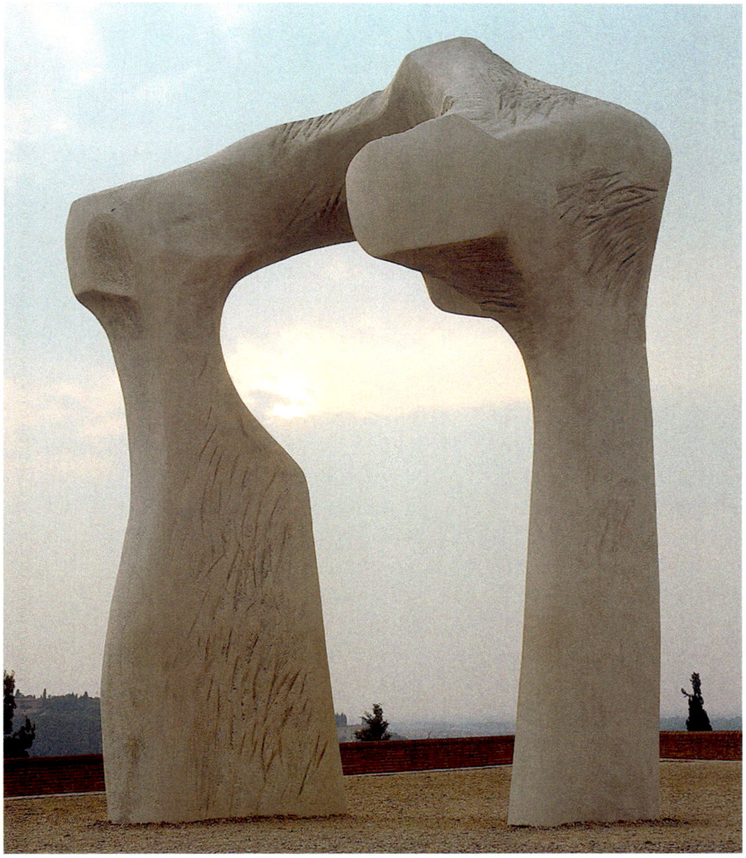

Henry Moore: „Large Arch", 1963–69, aufgenommen während einer Ausstellung in Florenz 1972. Fiberglas, Höhe 610 cm, Breite 360 cm

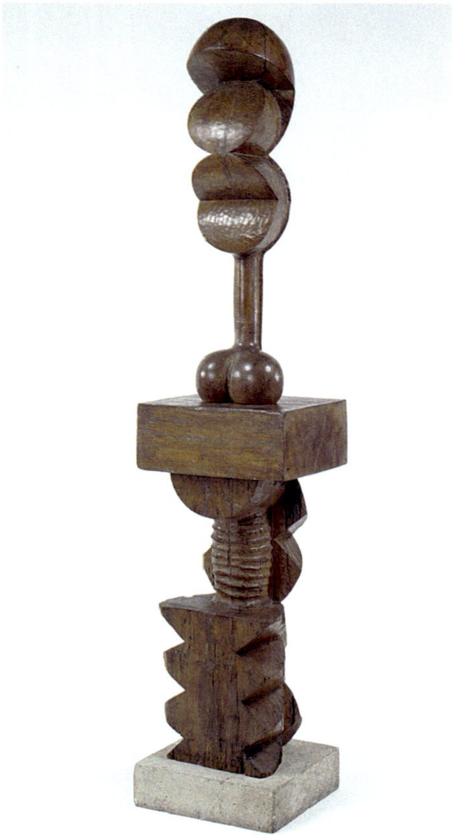

Constantin Brancusi: „Adam und Eva", 1921. Kastanienholz (Adam) und Eichenholz (Eva), Höhe 224 cm. New York, Guggenheim Museum

# Expressionistische Plastik: Geste und Ausdruck in Wilhelm Lehmbrucks „Großer Kniender“

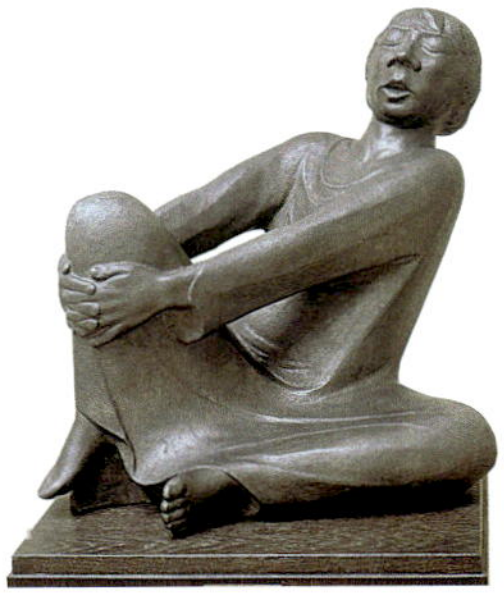

Ernst Barlach: „Der singende Mann“, 1928. Zinkguss, 50 × 47 × 46 cm. Hamburg, Kunsthalle

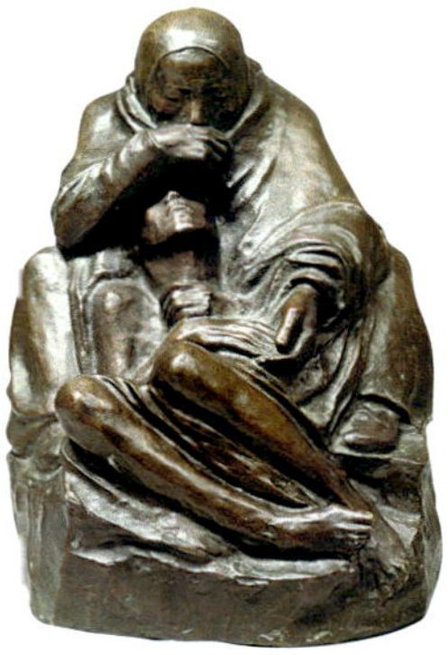

Käthe Kollwitz: „Pietà“, 1937. Bronze, Höhe 38 cm. Köln, Käthe Kollwitz Museum(vgl. dazu auch S. 80)

Die expressionistischen Maler der Künstlervereinigung „Die Brücke“, wie Ernst Ludwig Kirchner oder Karl Schmidt-Rottluff, setzten ihre Auseinandersetzung mit der Kunst Afrikas und Ozeaniens auch in Holzplastiken um, die sie in groben, oft verzerrenden Formen und Proportionen aus Holzblöcken oder Pfählen schnitzten. Andere Künstler wie **Käthe Kollwitz (1867–1945)** und **Ernst Barlach (1870–1938)** engagierten sich in ihren Plastiken für arme, hungernde und leidende Menschen, brachten in ihren Plastiken Grundhaltungen und Stimmungen durch exzessive, direkt wirkende Gesten und Gebärden zum Ausdruck.

Der Kunsthistoriker Eduard Trier sah in seiner Analyse vor allem die Spannungsmomente der Figur:

■ *Bei den Ansichten von der Seite wirkt ohne Zweifel die vertikale Spannung des architektonischen Gerüstes am stärksten.* [...] *Außerdem möchte ich auf eine weitere, durch Gegensätzlichkeit erzielte Spannung hinweisen: die Ansicht von rechts zeigt eine kniend ruhende, zuständliche Figur, während die Ansicht von links* [...] *einen Vorgang, nämlich das Niederknien, veranschaulicht. Hier erfolgt Bewegung, Tätigkeit; dort ist Verharren.*

Trier 1958, S. 10

Auf subtilere Art, durch gelängte Proportionen oder extreme Bewegungen zeigen Bildhauer wie Georg Kolbe oder **Wilhelm Lehmbruck (1881–1919)** in ihren häufig lebensgroßen Figuren heftige Gefühle und innere Spannungszustände des Menschen. Vor allem wegen der Betonung des Ausdrucks in Lehmbrucks Plastik „Große Kniende“ wird diese dem Expressionismus zugeordnet.

Auf einer grob ovalen Bodenplatte, die zum Knie der Figur hin eine leichte Erhebung aufweist, ist die mädchenhaft schmale Frauenfigur positioniert. Im ersten Moment besticht die Plastik durch ihre Größe, denn in der knienden Stellung beträgt ihre Scheitelhöhe 1,78 m; stehend käme die Kindfrau auf etwa 2,50 m. In ihren Proportionen ist die Figur lang und schmalgliedrig, fast pflanzenhaft zart in ihrem Wuchs.

Beim Umrunden und Betrachten der Plastik bieten sich verschieden gewichtete Ansichten. Von links vorne betrachtet, entfaltet der Körper mit seinen Gliedmaßen ein Spiel von Schrägen um die Mittelachse, die vom leicht geneigten Kopf über den leicht durchgedrückten Rücken und den Bauch zum rechten Knie verläuft. Um diese Achse angeordnet, greifen Arme und Beine in den Raum aus. Dabei schließen sie verschiedene Dreiecksformen ein, etwa beim rechten angehobenen Arm mit dem abgeknickten Handgelenk, in der Beuge des linken Knies oder bei der gedachten Verbindungslinie von der rechten Fußfläche zum Gesäß.

Wilhelm Lehmbruck modellierte seine „Große Kniende“ 1911 in Gips; die Figur wurde dann in Bronze und als Steinguss abgegossen. Um 1960 existierten sieben Abgüsse. Zwei Exemplare der Plastik wurden zerstört, eines 1927 in Duisburg von erzürnten Bürgern nach ihrer öffentlichen Aufstellung in einem Stadtpark, ein anderes 1937 nach der Ausstellung „Entartete Kunst“ in München, da Lehmbrucks expressionistische Plastik so gar nicht den Schönheitsidealen der Nationalsozialisten entsprach. Der Gefühlsausdruck, den die Figur beim Betrachter erregt, wird häufig unbestimmt als Trauer, Hingabe, Wehmut, Sehnsucht oder Ergebenheit beschrieben.

**Arbeitsanregungen:**

1. Stellen Sie in Partnerarbeit die Pose der „Großen Knienden“ nach und fotografieren Sie die Stellung aus mehreren Ansichten. Was zeigt sich im Vergleich mit Lehmbrucks Plastik?
2. Vergleichen Sie die „Pietà“ von Käthe Kollwitz mit Michelangelos Figurengruppe im Petersdom (s. S. 45) im Hinblick auf Aussage und Ausdruck sowie in der plastischen Ausformung.
3. Formen Sie in Ton (Höhe etwa 20 cm) eine formal vereinfachende, auf beiden Beinen kniende Figur. Ziehen Sie Vergleiche zu Lehmbrucks „Kniender“, vor allem im Ausdruck.

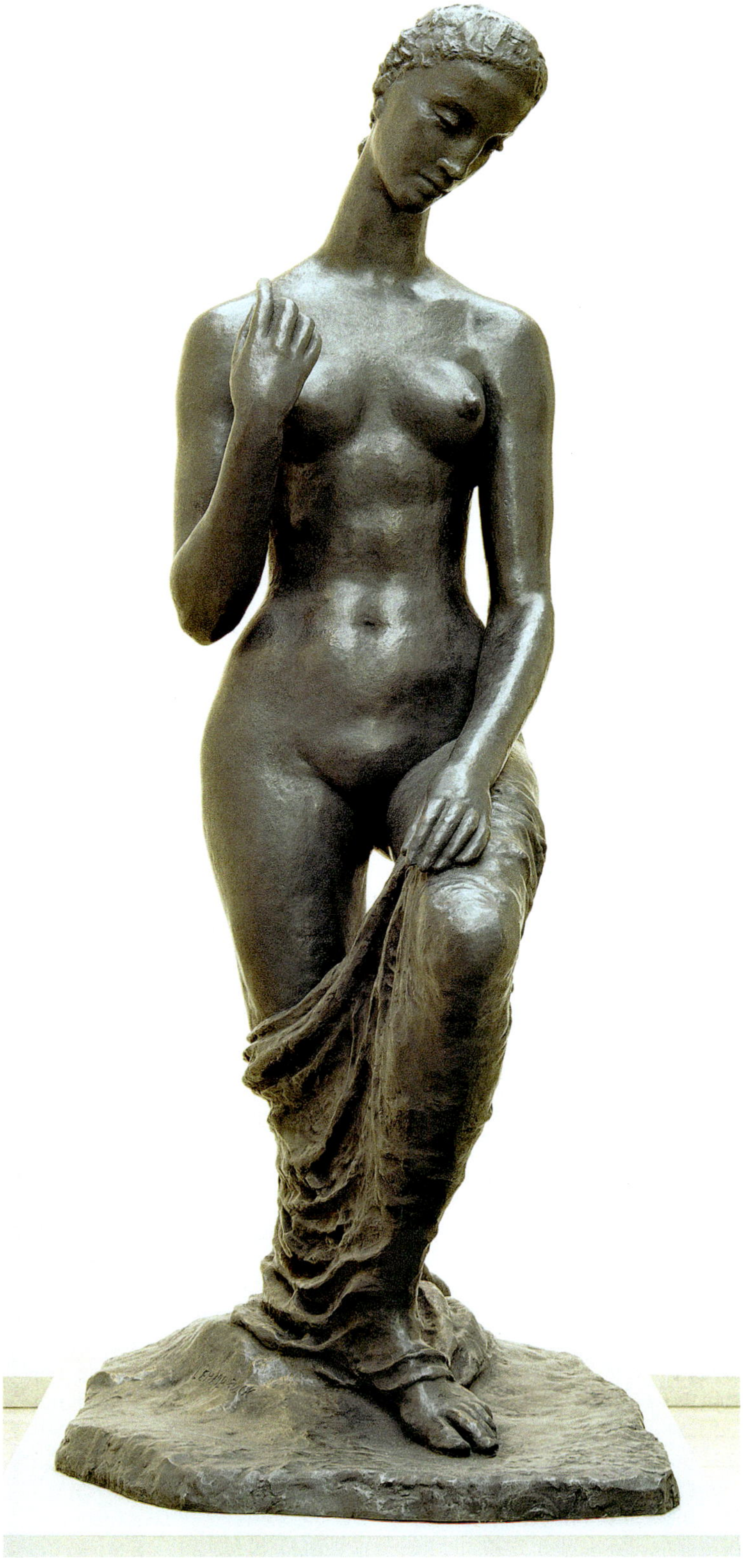

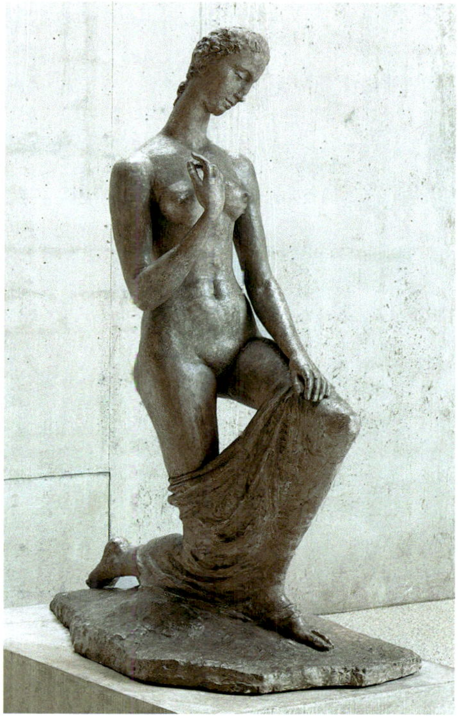

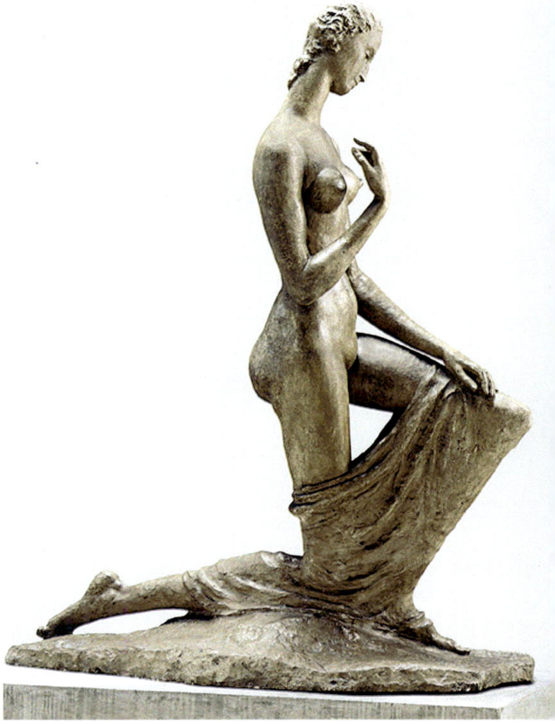

Wilhelm Lehmbruck: „Große Kniende“, 1911.
Abgüsse in Steinguss oder Bronze, Höhe 178 cm.
Duisburg, Wilhelm Lehmbruck Museum
(verschiedene Ansichten)

# Picasso als Anreger

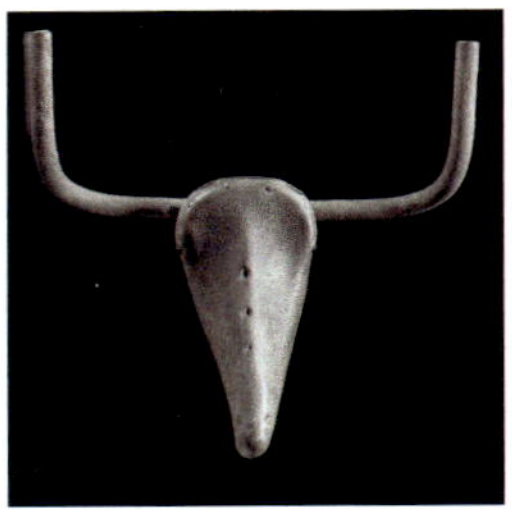

**Pablo Picasso: „Stierkopf", 1942. In der Originalfassung bestehend aus einem Fahrradsattel und einer Lenkstange, hier: Bronzeabguss, 42 × 41 × 15 cm. Paris, Picasso-Museum**

Erst einige Jahre nach seinem Tod wurde das plastische Werk des spanischen Jahrhundertkünstlers **Pablo Picasso (1881–1973)** in zwei großen Ausstellungen (1983 in Berlin und Düsseldorf und 2000 in Paris) in seiner Gesamtheit der Öffentlichkeit präsentiert. Picasso hatte die etwa 600 Plastiken, von denen er oft nur einen einzigen Abguss in Bronze anfertigen ließ, weitgehend in seinen Häusern als ständig präsente Quelle seines Formschaffens aufbewahrt. Die Plastiken hatten ihm stets Anregungen für seine Malerei gegeben und er konnte an ihnen neue Wege der Formfindung auf ihre Stichhaltigkeit hin überprüfen.

So experimentierte Picasso in der Zeit des ▸ analytischen Kubismus (1910–1912), als er in seinen Bildern mit der Mehransichtigkeit von Gläsern, Flaschen, Gitarren, Obstschalen und anderen Objekten arbeitete, auch in der dritten Dimension etwa mit Musikinstrumenten (s. z. B. Abb. S. 73 „Violine"), die er aus Pappe und Draht zusammenbaute.

■ *Für den plastischen Bereich ist die Einbeziehung solcher Materialien ebenso bedeutsam wie das eingeklebte Papier für die Malerei. In beiden Fällen geht Picasso von Fremdkörpern aus. Er transplantiert Materialien, die außerhalb der Malerei, der Plastik liegen, in die Kunst. Ein zusammengebautes, konstruiertes Werk beruht auf neuen Gestaltungsprinzipien. Das Material wird vordergründig. Der Charakter des Abbildes wird von diesen Techniken und Materialien a priori negiert. Statt einer überaus stilisierten und beherrschten Darstellung von Wirklichkeit muss sich der Künstler eine neue Wirklichkeit schaffen.*

Spies 1983–84, S. 70

Mehrere der plastischen Arbeiten Picassos von 1914/15 (wie „Stillleben mit Glas und Messer auf einem Tisch", s. Abb. S. 73) spielen mit den Mitteln von Relief und Bild. Die grob aus Holz geschnitzten Gegenstände wie Glas, Messer, Brot und Wurstscheiben wirken annähernd realistisch, das Band mit den dekorativen Troddeln ist ein Stück echter Realität. Auch der Farbe kommt in dem Stillleben eine wichtige Rolle zu: Sie verknüpft zusammen mit den Holzbrettern des Hintergrundes die heterogenen Elemente zu einer wirkungsvollen Komposition.

In den Zwanzigerjahren, als Picasso auch die willkürlichen und überraschenden Zusammenfügungen des ▸ Surrealismus in sein Werk einbezog, widmete er seine Aufmerksamkeit Plastiken, die aus Metallteilen, Gebrauchsgegenständen oder Küchengeräten (z. B. Siebe oder Körbe) bestanden. In dieser Zeit arbeitete Picasso mit dem spanischen Bildhauer Julio Gonzalez zusammen, in dessen Werkstatt er das Schmieden und Schweißen von Eisen lernte.

■ *Die „Frau im Garten" (1929), eine Gestänge-Konstruktion mit Blattmotiven und jener Andeutung einer fliegenden Haarsträhne, die dann ein Gonzalez-Markenzeichen wurde, trägt deutlich verspielte Züge (Picasso: „Als wir das machten, brüllten wir vor Lachen"). Aber sie ist eben auch ein wild bewegtes Werk, von geradezu barbarischer Energie.*

Der Spiegel 40/1983, S. 285

Picassos Formfindungen entwickeln häufig eine verblüffende Aussagekraft, so sein „Stierkopf" (1942), den er aus einem schmalen Fahrradsattel und einer Lenkstange montierte, oder sein „Pavian mit Jungem" (1951), bei dessen Kopf zwei Plastikspielzeugautos Verwendung fanden.

**Arbeitsanregungen:**

1. Lassen Sie sich durch die genaue längere Betrachtung von Picassos Plastik „Frau im Garten" zu einem Gedicht anregen, das die Situation und den Witz von Picassos Plastik adäquat umsetzt.
2. Stellen Sie aus Kistenbrettern, geschnitzten und bemalten sowie echten Objekten ein ▸ Relief oder ein Wandobjekt her. Komponieren Sie die Gegenstände und Holzteile nach ästhetischen Grundsätzen wie Ausgewogenheit, Farbklang u. a.
3. Informieren Sie sich über weitere Künstlerinnen und Künstler, die aus Alltagsobjekten Figuren oder Plastiken herstellen, und stellen Sie diese vor.

▸ **analytischer Kubismus:** experimentelle Phase des Kubismus (etwa 1910–1912), einer Stilrichtung zu Beginn des 20. Jahrhunderts, die das Prinzip der methodischen Formdefinition anhand von Stillleben, Landschaften und Figurenbildern beispielhaft darstellte (s. S. 62). In den Bildern des analytischen Kubismus lösen Braque und Picasso die Formen von Gegenständen wie Gläsern, Musikinstrumenten, auch Porträtköpfen in Splitter auf und verbinden sie zu neuen Formkomplexen; der Hintergrund erhält dabei ein stärkeres Gewicht. In dieser Phase spielt die Farbe, meist Grautöne, eine untergeordnete Rolle.

▸ **Surrealismus:** nach dem 1. Weltkrieg in Paris entstandene Richtung der Kunst und Literatur, die das Unbewusste, Traumwelten, Mythen und Visionen als Ausgangspunkt künstlerischen Schaffens ansieht. Das erschließt den Surrealisten ab 1924 neue Bildgegenstände. In der Kombinatorik, im Zusammentreffen disparater Objekte und Szenen entstehen oft verblüffende, zuweilen auch monströse Kunstwelten.

▸ **Relief:** s. S. 11

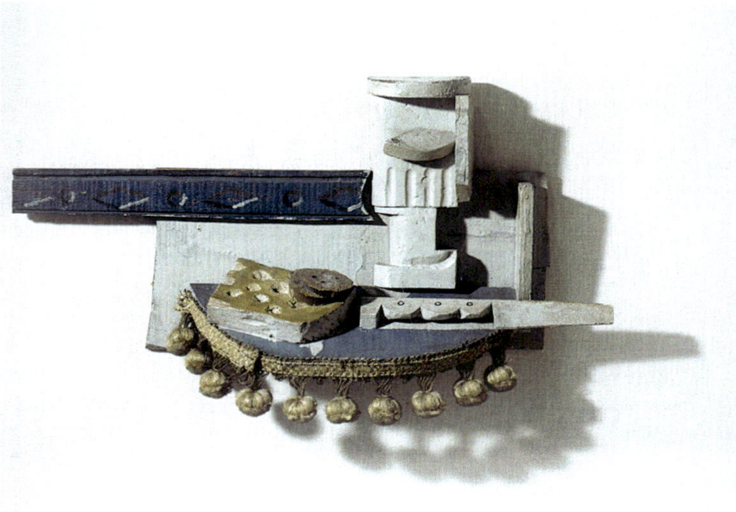

Pablo Picasso: „Stillleben mit Glas und Messer auf einem Tisch“, 1914. Bemaltes Holz, Stofftroddeln, 25,5 × 48 × 10 cm. London, Tate Gallery

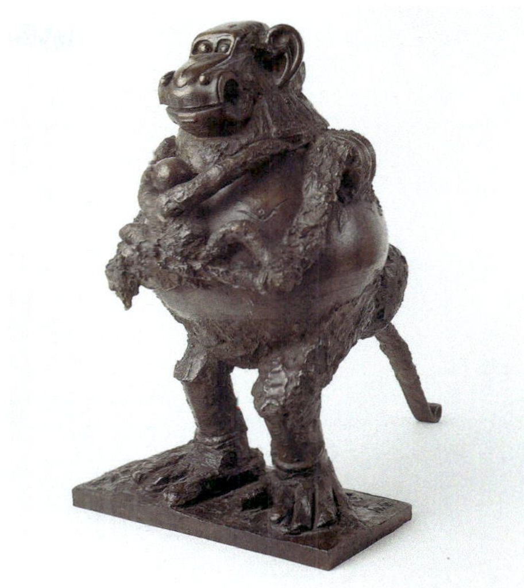

Pablo Picasso: „Pavian mit Jungem“, 1951. Original: Keramik, zwei Spielzeugautos, Metall, Gips, 56 × 34 × 71 cm. Bronze: 53,2 × 33,2 × 61 cm. Aus Privatbesitz. Basel, Kunstmuseum

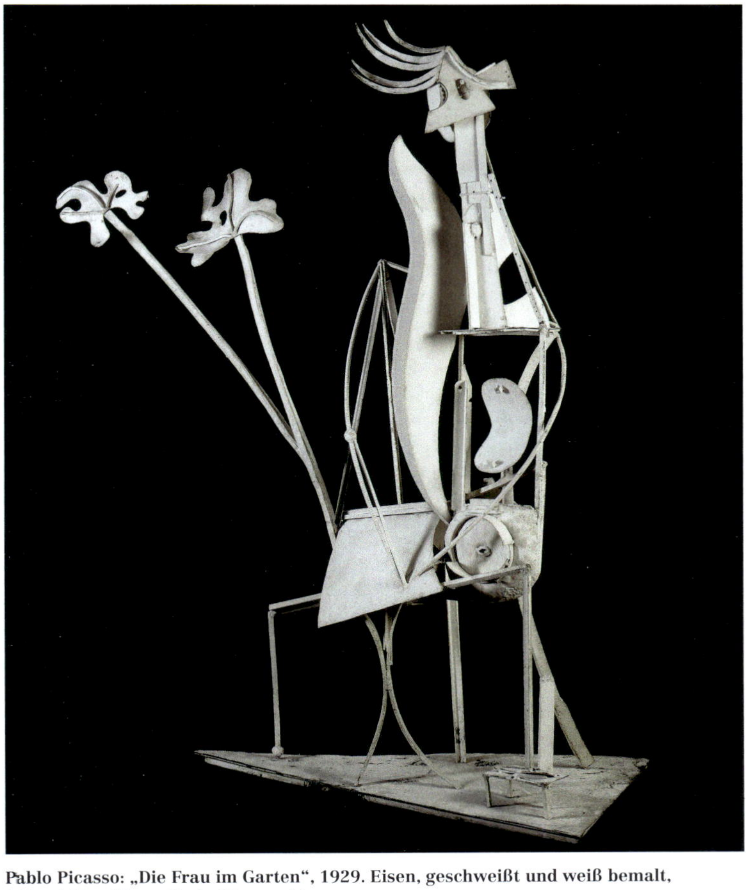

Pablo Picasso: „Die Frau im Garten“, 1929. Eisen, geschweißt und weiß bemalt, 260 × 117 × 85 cm. Paris, Picasso-Museum

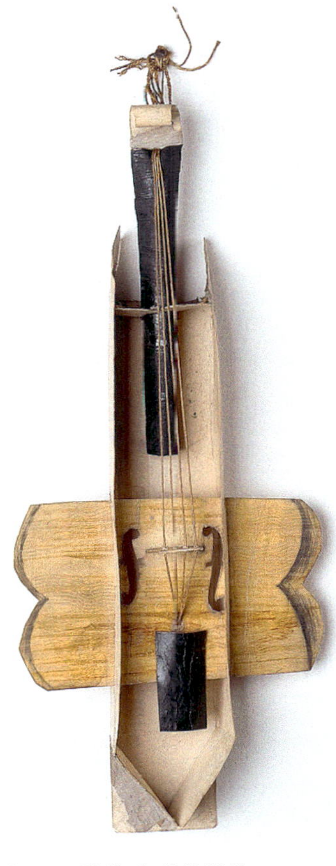

Pablo Picasso: „Violine“, 1912/1913. Schnur, Bleistift und Öl auf Pappe, 58,5 × 21 × 7,5 cm. Stuttgart, Staatsgalerie

# Konstruktivistische Maschinenträume

Nach einem Besuch in Picassos Atelier in Paris 1914 tilgte **Wladimir Tatlin (1885–1953)** jede gegenständliche Bedeutung aus seinen ▸ Materialcollagen.

■ *Sein Eck-Konterrelief von 1915 ist aus kantigen Teilen von Eisen, Zink und Aluminium auf einen Draht in der Ecke zwischen zwei Wände verspannt, eine losgelöst schwebende ▸ Assemblage, die an die ▸ Takelage eines Schiffes oder ein außerirdisches Raumschiff erinnert.* [...] *Von hier aus war es nur noch ein Schritt zum Modell für ein Denkmal der Dritten Internationale* [1919], *diesem grandiosen Entwurf sozialutopischer Architektur im Nachklang der Oktoberrevolution in Russland.*

März 1999, S. 459

In diesem 300 Meter hohen drehbaren Turm sollten Parlament, Exekutive und Propagandazentrale übereinander in einem Kubus, einer Pyramide und einem Zylinder mit einer Halbkugel untergebracht werden. Zusammen mit anderen jungen russischen Künstlern wie El Lissitzky, Kasimir Malewitsch, Naum Gabo (s. S. 12) oder Alexander Rodschenko konstruierte Tatlin eine neue zukünftige Welt. Die Russische Revolution von 1917 beflügelte sie, gab ihnen Gelegenheit, ihre Ideen in Kunsthochschulen zu entwickeln und zu vermitteln. Eine tragende Rolle spielten dabei auch Künstlerinnen wie Alexandra Exter, Ljubow Popowa oder Katarszina Kobro, die abstrakte Kompositionen als Malerei, Relief oder Plastik entwarfen und auch Bühnenbilder bauten. Neuartige mit der Plastik in Verbindung gebrachte Vorstellungen wie Transparenz, Schwebendes oder Utopisches sollten in neuen Materialien mit technischer Rationalität und optischer Präzision von Künstler-Ingenieuren verwirklicht werden.

Geprägt von den Ideen der russischen ▸ Konstruktivisten übernahm im Jahr 1923 der ungarische Künstler **László Moholy-Nagy (1895–1946)** die Metallwerkstätte des ▸ Bauhauses und vermittelte den Studenten seine Begeisterung für bewegliche Maschinenplastiken und die Verwendung moderner Materialien wie Plexiglas und Edelstahl. Sein Licht-Raum-Modulator, eine durch einen Motor bewegte Plastik, stellt einen Urtyp für eine bislang unbekannte Form der Plastik dar, bei der ein geregelter Bewegungsablauf von chromblitzenden Metallteilen zusammen mit den dabei entstehenden Reflexen und Schattenspielen eine futuristische Maschinenwelt illusionieren.

Den Prinzipien der Montage und Konstruktion stellte etwa siebzig Jahre später der deutsche Künstler **Olaf Metzel (*1952)** in seinen Arbeiten die der ▸ Demontage und Destruktion gegenüber. Aus dem technisch konstruierenden Aufbau wird bei ihm ein gelenkter Prozess der Zerstörung und Zerlegung, bei dem dennoch neue Sinnstrukturen entstehen.

■ [Die Installation] *„112 : 104" ▸ fragmentiert einen Raum.* [...] *Die Assoziationen fächern sich weit und überlagern einander wie die Bruchstücke des zerborstenen Spielfeldes: Sport und Erfolg, Teamgeist und Gewalt, Unterhaltung und Freizeit, Realität und Kunst.* [...] *Die Trümmer in Metzels Arbeit [sagen] nichts über die Ursache der Zerstörung* [...] *Die Frage nach jener Gewalt, die das Spielfeld zersplittern konnte, mag kindlich scheinen, aber sie wird evoziert. Sie besteht, solange das Werk in der Authentizität seines Materials und als Ganzes, nicht als Montage einzelner Segmente, wahrgenommen wird.*

Makarinus 1999, S. 592

**Arbeitsanregungen:**

1. Suchen Sie nach weiteren technischen Denkmälern, die wie Tatlins Denkmalentwurf Technisches und Utopisches verbinden, z.B. der Eiffelturm, das Atomium in Brüssel oder auch die Internationale Raumstation im Weltall. Stellen Sie das Ergebnis in einer Ausstellung vor.
2. Arrangieren Sie in Teamarbeit eine ▸ Installation aus Schachteln, Kisten, Holzlatten sowie Fahrrad- und Maschinenteilen. Bringen Sie dabei durch eine überlegte Anordnung die formalen Qualitäten und Kontraste zur Geltung.

▸ **Materialcollage** (Collage, franz.: Klebebild): Einbau oder Einkleben von Gegenständen in ein Bild oder Relief

▸ **Assemblage** (franz.: Zusammenfügung): Hereinnahme dreidimensionaler Gegenstände in ein Bild

▸ **Takelage:** Befestigung der Segel mit Seilen auf einem Schiff

▸ **Konstruktivismus:** um 1915 gegründete Kunstrichtung, bei der die geometrisch-technische Konstruktion wichtigstes Gestaltungsprinzip ist und die jeden Anklang an gegenständliche Motive ablehnt

▸ **Bauhaus:** erste moderne Kunsthochschule in Deutschland, die 1919 in Weimar gegründet, 1925 nach Dessau verlegt und 1933 geschlossen wurde

▸ **Demontage:** Abbau, Abbruch, Zerlegung von Anlagen, Fabriken usw.

▸ **fragmentieren:** eine Ganzheit in unverbundene Teile zerlegen

▸ **Installation:** Anordnung von Objekten und Materialien nach einem künstlerischen Konzept

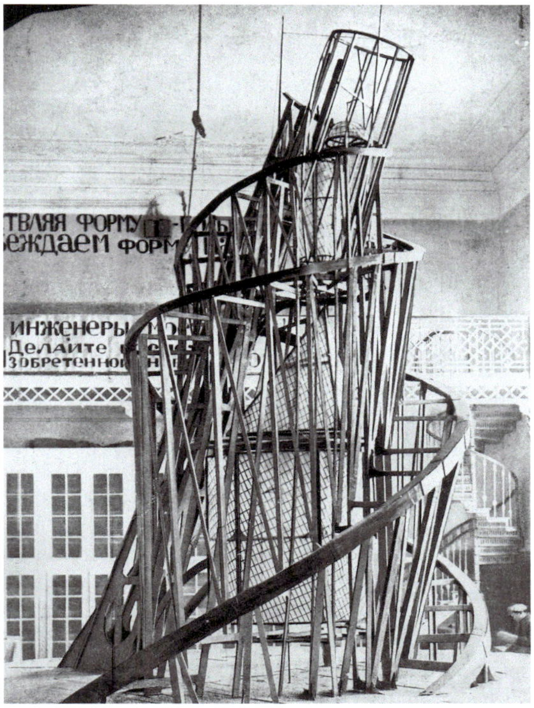


Wladimir Tatlin: Modell des Monuments der III. Internationale, 1920; zerstört (Foto, aufgenommen während der Ausstellung in Moskau 1920)

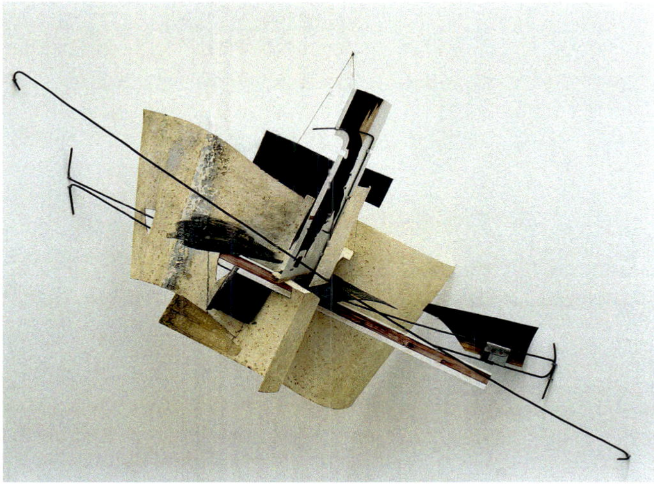

Wladimir Tatlin: „Eck-Konterrelief" (Rekonstruktion), 1915. Eisen, Zink, Aluminium, 78,8 × 152,4 × 76,2 cm. London, Annely Juda Fine Art

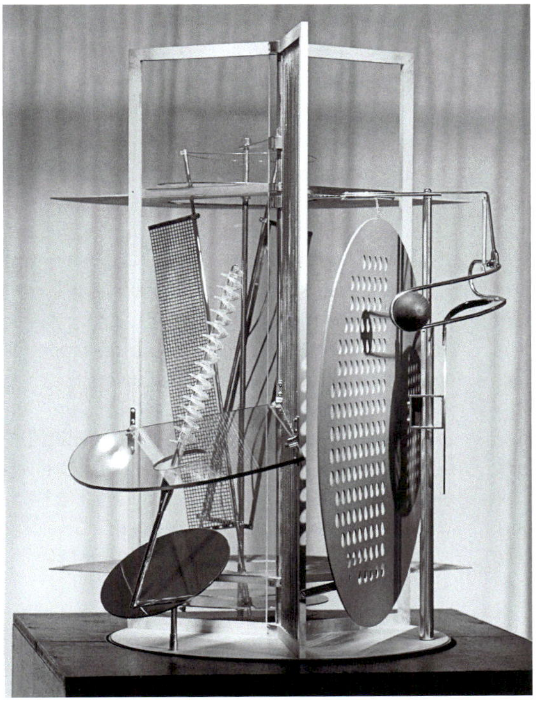

László Moholy-Nagy: „Licht-Raum-Modulator", 1922–30. Edelstahl und andere Materialien. Berlin, Bauhausarchiv (autorisierter Nachbau)

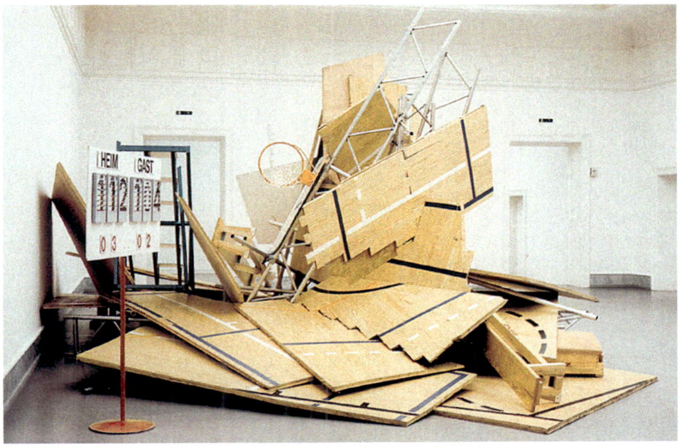


Olaf Metzel: „112:104", 1991. Holz, Aluminium, Stahlrohr, Kunststoff, ca. 950 × 630 × 400 cm. Installation auf der Berliner Ausstellung „Metropolis" (1991)

# Marcel Duchamps Objekte

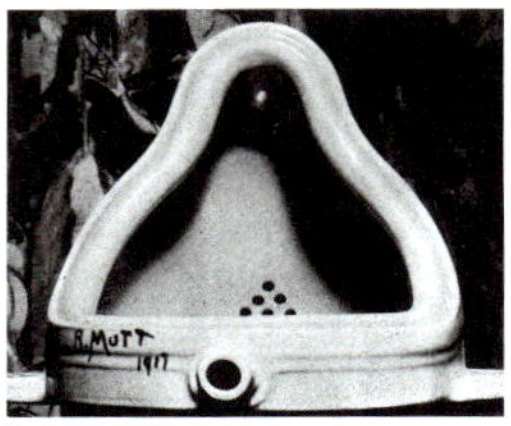

Marcel Duchamp alias Robert Mutt: „Fontäne", 1917. Urinoir aus Sanitärporzellan, gekippt, Höhe 62,5 cm. Original verschollen.

„Kann man Werke machen, die keine ›Kunst‹ sind?" (Arbeitsnotiz Marcel Duchamps von 1913, zit. nach Stauffer 1981, S. 125)
Ab etwa 1913 stellte der französische Künstler **Marcel Duchamp (1887–1968)**, der bis zu diesem Zeitpunkt ▸ futuristische Bilder gemalt hatte, Objekte aus, die später ▸ „Readymades" genannt wurden. Diese Objekte, die Duchamp im Kaufhaus besorgte, sind Fabrikware. Sie werden nur zu Kunstwerken, wenn sie im Kontext eines Museums oder einer Ausstellung präsentiert werden. Ohne diesen Rahmen bleiben sie Fabrikwaren in ihrem funktionellen Umfeld (Sanitärinstallation, Fahrradteil und Küchenhocker, Gestell zum Flaschentrocknen usw.)

■ *Das Readymade* [ist] *keine neue Technik zur Hervorbringung neuer Werke oder anderer ästhetischer Effekte* [...], *es ist keine Gestaltungsmethode, sondern eine Betrachtungsweise. Beim Readymade tritt an die Stelle des Schaffens das Wählen, das selektive Sehen eines Dinges. Der Modus der ▸ Rezeption – Betrachten und Auswählen – wird durch das Readymade zum Modus der Produktion erhoben. Der Künstler wechselt die Seite, er wird vom Schöpfer zum Betrachter, der – statt etwas Neues zu schaffen – eine neue Sichtweise für etwas schon Vorhandenes findet.*

Daniels 1992, S. 212

Im Jahr 1913 befestigte Duchamp in seiner Pariser Wohnung das Vorderrad eines Fahrrades – die Fahrradgabel mit drehbarer Felge und Speichen – im Griffschlitz eines weiß lackierten Küchenhockers. Mit dieser Bastelei hatte Duchamp eine im Prinzip ▸ kinetische Plastik auf einem Sockel geschaffen oder besser montiert, ohne selbst der Schöpfer oder Hersteller der beiden Bestandteile zu sein. Das so entstandene raumplastische Gebilde stellte in ironischer Form die bisher von handwerklich ausgebildeten Künstlern geschaffenen Exponate in den Museen und Ausstellungen in Frage. Es entfachte eine bis heute nicht beendete Diskussion über die Rolle des Künstlers und des Betrachters im Kontext der Museumskunst.
Die heute in vielen Museen gezeigten Readymades Duchamps sind zum größten Teil in den Sechzigerjahren als ▸ Multiples entstanden, teilweise von Duchamp autorisiert oder gar signiert. Die Originale sind zerstört oder verschollen, es existieren lediglich Fotos von ihnen. Die Idee Duchamps fand aber seit dieser Zeit in der ▸ Objektkunst ihre Fortsetzung und weltweite Verbreitung.

So stellte in den Sechziger- und Siebzigerjahren die amerikanische Künstlerin **Louise Nevelson (1900–1988)** mit Teilen von Treppengeländern, Klobrillen, Kisten usw. altarähnliche Objekte her; der Amerikaner **John Chamberlain (*1927)** baute aus den Karosserieteilen von Schrottautos schrille und eindrucksvolle Plastiken zusammen, die er dann bunt lackierte. Auch Joseph Beuys (s. S. 90 f.), der Gefundenes und Angesammeltes zu pseudoreligiösen Schreinen mit ▸ Reliquiencharakter arrangierte, berief sich in seiner Kunst auf Duchamp. Die Objekt-Präsentationen der Pop Art (s. S. 84) wie auch die Installationen aus ärmlichen Materialien der Arte Povera (s. S. 88) sind ohne die Gedankenarbeit Duchamps nicht vorstellbar.

**Arbeitsanregungen:**

1. Finden Sie einige „Readymades" in Ihrer Küche und stellen Sie mit den ausgewählten Objekten eine kleine Ausstellung – mit Sockel und in geeigneter Präsentation – zusammen. Dokumentieren Sie die Ausstellung durch Fotos und halten Sie auch die Reaktionen der verschiedenen Betrachter fest.
2. Was unternehmen Sie, wenn in einem Museum für moderne Kunst ein Besucher versunken vor einem vom Reinigungspersonal vergessenen Staubsauger verweilt?
   **a)** Sie stellen sich neben ihn und sehen sich den Staubsauger mit an.
   **b)** Sie machen ihn auf das fehlende Schild mit dem Künstlernamen und Titel des Werks aufmerksam.
   **c)** Sie verwickeln ihn in ein Gespräch über Duchamp, das Readymade und den Beginn der Objektkunst. Wählen Sie die Ihnen gemäße Verhaltensweise und begründen Sie diese.

▸ **Futurismus:** seit 1908 versuchten italienische Künstler, sog. Futuristen, die Kräfte der Großstadt, Geschwindigkeit und Rhythmus in ihre Bilder und Plastiken zu integrieren

▸ **Readymade** (engl.): serienmäßig hergestellter Gegenstand, der als Kunstwerk ausgestellt wird

▸ **Rezeption:** Aufnahme eines Textes oder Werkes der bildenden Kunst durch den Leser, Hörer oder Betrachter

▸ **kinetische Plastik:** s. S. 13

▸ **Multiple** (franz.): in einer Serie hergestellter Kunstgegenstand, der nicht als einzelnes Ding/Kunstobjekt existiert, also keinen Anspruch auf einen Originalwert hat, sondern nur als multiplizierter und deshalb oft auch billig zu erwerbender Teil einer Serie existiert

▸ **Objektkunst:** neue künstlerische Ausdrucksform im 20. Jahrhundert, die eine vielfältige Ausdrucksskala von der Materialmontage bis zur Rauminstallation (s. S. 88) umfasst

▸ **Reliquie:** s. S. 32 und 34

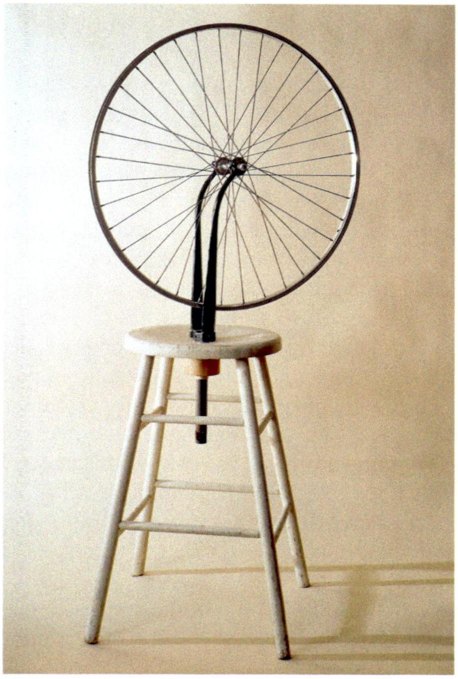

Marcel Duchamp: „Fahrrad-Rad“, 1913. Readymade (Replik 1951), Hocker, Vorderrad und Gabel eines Fahrrads. New York, Museum of Modern Art

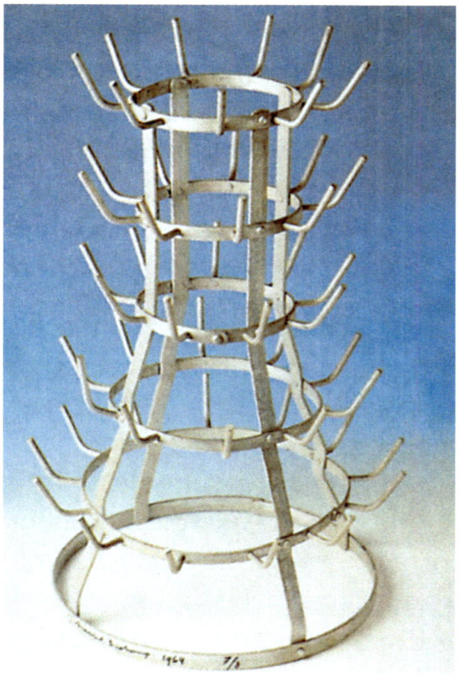

Marcel Duchamp: „Flaschentrockner“, 1915. Readymade (Replik 1964), Höhe 64,2 cm. Paris, Musée National d´Art Moderne

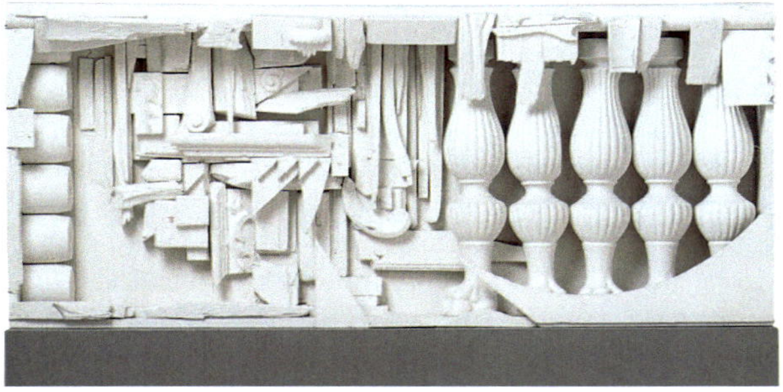

Louise Nevelson: „Kiste mit fünf Balustern“, 1959. Holz und weißer Lack, 70 × 162 × 24 cm. Minneapolis, Walker Art Center

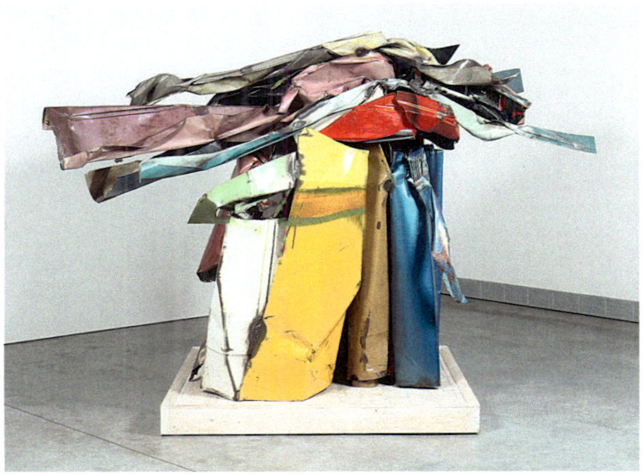

John Chamberlain: „Glossalia Adagio“, 1984. Bemalter und verchromter Stahl, 210 × 221 × 315 cm. Philadelphia, Museum of Art

# Surrealistische Plastik

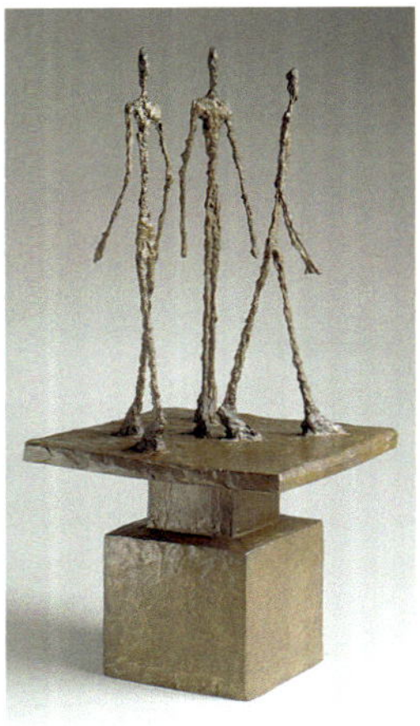

Alberto Giacometti: „Drei Figuren". 1949. Bronze, 76,5 × 33 × 32,4 cm. New York, Metropolitan Museum of Art

**Surrealismus:** Stilrichtung der europäischen Kunst seit 1924, die häufig Träume und Unbewusstes als Ausgangspunkt für literarische und künstlerische Schöpfungen nimmt und die bewusste Kontrolle zeitweilig außer Kraft setzt (s. auch S. 72)

**André Breton** (1896–1966): französischer Dichter und Führer der Surrealistengruppe

**Automatismus:** Verfahren zum Produzieren von Ideen, wobei die rationale Kontrolle ausgeschaltet wird

**Dadaismus:** Kunst- und Literaturrichtung seit 1916, die mit Lautgedichten und Collagen die bürgerliche Kultur lächerlich machte (s. auch S. 76) und zu einer Vermischung aller künstlerischen Medien führte; Grundprinzipien dieser Kunstrebellion waren die freie Form und die Möglichkeit aller realen Dinge, Objekte künstlerischen Schaffens zu sein

**Kinetik:** bewegte Plastik, die, sei es durch Luftzug wie bei Alexander Calders „Mobiles" (s. S. 13) oder durch Motoren, die Einzelteile der Plastik in Bewegung setzen wie bei László Moholy-Nagys „Licht-Raum-Modulator (s. S. 75)

Gemäß dem Satz des Comte de Lautréamont, wonach surreal „die Begegnung eines Regenschirms und einer Nähmaschine auf einem Seziertisch" (zit. nach Hofmann, 1966, S. 211) sei, kombinierten die Künstler des Surrealismus in ihren Bildern und plastischen Arrangements Objekte, die aus völlig verschiedenen Funktionszusammenhängen stammten und so neue Bedeutungsbereiche erschließen sollten.

Der Schweizer Bildhauer **Alberto Giacometti (1901–1966)** baute in seiner surrealistischen Phase einige kasten- oder käfigartige Gebilde, in denen er Figuren und Objekte anordnete. Er begann dabei mit einem leeren Raum, den er mit Dingen besetzte, die beim Betrachter Erinnerungen an eigene Erlebnisse oder traumartige Vorstellungen hervorrufen. Damit trafen sich die Intentionen Giacomettis mit den Vorstellungen der Pariser Surrealisten um André Breton.

■ *Damals wurde Giacometti nolens volens der Hausbildhauer der Gruppe der Surrealisten. Als er 1929 in der Galerie Pierre seine Objekte aus Holz, Stein und Gips ausstellte – plastische Gebilde, die sich dem Traum und dem Automatismus verdanken –, begrüßten ihn die Surrealisten begeistert und nahmen ihn in die Bewegung auf.* [Alberto erklärte mir], *dass sich all diese Objekte schon fast fertig seinem Geist dargeboten hätten, er habe sie ausgeführt, ohne auch nur an deren Bedeutung zu denken, und ihr Sinn habe sich erst im Nachhinein enthüllt. So vertraute er mir an, der zerbrechliche Palast, der eine hölzerne Wirbelsäule, ein Vogelskelett, eine Puppe und eine auf einem Tablett befestigte Kugel enthält, sei die Erinnerung an eine Liebesbeziehung.*

Waldberg 1987, S. 362

In etwas anderer Weise arrangierte der Amerikaner **Joseph Cornell (1903–1972)** Gegenstände aus sehr verschiedenen Zusammenhängen zu surrealistisch verträumten Objektkästen. Ausgestopfte Papageien, Schriftstücke und gesammelte Kleinobjekte vereinigen sich – wie in einer barocken Wunderkammer (s. S. 54) – zu einer Welt von Assoziationen und Gedankenverbindungen.

Der surrealistische Künstler **Max Ernst (1891–1976)** schuf in seinem plastischen Werk ein ganzes Universum aus seltsamen Geschöpfen und Mischwesen, Gnomen und Traummonstern, die als Gips- oder auch Bronzeplastiken die Zimmer und Innenhöfe seiner Häuser bevölkerten. Einige dieser Gebilde gruppierte er auch in seinem Brunnen für die Stadt Amboise bei Paris (1968). Der eulenartige „Gehilfe" beherrscht als beschwörender Dämon die Szenerie aus Fröschen und Schildkröten, die in einem wirkungsvollen Kontrast zu den vielförmigen Steinsockeln stehen. Vor allem nachts, wenn der Brunnen von Scheinwerfern angestrahlt wird, entfaltet sich der Zauber der skurrilen Geschöpfe.

In der Nachfolge von Dadaismus, Surrealismus und Kinetik entwickelten verschiedene Künstler in den Fünfziger- und Sechzigerjahren ihre unverkennbaren Werke, so das französisch-schweizerische Künstlerpaar **Niki de Saint Phalle (1930–2002)** und **Jean Tinguely (1925–1991)**. Erst spät begannen sie ihre jeweils charakteristischen Schöpfungen – poppig bemalte Fiberglas-Plastiken bei Saint Phalle und motorbetriebene Plastiken aus Eisenteilen bei Tinguely – zu Ensembles zu kombinieren. Es war vor allem der nach dem russischen Komponisten Igor Strawinsky benannte Brunnen (1983) am Centre Pompidou in Paris, der das Publikum begeisterte. Nach einem vorprogrammierten Ablauf führen die sechzehn sich drehenden und schüttelnden, Wasser sprühenden Maschinen ein heiteres Maschinenballett auf.

**Arbeitsanregungen:**

1. Fertigen Sie aus farbigen Pappwänden, Holzstäben und ähnlichen Materialien Bühnenbild-Entwürfe für eine Oper (z. B. für Mozarts „Zauberflöte") an. Vergleichen Sie dazu Inszenierungen von David Hockney.
2. Arrangieren Sie in einer Pappschachtel Erinnerungsstücke, z. B. aus dem letzten Schuljahr oder aus den Ferien. Fügen Sie Schriftstücke wie Gedichte, Postkarten usw. hinzu und überarbeiten Sie Ihren Kasten farbig.

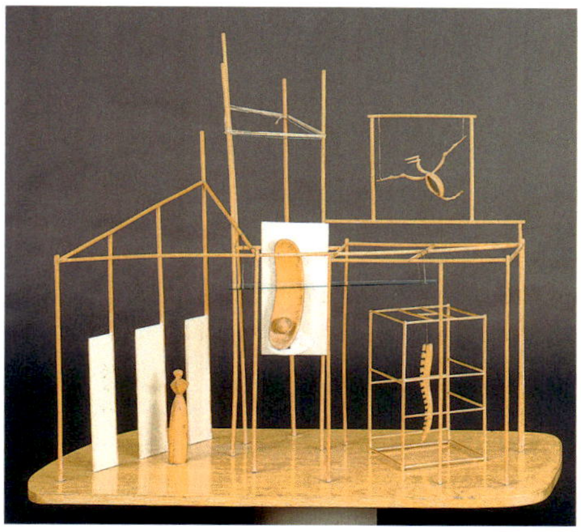

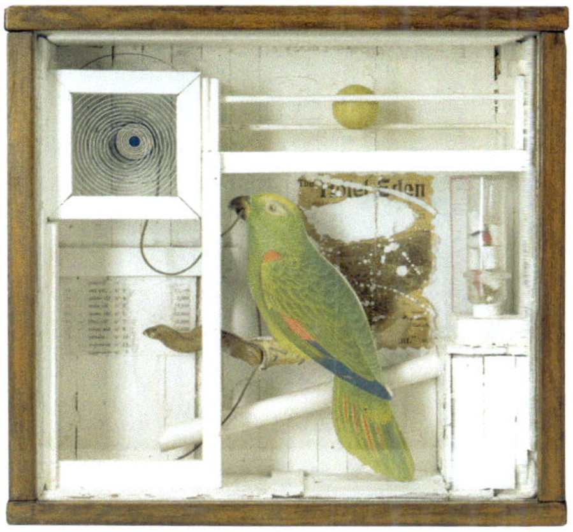

Links:
Alberto Giacometti: „Der Palast um vier Uhr früh“, 1932/33. Holz, Glas, Draht und Bindfaden, 63,5 × 71,7 × 40 cm. New York, Museum of Modern Art

Rechts:
Joseph Cornell: „Ohne Titel (Hotel Eden)“, 1945. Objektkasten, 38,6 × 40 × 12 cm, Verschiedene Materialien, u.a. ein ausgestopfter Papagei. Ottawa, National Gallery of Canada

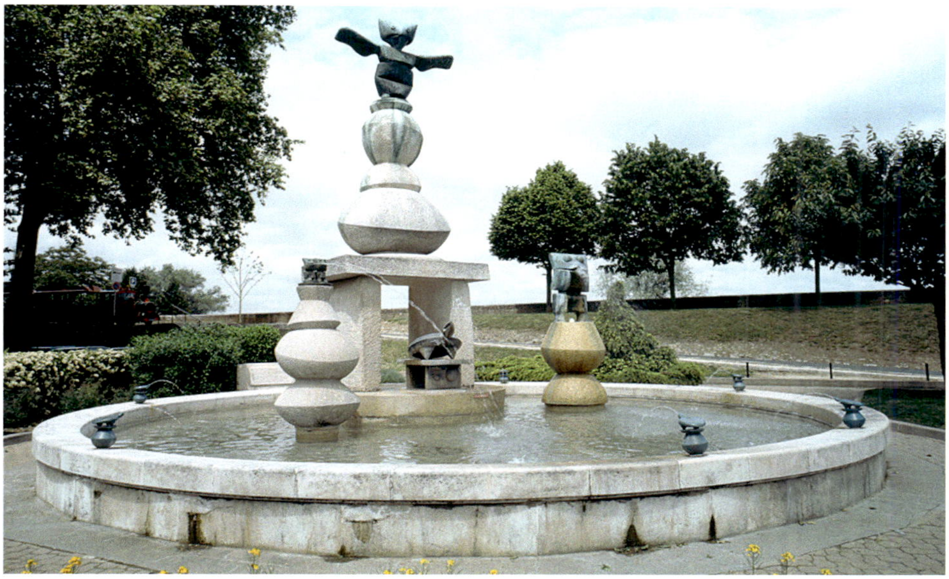

Max Ernst: Brunnen in Amboise, 1968. Mehrere Bronzeplastiken wie „Der Gehilfe“ (oben Mitte), 156 × 123 cm, oder „Der Frosch“ (rechts darunter), 125 × 75 cm. Uferpromenade

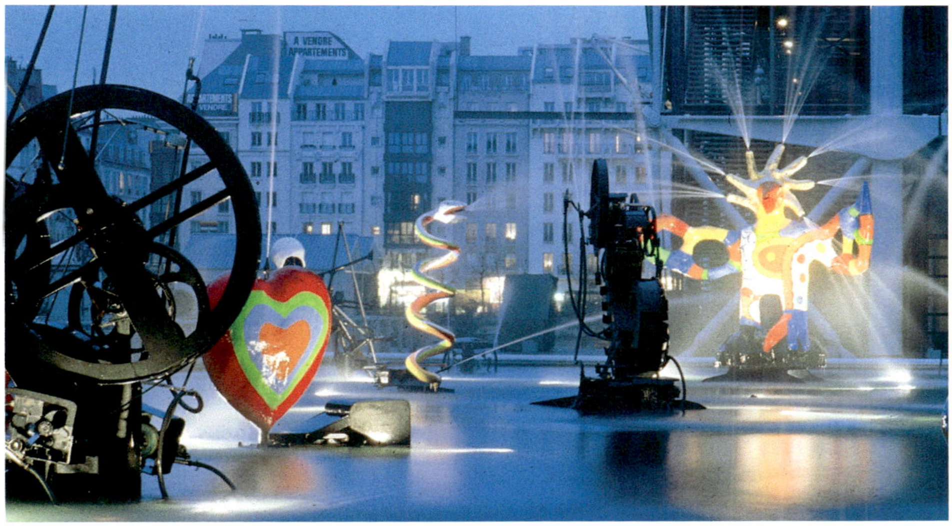

Jean Tinguely und Niki de Saint Phalle: „Strawinsky-Brunnen“ vor dem Centre Pompidou in Paris, 1982/83. Bassin: 36 × 16,5 m, 16 Plastiken aus Fiberglas, Maschinen aus Schrottteilen, Schläuchen, Wasserpumpen u.a.m.

# „Neue“ Menschenbilder

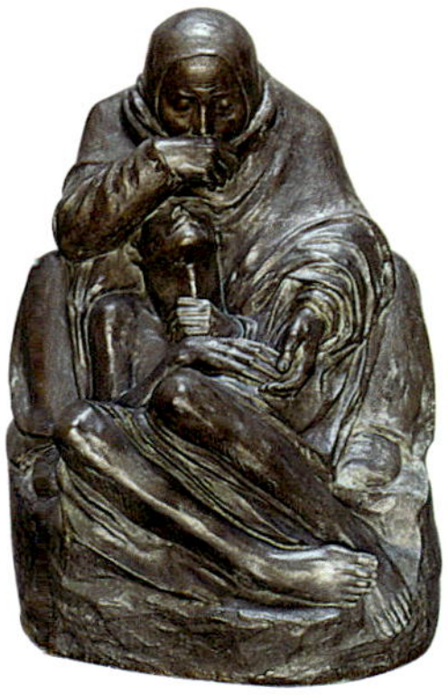

**Käthe Kollwitz: „Pietà“ (vergrößerte Kopie). Denkmal für die Opfer von Krieg und Gewaltherrschaft 1993. Blei, 160 cm. Berlin, Neue Wache.**

Der italienische ▸Futurismus (1908/09–1916) propagierte in seinen ▸Manifesten und Proklamationen eine neue Kunst, die auf die Gegebenheiten der modernen Großstadt eingehen, die Lärm und Geschwindigkeit, Zeit und Raum in ihre Gestaltungen einbeziehen sollte.
**Umberto Boccionis (1882–1916)** Bronzeplastik „Urformen der Bewegung im Raum“ von 1913 verkörpert das Ideal eines neuen Menschen, der wie eine Maschine unaufhaltsam vorwärts stürmt, jenen „windeseilig voranstürmenden Dynamiker [...] mit seinen flammenflügelartigen Muskelverlängerungen, seinen Kugellagergelenken, seinen vor- und zurückweichenden Auswüchsen, [...] eine Synthese aus ▸Nike, Rennwagen und zukünftigem Ungetüm“. (März 1999, S. 129)

In den Kunstauffassungen der zwei großen sich gegenüberstehenden totalitären Machtgebilde der ersten Hälfte des 20. Jahrhunderts, dem Zusammenschluss der revolutionären Sowjetstaaten und dem deutschen Nationalsozialismus, setzten sich nicht moderne oder abstrakt-futuristische Gestaltungen durch, sondern in beiden Regimen wurde eine Plastik gefördert, die allen verständliche Ideale formulierte. So sollten die Künstler im sozialistischen Realismus seit etwa 1925 neben Leitfiguren wie Lenin und Stalin Wunschziele wie die Verbrüderung der Völker unter dem Sozialismus, die Vereinigung von Bauern und Arbeitern darstellen sowie den Fortschritt propagieren, den die Industrialisierung mit sich bringen würde.
Die Nationalsozialisten bevorzugten als Typus seit etwa 1937, als die erste große Kunstausstellung im neu errichteten Haus der Kunst in München stattfand, einen von der griechischen Plastik (s. S. 22 f.) und Michelangelo (s. S. 44 f.) abgeleiteten, kriegerisch gestählten Heros, der das neue Rasseideal des ▸„Übermenschen“ verkörpern sollte. Die meist überlebensgroßen nackten Männerfiguren sollten einmal die öffentlichen Plätze und Gebäude zu Manifesten des Nationalsozialismus verwandeln. In beiden Regimen verloren Künstler, die diese Forderungen nicht erfüllen konnten oder wollten, ihre Aufträge und Stellungen, ihre Kunst wurde als formalistisch oder ▸„entartet“ diffamiert. Viele von ihnen wanderten aus, andere begaben sich in die innere Emigration.

Für den sowjetischen Pavillon auf der Weltausstellung von 1937 in Paris fertigte die russische Künstlerin **Vera Muchina (1889–1953)** die Figurengruppe „Arbeiter und Kolchosbäuerin“ aus 60 gegossenen Stahlteilen an. Die Doppelplastik wurde auf dem Dach des sowjetischen Pavillons aufgestellt und hatte eine Höhe von 24,5 Metern. Später diente die Figurengruppe der russischen Filmfirma Mosfilm lange als Logo.

Der Bildhauer **Arno Breker (1900–1991)** entwarf viele Figuren für die Großbauten, die überall im Deutschen Reich entstehen sollten. Breker, der sich als Bildhauer an den Vorbildern Rodin (s. S. 60 f.) und Maillol (s. S. 66 f.) geschult hatte, traf mit seinen muskelbepackten, heroisch übersteigerten Jünglingsakten genau die Vorstellungen, die sich die nationalsozialistische Führung vom neuen Menschen machte. Wegen seiner Rolle als führender Bildhauer der NS-Zeit wurde Breker nach 1945 heftig kritisiert.
Brekers Bronze „Prometheus“ entstand 1937 für den Garten des Propagandaministeriums in Berlin. Der „Urvater der Menschen“, der nach der griechischen Sage das Menschengeschlecht schuf und ihm gegen den Willen der Götter das Feuer brachte, ist als muskelstrotzender Athlet dargestellt, der gegen alle widrigen Mächte seinen Willen durchsetzt.

**Arbeitsanregungen:**

1. Arbeiten Sie in einer Analyse der beiden Plastiken „Urformen der Bewegung“ von Boccioni und „Prometheus“ von Breker die formalen Strukturen, den Ausdruck und die jeweiligen ideologischen Inhalte heraus.
2. Diskutieren Sie die Entscheidung des damaligen Bundeskanzlers Helmut Kohl, in der Gedenkstätte des Bundes für die Opfer des Krieges und des Nationalsozialismus die vergrößerte Kopie einer Pietà der Künstlerin Käthe Kollwitz (s. S. 70) aufzustellen.

▸**Futurismus:** s. S. 76

▸**Manifest:** Programm, Grundsatzerklärung

▸**Nike:** griechische Siegesgöttin; eine hellenistische Statue, die „Nike von Samothrake“ (s. S. 24 f.) galt den Futuristen als rückwärtsgewandtes Schönheitsideal

▸**Übermensch:** in der Philosophie Friedrich Nietzsches (1844–1900) formuliertes Ideal eines neuen Herrenmenschen, der die – nach Nietzsches Auffassung – Forderungen des Christentums ignoriert und eine neue Elite hervorbringt

▸**„Entartete Kunst“:** Titel einer Ausstellung, die 1937 – parallel zur Großen Kunstausstellung in München – Werke der Moderne in diffamierender Weise präsentierte, u. a. mit den Arbeiten von Geisteskranken verglich und mit Fotos verkrüppelter Menschen kombinierte. Werke von den als „entartet“ bezeichneten Künstlern wurden aus den Museen entfernt und in der Schweiz verkauft.

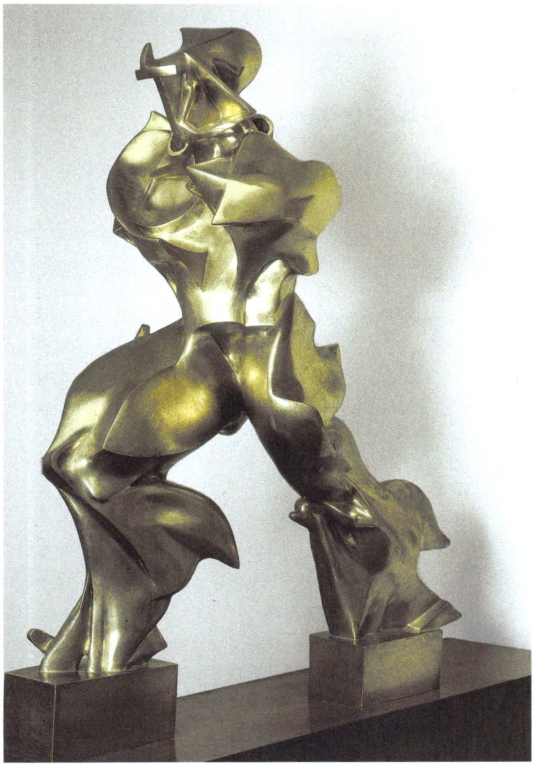

Umberto Boccioni: „Urformen der Bewegung im Raum“, 1913. Bronze, 111 × 89 × 40 cm. Mannheim, Staatliche Kunsthalle

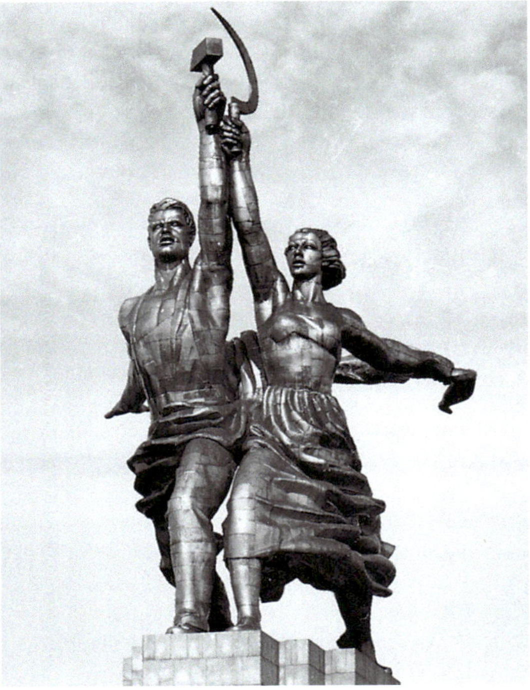

Wera I. Muchina: „Arbeiter und Kolchosbäuerin“, 1935–37. Stahlguss, Höhe 24 m. Moskau

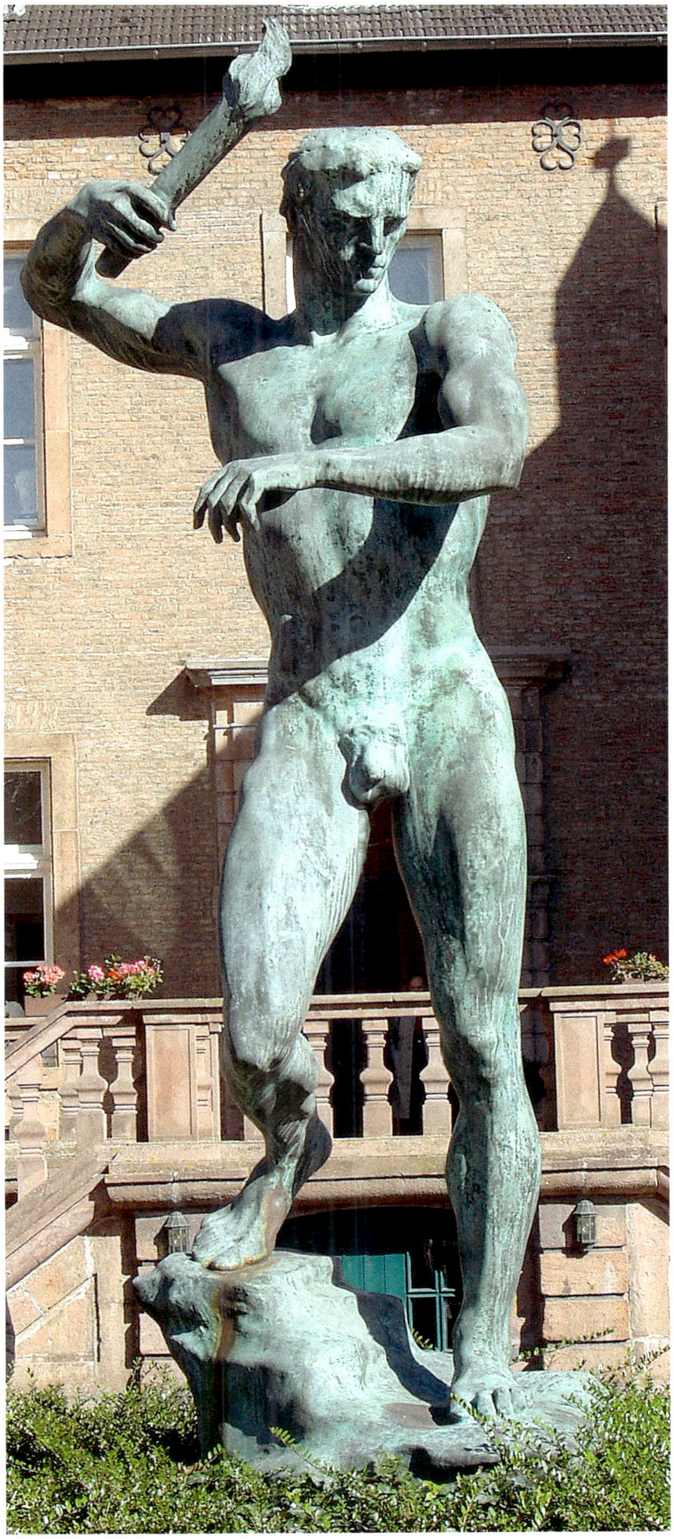

Arno Breker: „Prometheus“, 1937. Bronze, 300 × 110 × 100 cm. Schloss Nörvenich, Sammlung Museum Europäische Kunst

Klass. Moderne um 1900–ca. 1933

1927 **Ernst Barlach:** „Güstrower Ehrenmal“

**1930** Alberto Giacometti: „Schwebende Kugel“

**1937** Ausstellung „Entartete Kunst“, München

Kunst nach 1945

**1956** Entstehung der Pop Art in London

**1965** Dan Flavin: „Denkmal für Wladimir Tatlin“

**1966** Ausstellung „Primary Structures“, New York

**1968** Edward Kienholz: „The Portable War Memorial“

**1970** Robert Smithson: „Spiral Jetty“

**1974** Joseph Beuys' Coyote-Performance

Aktuelle Tendenzen

**1988** Ausstellung „Freeze“ (Young British Art)

**1989** Fall der Berliner Mauer

**1997** Ausstellung „Sensation: Young British Artists from the Saatchi Collection“, London

# Kunst nach 1945: Plastik – Objekt – Aktion

## Abstraktion, Konkrete Kunst und Minimal Art

Die Entwicklung der Plastik in den westlichen Demokratien nach 1945 war von der ▸Abstraktion als „Weltsprache“ der Kunst geprägt. Nach den Erfahrungen mit den Diktaturen und dem Bruch durch den 2. Weltkrieg sah man in der Anknüpfung an Tendenzen der Klassischen Moderne (s. S. 66–76) ein Bekenntnis zur künstlerischen Freiheit – Freiheit von Vorgaben, etwa der Bindung an Themen und Motive aus der sichtbaren Wirklichkeit, Freiheit auch im Umgang mit Formen und Materialien.

Künstler wie der Schweizer **Max Bill (1908–1994)** führten den Ansatz des ▸Bauhauses fort und repräsentierten in der Nachkriegszeit Kontinuität im Neuanfang. Bill verstand seine Werke nicht als abstrakte, sondern als ▸Konkrete Kunst, da ihre ungegenständlichen Formen nicht von Naturvorbildern abgeleitet, sondern nach mathematisch-logischen Verfahren konstruiert seien: „konkrete kunst ist in ihrer letzten konsequenz der reine ausdruck von harmonischem maß und gesetz.“ (Max Bill nach Thiele 1995, S. 144) Die Einflächenplastiken mit dem in sich zurückkehrenden ▸Möbiusband entwickelte Bill bereits um 1935, sie wurden aber in den Fünfzigerjahren neu aufgelegt.
Überall auf öffentlichen Plätzen, vor Gebäuden und Sammlungen begegnete man nun abstrakten Werken. Charakteristisch für die Zeit ist die Formensprache von Henry Moore (s. S. 68 f.), die wie organisch aus der Natur abgeleitet erscheint.

In den Sechzigerjahren verloren herkömmliche Techniken und Materialien wie Bronzeguss oder Holzschnitzerei an Bedeutung, die Grenzen zwischen den Kunstgattungen verschwammen. So wurden die Definitionen, was „Bildhauerkunst“ sei, immer wieder verworfen und neu hinterfragt. In individuellen Konzepten wurde beständig nach aktuellen Positionen im Ausstellungsbetrieb gesucht und der – scheinbar neutrale – Begriff „Objekt“ verdrängte den der „Plastik“ oder „Skulptur“.

Der abstrakte Maler **Barnett Newman (1905–1970)** schuf auch monumentale Stahlplastiken. Ihre Größe und Konzentration auf wenige elementare Grundformen gibt ihnen einen strengen, ganzheitlichen Charakter, der bei Betrachtung aus der Nähe geradezu körperlich spürbar ist. Bereits 1943 hatte Newman bemerkt: „Wir befürworten den einfachen Ausdruck eines komplexen Gedankens.“ (Zit. nach Reißer/Wolf 2002, S. 55)

Die Künstler der ▸Minimal Art wie Sol LeWitt (1928–2007) und Carl Andre (*1935) verstanden ihre Werke nicht mehr als abstrakte Plastik. Die erste, bahnbrechende Ausstellung der neuen Kunstrichtung 1966 hieß bezeichnenderweise „Primary Structures“. Sie präsentierte industriell-technisches Material in elementar-puristischer Gestalt, anonym erscheinende Dinge in Serie angeordnet, in sich vollkommen schlüssige dreidimensionale Gebilde, aber ganz ohne die sinnlichen Reize handwerklich gestalteter Oberflächen, ohne jeden Anklang an einen traditionellen Kunstcharakter. Die Objekte der Minimal Art demonstrieren eine radikale Beziehungslosigkeit zu bekannten Dingen, verweigern damit Interpretationsvorgaben und verlagern die Verantwortung hierfür zum Betrachter. Der Künstler **Donald Judd (1928–1994)** bemerkte dazu:

■ *Es ist nicht nötig, dass ein Werk viele Dinge zum Anschauen bietet, zum Vergleichen, zum Analysieren oder ▸Kontemplieren. Die Sache an sich, ihre Qualität als solche ist das Interessante. Die wichtigen Dinge stehen für sich, sind intensiver, klarer und kraftvoller.*

Judd 1965, nach Rowell 1986, S. 302

**Arbeitsanregungen:**

1. Was ist künstlerischer Minimalismus?
2. Vergleichen Sie den Bezug der abgebildeten Objekte zu dem sie umgebenden Raum.
3. Entwerfen Sie eine „Konkrete Plastik“ für das Foyer Ihrer Schule.

▸**Abstraktion:** Prozess der Abkehr von der Wiedergabe äußerer Erscheinung hin zur Konzentration auf die Eigenständigkeit der bildnerischen Mittel (Formen, Farben usw.; s. auch S. 66)

▸**Bauhaus:** s. S. 74

▸**Konkrete Kunst:** gegenstandslose Kunst, die mit geometrischen Flächen nach rationalen Verfahren ihre Bilder aufbaut

▸**Möbiusband:** nach dem Mathematiker Möbius benannte Figur der unendlichen Schleife

▸**Minimal Art:** amerikanische Kunstrichtung der Sechzigerjahre, die einfachste geometrische Ordnungen ohne kompositionelle Binnendifferenzierungen und darstellende Absicht im Raum präsentiert

▸**kontemplieren:** geistig sich in etwas versenken

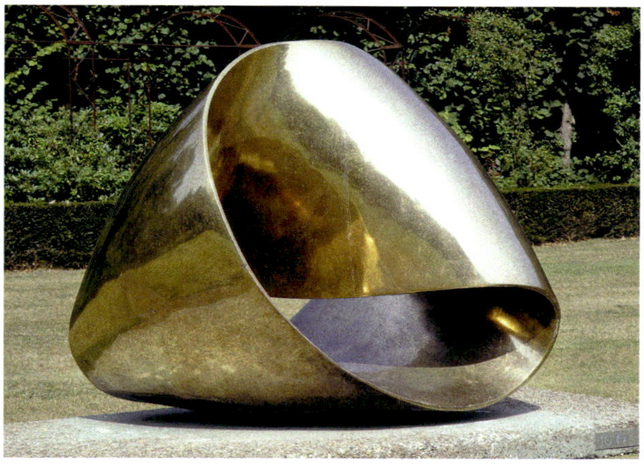

Max Bill: „Unendliche Schleife“, 1935/1956. Bronze, 125 × 125 × 80 cm. Antwerpen, Middelheimmuseum

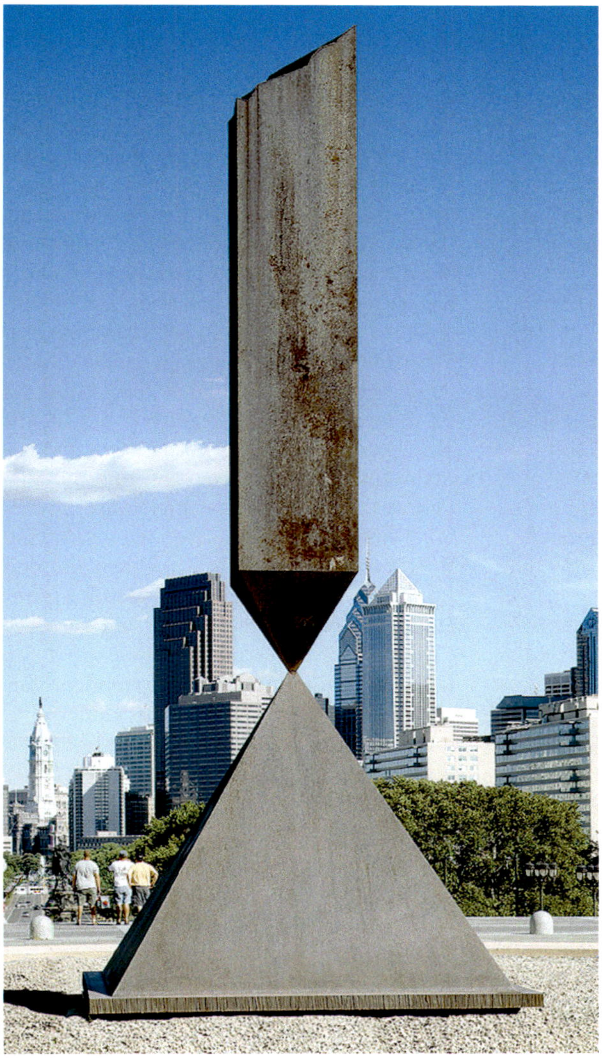

Barnett Newman: „Gebrochener Obelisk“, 1963–69. Cor-Ten-Stahl, 774,5 × 320 × 320 cm. New York, Museum of Modern Art

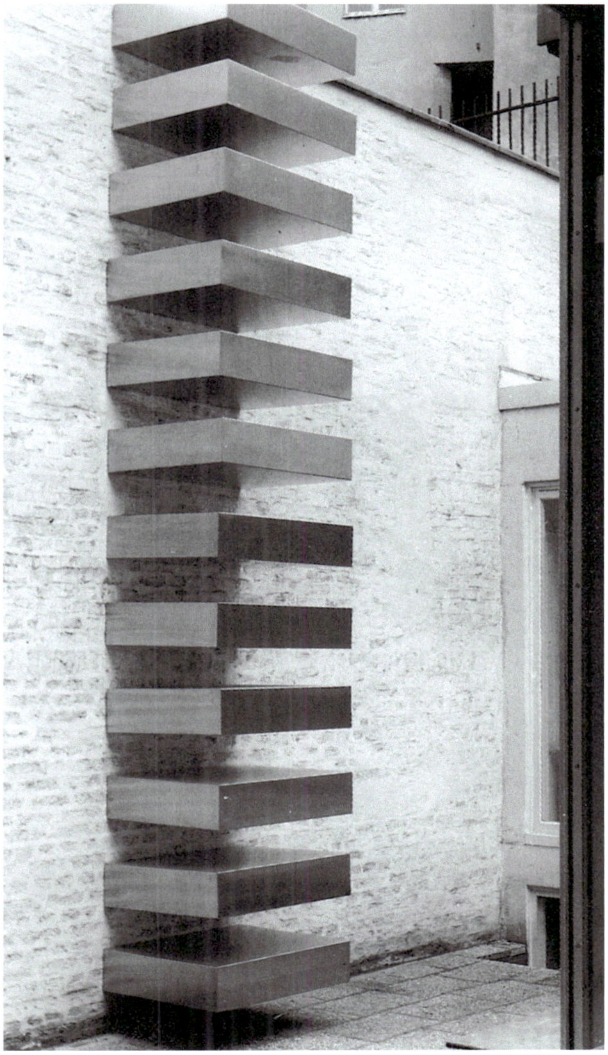

Donald Judd: „Untitled“, 1969. Galvanisierter Stahl. Plattenformat 15 × 65, 5 × 61 cm. New York, Collection Henry Geldzahler

# Unsere Warenwelt in Nouveau Réalisme und Pop Art

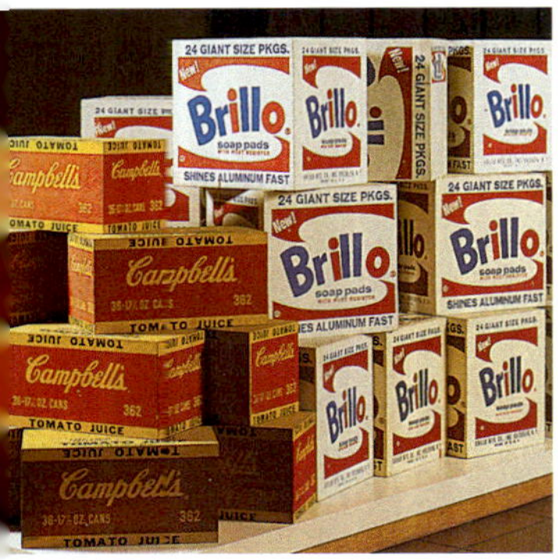


**Andy Warhol: „Kisten", 1964. Siebdruck auf Holz. 28 Brillo-Kisten, 44 × 43 × 35,5 cm; 14 Campbell's Kisten, 25,5 × 48 × 24 cm (Ausschnitt). Köln, Museum Ludwig**

**Nouveau Réalisme** (franz.: neuer Realismus): 1960 gegründete Gruppe von Objektkünstlern, die sich an der Realität orientierten und Formen und Dinge des Alltags integrierten

**Performance:** (s. S. 90)

**Akkumulation** (lat. accumulare: anhäufen): Ansammlung und Präsentation von (thematisch/farblich) verwandten Gegenständen, eventuell in einer Plexiglasvitrine

**Kompression:** maschinell herbeigeführte Verdichtung von Alltagsobjekten

**Eat Art:** künstlerische Arbeit mit Lebensmitteln

**Fallenbild:** Ansammlung von Resten eines Mahls, die auf einer Tischplatte fixiert sind und so zum „Bild" werden (vgl. Tafelbild)

**Pop Art:** in Großbritannien und den USA entwickelte Kunstströmung, die – in einer ausbalancierten Mischung zwischen Ironie und Verherrlichung – Gebrauch macht vom Bildgut der Konsumwelt und Unterhaltungsindustrie

**Soft-Scultpures:** Bezeichnung für die weichen Versionen von Oldenburgs Plastiken

In den Fünfziger- und Sechzigerjahren stieg die Industrieproduktion des Westens rasant an und mit ihr der Massenkonsum. Die modernen Medien Fernsehen, Radio, Zeitschriften und Reklame begannen die Haushalte zu überfluten. In dieser Zeit – noch spielt die Gegenstandslosigkeit die führende Rolle im Kunstbetrieb – entdeckten junge Künstler die Dingwelt des Alltags und ihre Bedeutung. Sie wird in ihren Werken zum Teil des Systems der Kunstproduktion: Banale Fundstücke und Verfallsprodukte rücken zu Motiven und zum Material der Werke auf. Eine neue Auseinandersetzung mit der Wirklichkeit, dem Leben und der eigenen Zeit zeigt sich in Teilrichtungen wie dem Nouveau Réalisme (Frankreich), dem Realismo (Italien), den New Realists (USA) und der Pop Art (Großbritannien, USA).

1960 schloss sich in Paris eine Gruppe von Objektkünstlern zusammen, die als „Nouveaux Réalistes" bezeichnet werden, jedoch verschiedene Aspekte vertraten:

- **Yves Klein (1928–1962)** veranstaltete spektakuläre Performances und schuf immateriell wirkende blaue Schwammreliefs und -skulpturen,
- **Arman (1928–2005)** präsentierte Akkumulationen von konserviertem Müll oder auch zerborstenen Dingen,
- **César (*1921)** formte durch Kompression aus Autos quaderförmige Gebilde, gewissermaßen Skulpturen „verdichteter Realität",
- **Daniel Spoerri (*1930)** erfand die Eat Art sowie die Fallenbilder und gründete Restaurant-Galerien,
- **Niki de Saint Phalle (1930–2002)** schuf mit bunten, drallen „Nana"-Figuren ein Gegenmodell zu den erotisch fixierten „Bunnies",
- **Jean Tinguely (1925–1991)** ließ motorbetriebene Malmaschinen (Méta-matics) durch zufällige Bewegungsabläufe albern-abstrakte „Kunstwerke" herstellen,
- **Christo (*1935)** stellte Alltagsdinge in umschnürten Verpackungen als Kunst aus (s. S. 86 f.).

In der Pop Art erfolgte in den Sechzigerjahren eine Auseinandersetzung mit den Klischees der Konsumwelt und den Idolen der Unterhaltungsindustrie. Vor allem **Andy Warhol (1928–1987)** erkannte, wie in der Wohlstandsgesellschaft Personen und Dinge zunehmend austauschbar werden. Ihre Präsenz als „Bild", wie es durch die Medien transportiert wird, hat unsere Wahrnehmung überlagert und prägt unsere Vorstellungen. So präsentierte er 1964 reihenweise Stapel von hölzernen „Brillo-Boxes", die wie real existierende Putzmittel-Verpackungen bedruckt waren. Diese Objekte werfen irritierende Fragen auf über das Verhältnis zwischen Kunst- und Warenwelt, zwischen Abbild und Wirklichkeit, zumal man nicht weiß, wie Warhol wirklich dazu stand.

**Claes Oldenburg (*1929)** ist der einzige Pop Art-Künstler, der nur im plastischen Bereich gearbeitet hat. Er verfremdet seine Motive durch Umwandlung der Dimensionen oder des Materials. Kleines wird riesig, Hartes wird in seinen Soft-Sculptures schlaff oder fällt in sich zusammen. Waschbecken oder Telefone bestehen aus Textilien oder weichen Kunststoffen, verweigern in irritierender Weise die endgültige Fixierung ihrer plastischen Form.
Im „Store", einer Ladengalerie, bot Oldenburg plump wirkende, vergrößerte und bemalte Gipsnachbildungen von Hamburgern und Ähnlichem an wie echte Nahrungsmittel. So überging er die Grenzen von Kunst, Kommerz und Geschmack ebenso wie den Rahmen des Kunstbetriebs. Oldenburg proklamierte bereits 1961: „Ich bin für eine Kunst, die ihre Form von den Linien des Lebens nimmt, die sich windet und verlängert und zunimmt und spuckt und tropft, und so schwer und grob und derb und sanft und dumm ist wie das Leben selbst." (Zit. nach Harrison/Wood 1998, S. 891 f.)

**Arbeitsanregungen:**

1. Zeigen Sie Gemeinsamkeiten zwischen den künstlerischen Ansätzen und Werken auf.
2. Informieren Sie sich über die einzelnen Vertreter des Nouveau Réalisme und stellen Sie sich diese gegenseitig vor.
3. Sammeln Sie Material für eine Akkumulation und deren Präsentation.

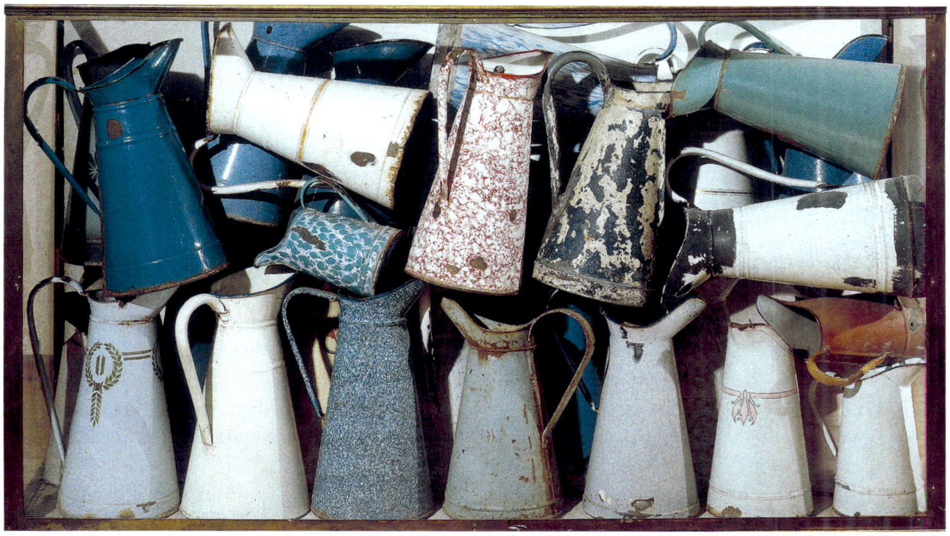

Arman: „Anhäufung von Kannen“, 1961.
83 × 142 × 42 cm.
Köln, Museum Ludwig

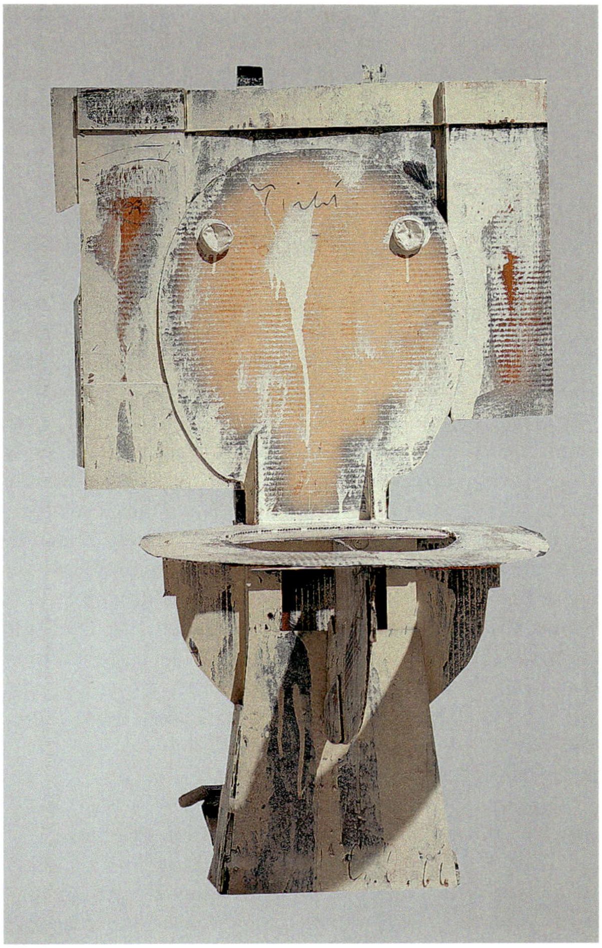

Claes Oldenburg: „Toilette (feste Version)“, 1966.
Lackfarbe und Filzstift auf Pappe und Holz, 112 × 71 × 84 cm.
Frankfurt a. Main, Museum für Moderne Kunst

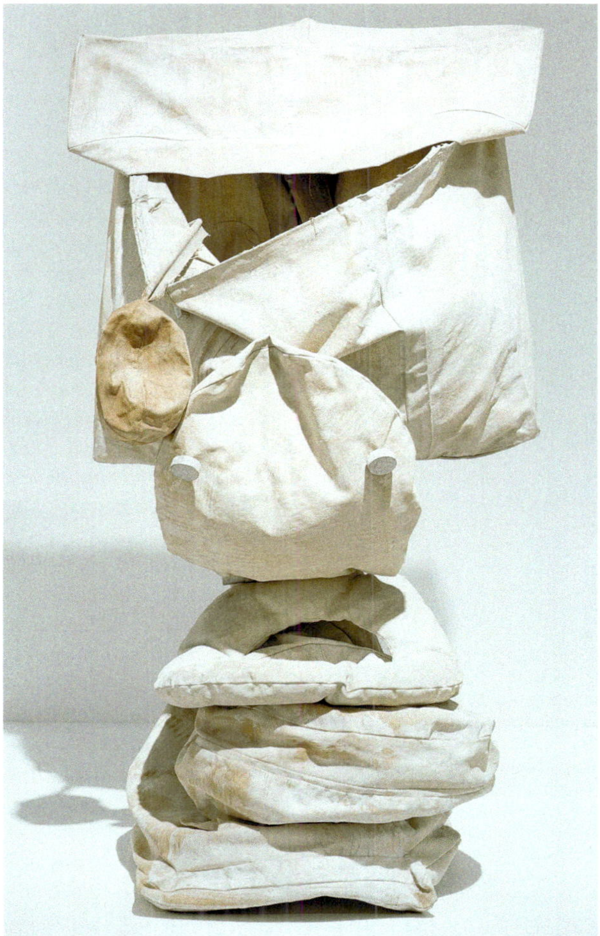

Claes Oldenburg: „Weiche Toilette (Ghost Version)“, 1966. Leinwand, gefüllt mit Kapok, bemalt mit Acrylfarbe, auf Metallständer und bemaltem Holzsockel, 129,5 × 83,8 × 71,1 cm. Privatbesitz

# Landschaft als Skulptur: Land Art

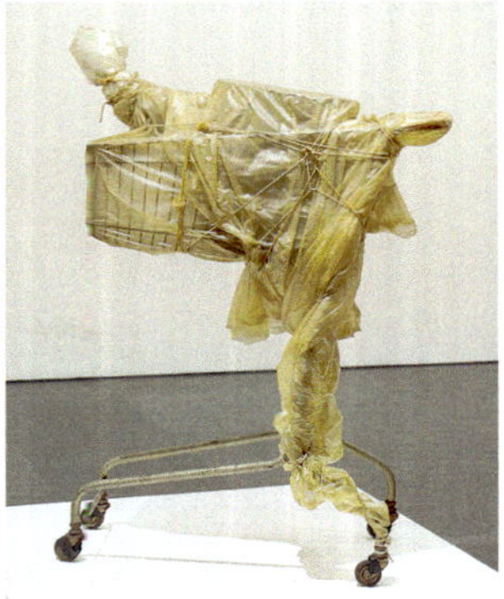

**Christo: „Pousette" (Packed Supermarket Cart), 1963. Mischtechnik, 105 × 78 × 42 cm. Berlin, Sammlung Onnasch**

Bei Künstlern wie Richard Long (*1945), Walter de Maria (*1935), Michael Heizer (*1944) oder Andy Goldsworthy (*1956) wird die Landschaft durch Eingriffe in die Natur – wie Grabungen, Dämme etc. – zum Gestaltungsmaterial und Ort überdimensionaler Markierungen. Für ihre Projekte war die ▸ Topografie Teil des skulpturalen Systems („Sculpture in Expanded Field"). Diese als Land Art bezeichnete Richtung entstand um 1968 in den USA.

■ *Landschaft bildet in den USA eine andere Projektionsebene als im alten Europa. Auch mitten im 20. Jahrhundert ist noch vieles von einer verklärten Einwanderermentalität lebendig. Ihr Territorium war nie in der Weise ‚kultiviert' worden wie das Jahrtausende hindurch von Hochkulturen beackerte Land jenseits des Atlantiks. […] Für viele Künstler der Sechziger- und Siebzigerjahre bedeutet die Verlagerung ihrer Arbeit vom Atelier in die weite Landschaft auch den Versuch, dem Netzwerk von Galerien und Museen zu entkommen. Ausschlaggebend aber ist der Wunsch nach Erweiterung der Kunst über das kulturelle Feld hinaus in die Natur. Es ist kein Zufall, wenn gerade die Steppen und Hochwüsten des amerikanischen Süd-Westens zu Schauplätzen ihrer planetaren ▸ Environments werden. Sie bieten, einer unberührten Leinwand gleich, die ideale Projektionsebene für Ideen, zugleich aber konzentrieren sich hier die elementaren Grundbedingungen des Lebens: Erde, Wasser, Himmel, Luft und Licht. […]*
*Die Oberfläche des Planeten ist aber kein unbeschriebenes Blatt, auch die Wüste nicht. Sie ist Ausdruck ihrer eigenen ‚Geologie' und erregt dadurch das Interesse der Künstler, die den Dimensionen ihrer erdgeschichtlichen Beschaffenheit, kosmisch-mythischen sowie kulturhistorischen Bedeutungen (etwa der Kalenderbauten indianischer Vorfahren) nachgehen. Gleichzeitig setzen sie auf eine strenge geometrische Umsetzung formaler Eingriffe als Dialog mit den elementaren Aspekten von Horizontale und Vertikale, Masse und Leere. Vor allem reizt die Ausdehnung des Landes und die Klarheit des Lichts weitab von jeglicher Zivilisation.*

Poetter 2004, S.157 f.

**Robert Smithson (1938–1973),** den amerikanischen Pionier der Land Art, interessierten erdgeschichtliche Prozesse der natürlichen Verwitterung, auch Spuren beschleunigten Verfalls durch Naturkatastrophen oder von Menschen herbeigeführte Umweltzerstörung. In solchen Orten entdeckte er eine krude Schönheit, die bis dahin unbeachtet geblieben war; zugleich entwarf er Pläne zur Regeneration der zerstörten Landstriche.
Sein größtes realisiertes Projekt war die inzwischen vom Wasser des Salzsees überflutete „Spiral Jetty", eine aus Geröll aufgeschüttete Mole. Ihre Entstehung sowie ihr damaliges Aussehen, das viele Assoziationen bietet, sind in Filmen und Fotos dokumentiert. „Als ich diesen Ort sah, vibrierte er bis an den Horizont; er erschien wie ein immobiler Zyklon, und das flirrende Licht erweckte den Eindruck, als würde die ganze Landschaft beben." (Smithson, zit. nach Poetter 2004, S. 159)

**Christo (*1935)** begann damit, Alltagsgegenstände in Plastikfolie zu hüllen und zu verschnüren. So verwandelte er bekannte Objekte in skulpturale Gebilde. Obwohl das Verpackte an sich bekannt ist, erzeugt die Verpackung beim Betrachter neue Aufmerksamkeit und verleiht dem Verborgenen einen besonderen Reiz.
Seit Ende der Sechzigerjahre realisiert er zusammen mit seiner Frau Jeanne-Claude gigantische Projekte, die sie durch den Verkauf von Skizzen oder ▸ Collagen (mit Fotos, Stoffmustern, Landkartenausschnitten) und die Verwertung der Bildrechte selbst finanzieren. Dabei verhüllen sie Gebäude oder fassen Landschaftsteile in Stoffbahnen ein und erzeugen auf Zeit einen „Ort als Skulptur", was als Spektakel beim Publikum große Resonanz findet.

**Arbeitsanregungen:**
1. Informieren Sie sich über Christos künstlerisches Umfeld (vgl. dazu S. 84).
2. Diskutieren Sie, inwieweit Land Art der Landschaftsmalerei vergleichbar ist.
3. Projektieren, realisieren und dokumentieren Sie in Gruppen jahreszeit- und ortsbezogene Land Art-Projekte.

▸ **Topografie:** Beschreibung und Darstellung geografischer Örtlichkeiten

▸ **Environment** (engl.: Umgebung): mithilfe von Materialien bzw. Gegenständen – oft als Verbund von Malerei, Plastik und (Kulissen-)Architektur – gestalteter Raum, der den Betrachter umgibt

▸ **Collage** (franz. coller: kleben): aus unterschiedlichen Teilen zusammengefügtes Bild

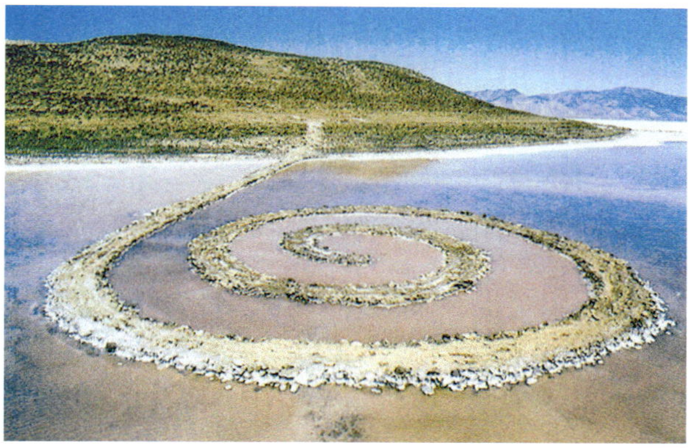

Robert Smithson: „Spiral Jetty“, 1970. Zustand 1970, schwarzer Basalt, Kalkstein und Erde, 457 m lang, 4,5 m hoch. Great Salt Lake/ Utah

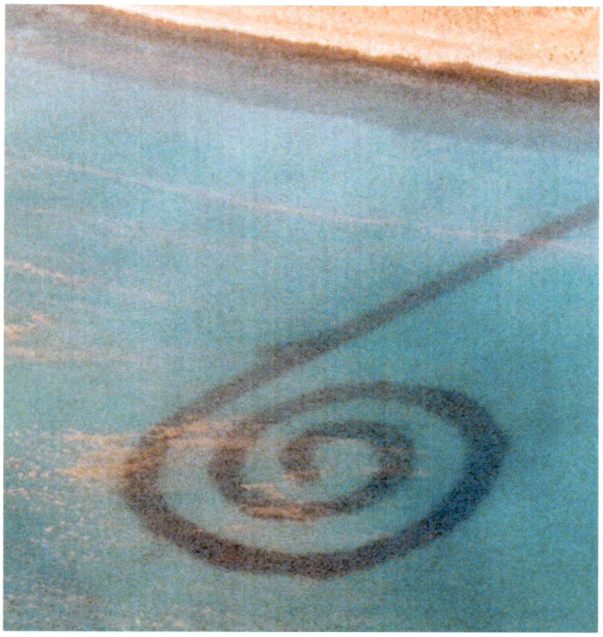

Robert Smithson: „Spiral Jetty“, 1970. Zustand 1995

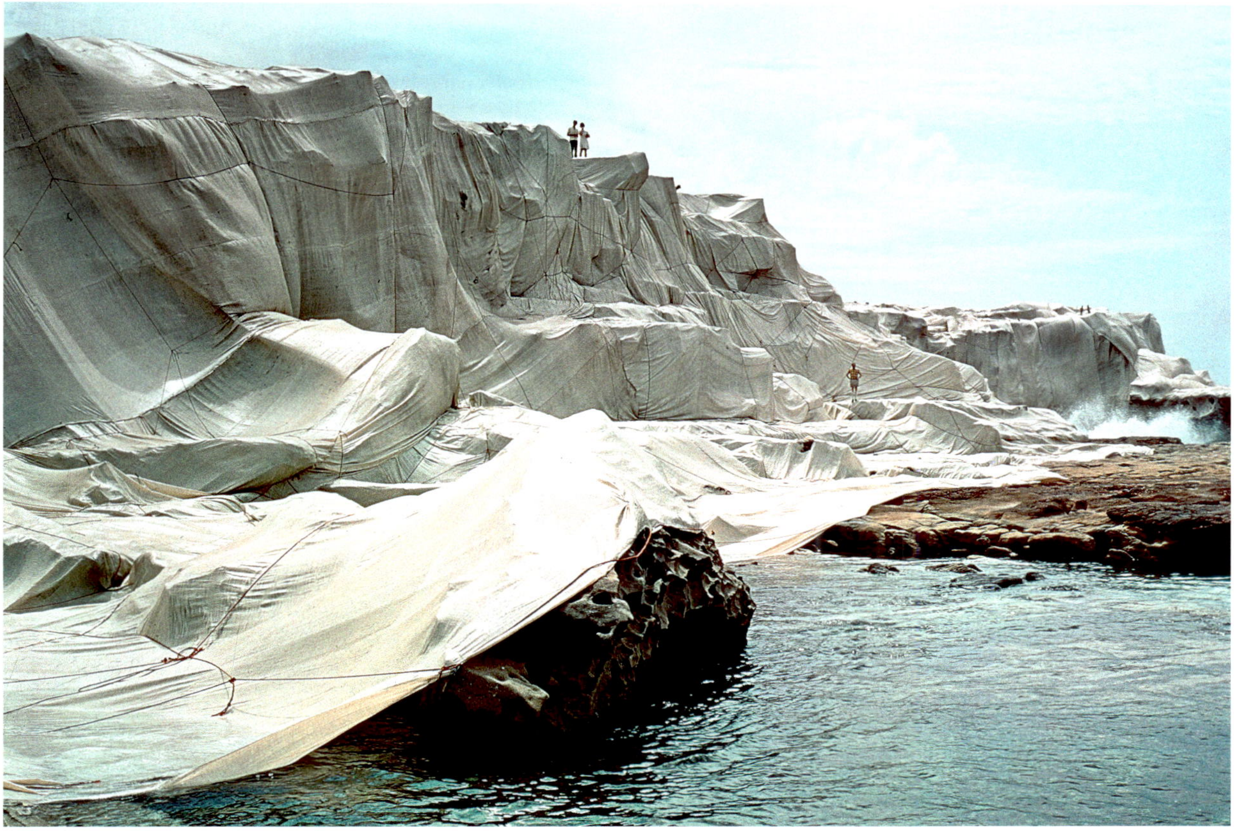

Christo: „Wrapped Coast – Little Bay Australia“, 1969. Kunststofffolie. 15 km südöstlich von Sydney, Australien

# Eroberung des Raumes: Installation und Environment

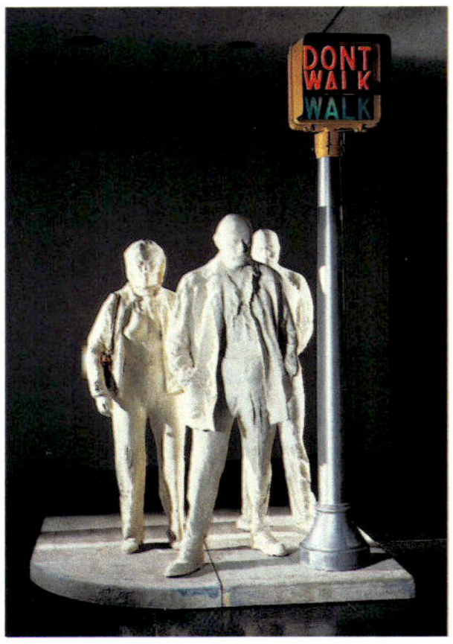


George Segal: „Don't walk", 1976. Gips, Zement, Metall, bemaltes Holz, Ampel, 264,2 × 182,8 × 182,9 cm. New York, Whitney Museum of American Art

Der Raum war immer Bezugspunkt und „Gegenüber" von Plastik. In der nüchternen Architektur der Moderne jedoch trat er als neutrale Umgebung bei der Präsentation künstlerischer Objekte bescheiden zurück, überließ es der Kunst, ihn mit Wirkung zu erfüllen.
Seit den Sechzigerjahren allerdings wurde der Raum verstärkt zum Bestandteil der Inszenierung, zur erweiterten Aktionsbühne der Kunst. Das begehbare Werk entstand, ausgedehnt in die drei Dimensionen eines mit verschiedensten Materialien gestalteten Kunstraumes (oder auch Antikunstraumes). Die Ausstellungsbesucher sollten durch unmittelbare Konfrontation aus ihrer passiv-rezeptiven Rolle gelöst werden: „Der Betrachter ist somit ganz direkt einbezogen in das Werk: er steht nicht vor dem Werk, sondern in ihm." (Hans Heinz Holz 1972, o.S.) Vorläufer dieser oft auf einen konkreten Ort bezogenen Kunsträume finden sich etwa im Merzbau von Kurt Schwitters (ab 1924), immateriell wirkende Raumkonzepte entwickelte die Lichtkunst, ebenfalls seit den Sechzigerjahren (s.S.92).

Andere Rauminszenierungen arbeiteten mit figürlichen Elementen. So irritierte **Edward Kienholz (1927–1994)** in seinen ▸Environments durch eine Kombination von lebensgroßen Puppen, bemalten Körperabgüssen und ausgedienten Gebrauchsgegenständen, oft in muffig wirkenden Raumkonstruktionen. Seine Inszenierung vermischt derb-drastischen ▸Realismus mit Elementen der ▸Verfremdung, wie etwa dem silberfarbenen Anstrich der Soldatengruppe. Auf den schwarzen Grabstein in seinem „Tragbaren Kriegerdenkmal" schrieb er die Namen der bis dato von den USA mit Krieg überzogenen Länder – dort ist zugleich Platz für all die, die noch an die Reihe kommen werden. Man könnte am Tisch davor Platz nehmen.
Kienholz führt die Absicht seiner Werke eindeutig und überspitzt vor Augen: Der Besucher wird schonungslos mit Isolation, Rassismus, Gewalt oder Sexualität konfrontiert und zum voyeuristischen Zaungast. Kienholz meinte provozierend: „Ich hasse Kunst." (Zit. nach Feist 1996, S.266)

Der Amerikaner **George Segal (1924–2000)** fertigte mithilfe von Gipsbinden wie sie die Unfallchirurgie verwendet Teil-Gipsabgüsse, oft von Freunden oder Verwandten. Diese fügte er zu lebensgroßen, weißen Skulpturen zusammen, bearbeitete sie mit flüssigem Gips weiter und kombinierte sie vor gebauten Kulissen mit echten Gegenständen, so dass scheinbar städtische Alltagssituationen entstanden. Die passiven, in sich gekehrten Figuren wirken dadurch, dass sie nicht farbig sind und unbearbeitet erscheinen, anonym und verloren, wie erstarrt.

Der bedeutendste künstlerische Export Italiens in den späten Sechzigerjahren war die ▸Arte Povera mit Künstlern wie Mario Merz (1925–2004) oder Michelangelo Pistoletto (*1933). Entgegen einer historischen Rangfolge der Werkstoffe (s.S.8ff.) setzten sie auf ursprüngliche, bisher aber in der Kunst ungebräuchliche Materialien wie Erde, Holz, Stroh, Schnur, Filz, z.T. in Konfrontation mit modernen technischen Elementen. So kennzeichnet eine von Kargheit bestimmte Materialästhetik die Objekte und ▸Installationen. Dabei geht es zugleich um eine Rückgewinnung von Zusammenhängen, die dem modernen Menschen verloren gegangen oder entfremdet sind. **Jannis Kounellis (*1936)** etwa, der in seiner Installation auch Fragmente von Gipsabgüssen antiker Köpfe einbezieht, will auf vergessene kulturelle Traditionen hinweisen.

**Arbeitsanregungen:**

1. Vergleichen Sie die künstlerischen Ansätze und bildnerischen Mittel der vorgestellten Werke.
2. Informieren Sie sich über weitere geschichtliche Details des „Portable War Memorial" (z.B. über die Flaggenhissung auf der japanischen Insel Iwo Jima 1945, den Heldenfriedhof von Arlington, den Vietnamkrieg und die politischen Ereignisse von 1968). Deuten Sie vor diesem Hintergrund das Werk und die Äußerung von Kienholz.
3. Entwerfen Sie eine Installation zu politischen oder gesellschaftlichen Themen für Ihre Schule gemäß der Definition.

▸**Environment** (engl.: Umgebung): mithilfe von Materialien bzw. Gegenständen – oft als Verbund von Malerei, Plastik und (Kulissen-)Architektur – gestalteter Raum, der den Betrachter umgibt

▸**Realismus** (lat. realis: sachlich): an der Wirklichkeit orientierte Darstellungsweise, oft mit kritischer Absicht

▸**Verfremdung:** durch Brüche im Zusammenhang der Darstellungsweise hervorgerufene Distanz des Betrachters zum Dargestellten

▸**Arte Povera** (ital.: arme Kunst): in Italien entwickelte Kunstrichtung – vor allem der Siebzigerjahre –, die die poetische und energetische Wirkung einfacher Materialien in Bezug zum Menschen zur Geltung bringen will

▸**Installation:** Anordnung von Objekten und Materialien nach einem künstlerischen Konzept, dabei – im Gegensatz zum Environment – Reflektion der vorgefundenen Raumsituation

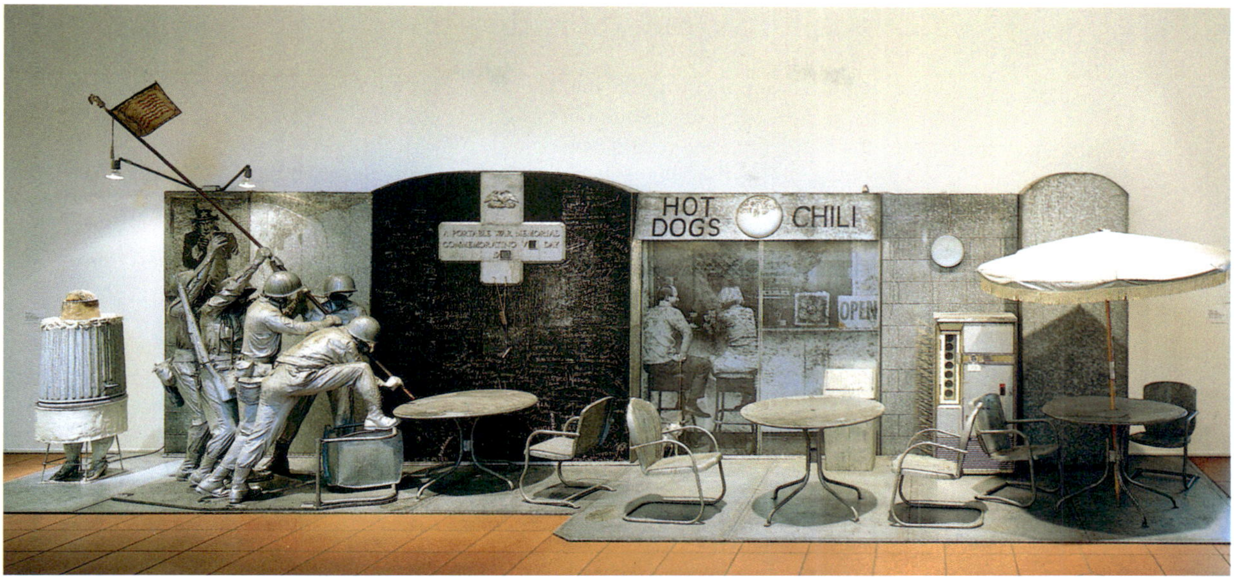


Edward Kienholz: „The Portable War Memorial", 1968. Environment, verschiedene Materialien, 285 × 950 × 240 cm. Köln, Museum Ludwig

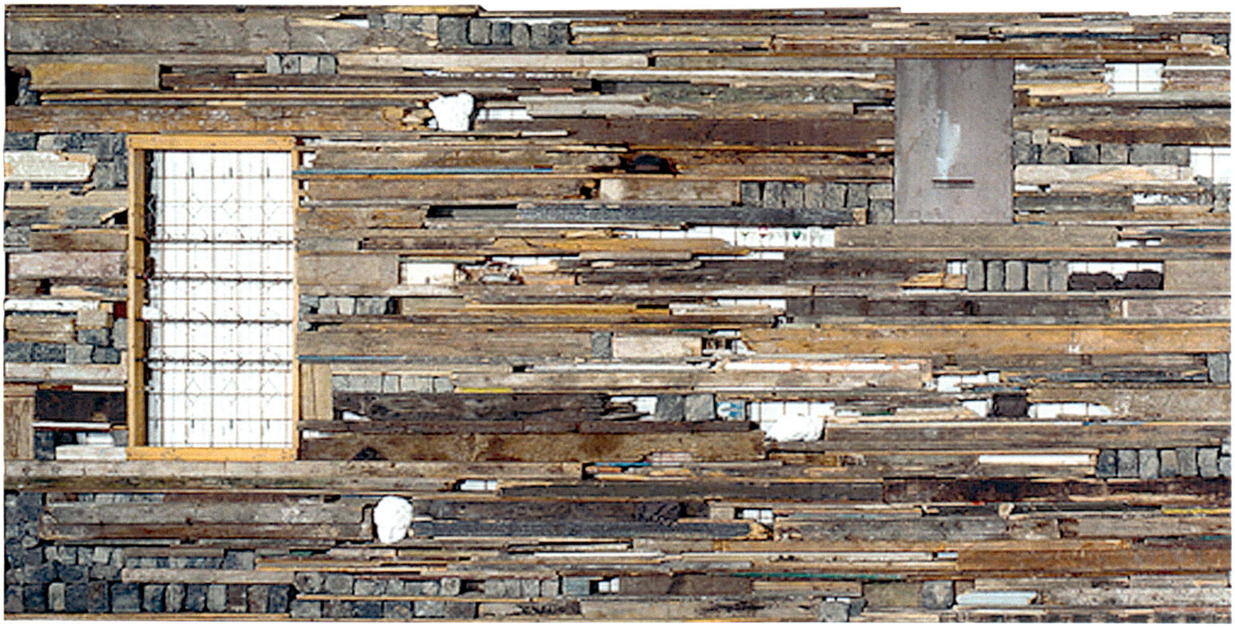

Jannis Kounellis: „Ohne Titel", 1982/1999. Wandinstallation, verschiedene Materialien, 380 × 1253 × 35 cm.
Duisburg, Wilhelm Lehmbruck Museum

# Aktionskunst und „Soziale Plastik“

Viele Diskussionen, nicht nur in den Hochschulen, auch in der Kunstszene der Sechziger- und Siebzigerjahre waren beherrscht von der Idee, die Welt schlagartig zu verändern: das politische System, die wirtschaftlichen Strukturen, das Verhältnis der Geschlechter zueinander. In dieser Stimmung eines dauernden Aufbruchs war auch die Vorstellung, was Kunst sei, neu auszuloten. In den Forderungen der Zeit verdeutlichte sich der moralische Anspruch einer neuen Generation: „Kunst ohne Ethik ist Kosmetik.“ (**Marina Abramoviç, *1946**, zit. nach Poetter 2004, S. 178)
Trennungen zwischen einzelnen Kunstgattungen, zwischen Kunst und Leben, Schöpfer und Betrachter, Aktion und Werk sollten aufgehoben werden. Dies hieß dem Kunstbegriff neue Dimensionen zu verleihen: War er bisher an die Existenz eines materiellen Werkes gebunden, so erweiterte man ihn in der ▸Aktionskunst um Handlungen, die als künstlerisches Ereignis stattfanden. Das sich hier vollziehende einmalige Geschehen eines Events blieb lediglich in der Dokumentation als Fotoserie oder Video erhalten.
Manche Künstler setzten sich selbst in den Mittelpunkt der Events (etwa bei der ▸Body Art), andere ließen sie von Spielern ausführen. Die Inszenierung nahm gezielt den Betrachter ins Visier und forderte ihn bei ▸Happenings sogar zur direkten Teilnahme auf. In symbolischen ▸Performances sollten öffentlich Grenzen gesprengt werden – Grenzen des bisherigen Kunstverständnisses, der als materialistisch geltenden Gesellschaft, des rationalen Bewusstseins, der Beschränktheit des eigenen Körpers oder des Geschlechts.

**Rebecca Horn (*1944)** zeigte sich in ihren Performances mit skulpturalen Elementen, die an ihrem Körper angebracht waren. Diese sollten die Wahrnehmungsmöglichkeiten erweitern, Verbindungen herstellen zwischen ihrem Körper und den im Raum befindlichen Dingen, etwa durch bewegliche Fächer oder extreme Verlängerungen der Finger. Zu solchen „Kunst-Instrumenten“ schrieb sie „Gebrauchsanweisungen“ und zeichnete ihre Erfahrungen bei der Nutzung mithilfe von Fotos oder Filmen auf.

**Timm Ulrichs (*1940)** verstand sich seit den frühen Sechzigerjahren als erstes lebendes Kunstwerk – eine „automobile Plastik“. In einer beispielhaften Performance ließ er sich für 10 Stunden im Inneren eines geteilten Steines einschließen, in den eine passgenaue Aushöhlung für seinen Körper eingefügt war.

**Joseph Beuys (1921–1986)** wollte mit seinen Aktionen und durch ständige Kommunikation Anstöße zur Veränderung einer auf Rationalismus und Materialismus verengten Welt geben. Neue Wege sollten sich öffnen, indem er als „Heiler und Wandler“ Prozesse exemplarisch vor- und durchlebte, alternative Modelle anbot oder provozierte. In der Aktion „Coyote“ etwa lebte er drei Tage lang mit einem Steppenwolf zusammen. „Die materiellen Spuren und Zeugnisse seines Tuns können nur als ‚Relikte‘, Erinnerungsgeneratoren, nicht als ‚Werke‘ im traditionellen Sinn aufgefasst werden.“ (Bonnet 2004, S. 119)
Beuys vertrat die Meinung, dass in natürlichen Materialien Kräfte gespeichert seien, die zur Umwälzung der Gesellschaft freigesetzt werden könnten. Energetisches Potenzial für Gestaltungsvorgänge, materialisiert durch Sprache und Handeln, sah er in jedem Menschen. Auch Denken war für ihn ein plastischer Vorgang und er behauptete: „Jeder Mensch ein Plastiker“. Er sprach von der Gestaltung des Sozialkörpers eines Gemeinwesens als „sozialer Plastik“, die mehr Demokratie durch Beteiligung jedes Einzelnen gewinnt: „Freiheit und Kreativität versetzen ihn prinzipiell in die Lage, bestimmen, formen, verändern zu können.“ (Beuys, zit. nach Fegentreu/Nowald 2006, S. 196)

**Arbeitsanregungen:**
1. Was meint „Soziale Plastik“?
2. Welches Verhältnis zum menschlichen Körper zeigen die Aktionen? Vergleichen Sie mit Skulpturen früherer Epochen.
3. Konzipieren Sie eine Aktion, die auf unser heutiges Körperverständnis reagiert. Diskutieren Sie Möglichkeiten der Realisation.

▸**Aktionskunst**: Ersetzung des bisherigen materiellen Kunstwerks durch eine künstlerische Aktion, deren Verlauf durch ein Konzept festgelegt ist und die Künstler und Publikum – ohne direkte Beteiligung der Zuschauer – in ein Spannungsfeld bringt

▸**Body Art** (engl.: Körperkunst): aus dem Happpening hervorgegangene Richtung, bei der der Körper als Medium oder Kunstobjekt dient, häufig im Zusammenhang mit einer obsessiven Beschäftigung mit dem Ich

▸**Happening** (engl.: etwas, das geschieht): provokantes künstlerisches Ereignis mit öffentlichen und - durch Aufforderung des Publikums zur Teilnahme - kollektiven Handlungen, die zum Teil improvisiert sind

▸**Performance** (engl.: Darstellung, Aufführung): Form der Aktionskunst, die einen Handlungsprozess öffentlich vollzieht, bei der Künstler und Publikum aber voneinander geschieden bleiben

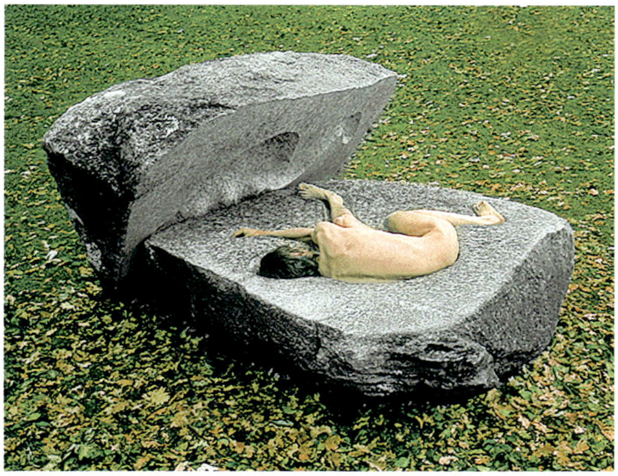

Timm Ulrichs: „Der Findling“, 1978/80. Performance, 2.–3.5.1981. Granit, 130 × 170 × 175 cm, als Passform ausgehöhlt. Nordhorn, Städtische Galerie

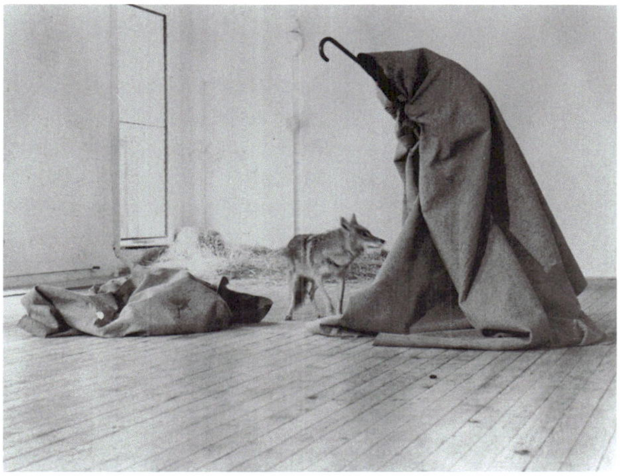

Joseph Beuys: „Coyote (I like America and America likes me)“, Aktion vom 23.–25.3.1974. New York, Galerie René Block

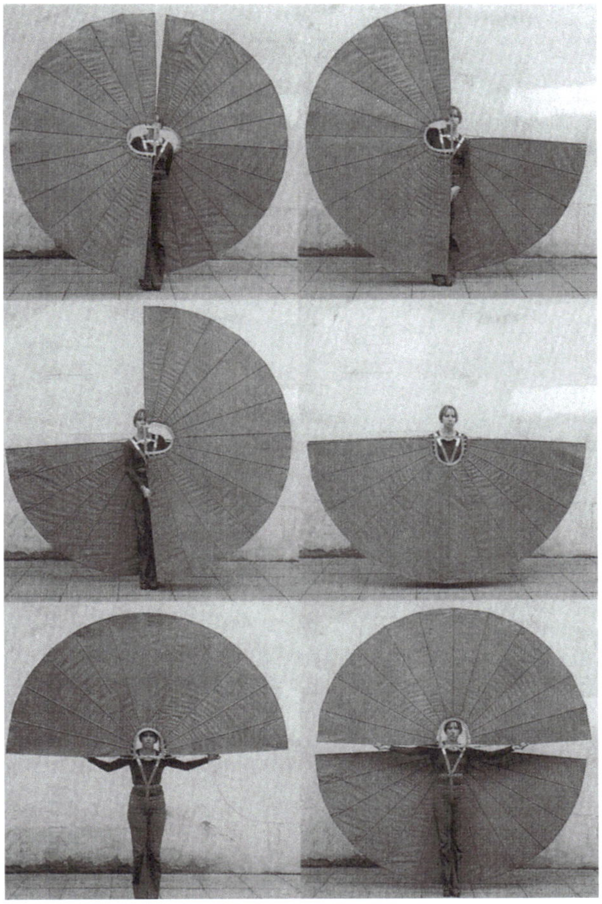

Rebecca Horn: „Mechanischer Körperfächer“, 1973/74. Aktion mit Stoff über Metallkonstruktion, 320 cm Durchmesser

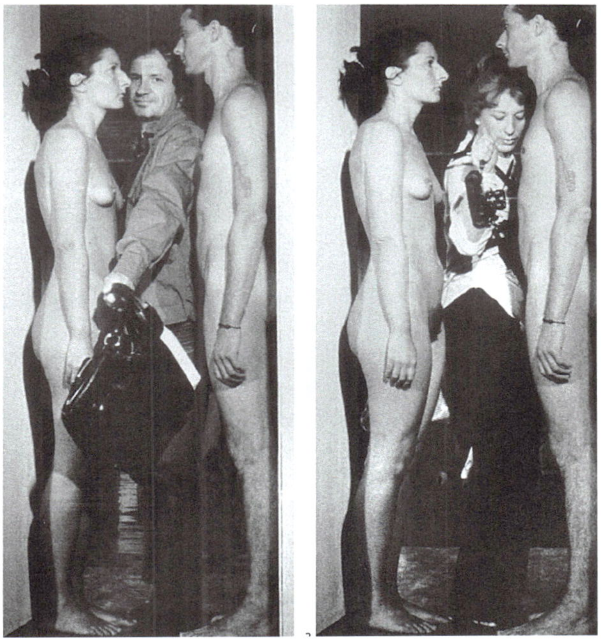

Marina Abramoviç und Ulay: „Imponderabilia“. Performance im Juni 1977. Bologna, Galleria Comunale d’Arte Moderna

# Konzepte der Lichtkunst: Zero, Flavin, Turrell

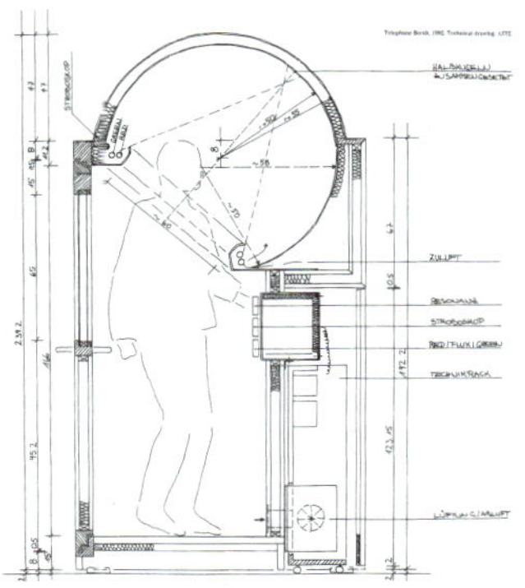

**James Turrell: Entwurfszeichnung zu „Header, Perceptual Cell“, Wahrnehmungszelle „Kopfsprung“,1991. Hannover, Sprengel Museum**

Als „Zero“ bezeichnete sich Ende der Fünfzigerjahre die Künstlergruppe um **Heinz Mack (*1931)**, **Otto Piene (*1928)** und Günter Uecker (*1930). Sie lehnten mit diesem Namen programmatisch alle Anknüpfungen an Traditionen ab, um einen Neuanfang für die Kunst am Punkt Null zu proklamieren. Gleichwohl gab es Vorläufer – die ▸ kinetische Kunst von Alexander Calder (s. S. 13) oder der Licht-Raum-Modulator von Moholy-Nagy (s. S. 75), aber auch der „Lichtdom“ auf dem Reichsparteitag der NSDAP 1938 von Albert Speer, später die dynamischen Lichtobjekte von Nicolas Schoeffer (1912–1992). Verwandtschaften zeigten sich auch zu Arbeiten von Zeitgenossen wie Yves Klein (s. S. 84) oder Jean Tinguely (s. ebd.).
Die ▸ Installationen der Gruppe „Zero“ bedienten sich der damals modernsten Technologie. Surrende Motoren drehten metallene oder weiß gestrichene Körper, die von Projektoren angestrahlt wurden und durch die Bewegung ihrer strukturierten oder perforierten Oberflächen wechselnde Lichteffekte erzielten: Reflexionen, Brechungen oder auch rhythmische Schattenspiele; Piene bezeichnete solche visuellen Choreographien als „Lichtballett“. Die multimedialen Lichtplastiken verströmten immaterielle Energie – frei nach dem Grundsatz der Zeit: Kunst ist nicht, sie ereignet sich.

**Dan Flavin (1933–1996)**, ein Vertreter der amerikanischen Minimal Art (s. S. 82), setzte bei seinen farbigen Gebilden industriell gefertigte Leuchtstoffröhren ein. Entsprechend der vorgefundenen Raumsituationen variierte er die Länge der Röhren, ihre Farben bzw. Farbkontraste sowie die Anordnung, sodass Farbe, Licht und Raum eine Einheit bilden. Dabei dominieren in der Komposition immer Vertikale, Horizontale, auch Diagonale.
Mit seinen Lichtobjekten erzeugte Flavin fluoreszierende Lichtbänder, durch den Widerschein auch Lichtwände und -korridore oder ganze in Lichtfluten getauchte Räume. Das Licht bleibt zwar an die materielle Form der Röhren gebunden, überstrahlt diese aber zugleich grell. Grenzen verwischen, Farben erscheinen in der Wahrnehmung anders oder überlagern sich, Skulpturen aus Licht entstehen. Beim Verlassen mancher Lichträume bleibt oft für kurze Zeit ein ▸ Sukzessivkontrast des Gesehenen als Nachhall im Auge bestehen.

**James Turrell (*1943)** untersucht in einem schalltoten und von anderen Umwelteinflüssen freien Raum die menschlichen Reaktionen auf Licht und Farben. Dazu baute er Perceptual Cells (Wahrnehmungszellen), in denen der isolierte Betrachter mittels eingebauter Regler selbst unterschiedliche Lichtstimmungen und Farbmischungen erzeugen kann. „Licht war als ▸ ephemeres Medium ideal dazu geeignet, das materielle Kunstobjekt in den Hintergrund treten zu lassen und damit auch dessen Kult- und Warenwert zu unterlaufen.“ (Plath 2002, S. 207)
Das Ziel Turrells war es, das Licht möglichst weitgehend von seinen (natürlichen oder elektromagnetischen) Quellen zu lösen und eine immaterielle Erscheinung zu gestalten. Licht wird bei ihm zu einem formbaren Werkstoff. So steigern sich Wirkung und Empfindung für den Betrachter. Die Wahrnehmung wird zu einem Prozess reinen Sehens, ein unmittelbares Augen-Erlebnis ohne verstandesmäßige Kontrolle und zugleich eine ▸ transzendente Erfahrung.

**Arbeitsanregungen:**

1. Informieren Sie sich über ähnliche Phänomene in der Kunst, z. B. über Fenster gotischer Kirchen oder Maler, die über reine Farben auf großer Fläche vergleichbare Wirkungen erzeugen (Rupprecht Geiger, Dominique Gonzalez-Foerster, Barnett Newman, Mark Rothko u. a.).
   Erklären Sie die Verwandtschaften und Unterschiede zu den Lichtkünstlern.
2. Experimentieren Sie – eventuell fächerverbindend – mit verschiedenen Lichtquellen, farbig bemalten Dias und Folien, Beamer- und Dia-Projektionen, kleinen Motoren usw. für eine Licht-Installation in der Schule. Suchen Sie auch nach passender akustischer Untermalung.

▸ **kinetische Kunst**: künstlerischer Ansatz, der mittels Apparaturen o. Ä. Bewegungsabläufe – also Zeit und Veränderung – in das Werk einbezieht (s. auch S. 78)

▸ **Installation**: Anordnung von Objekten und Materialien nach einem künstlerischen Konzept unter Einbeziehung der vorgefundenen Raumsituation

▸ **Sukzessivkontrast** (lat. succedere: nachrücken, nachfolgen): Phänomen im menschlichen Auge, das als Reaktion auf einseitige Überreizung ein komplementäres (gegensätzliches) Nachbild erzeugt

▸ **ephemer**: nur kurze Zeit bestehend, vergänglich

▸ **transzendent**: die Grenzen der sinnlich erkennbaren Welt übersteigend

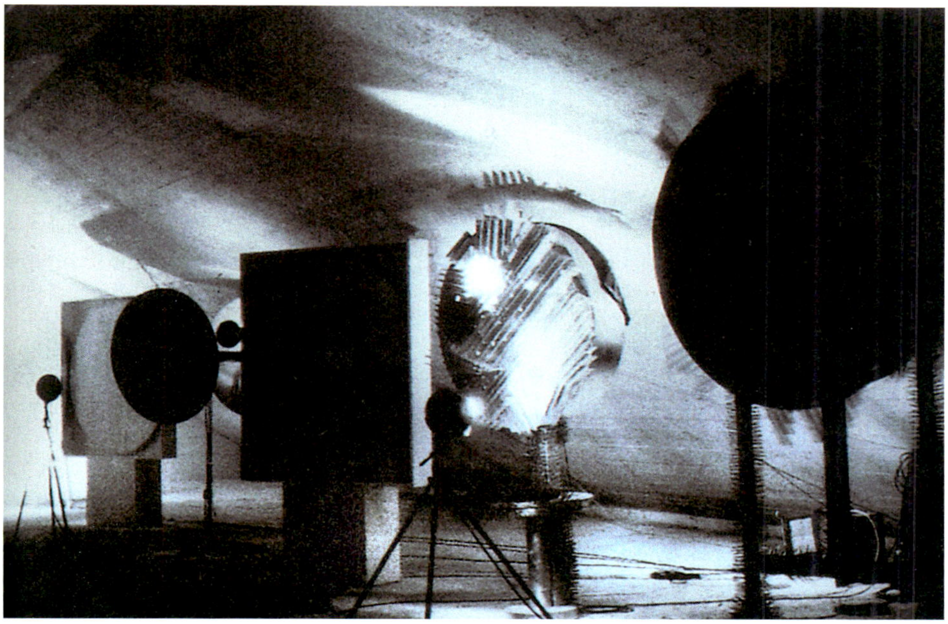

Heinz Mack, Otto Piene: „Zero Lichtraum“. Licht-Ballett im Dachgeschoss der dokumenta III in Kassel, 1964

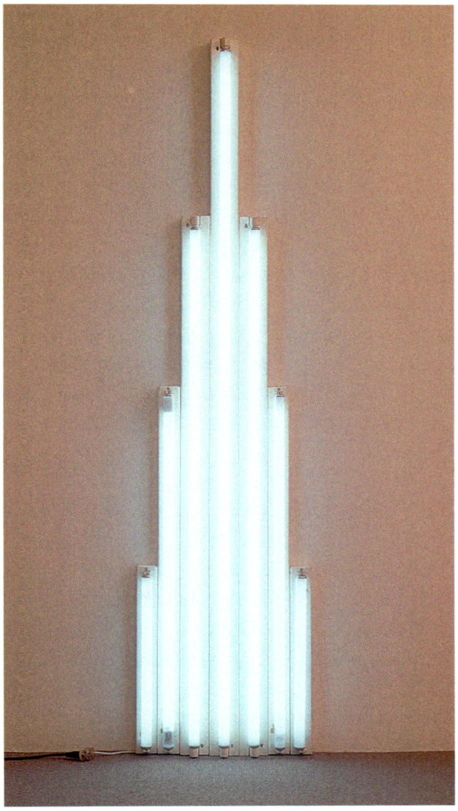

Dan Flavin: „Amerikanisch“, 1933–1996. Denkmal für Wladimir Tatlin, 1975. Leuchtstoffröhren und Metall, 304,5 × 62,5 × 12,5 cm. New York, Museum of Modern Art

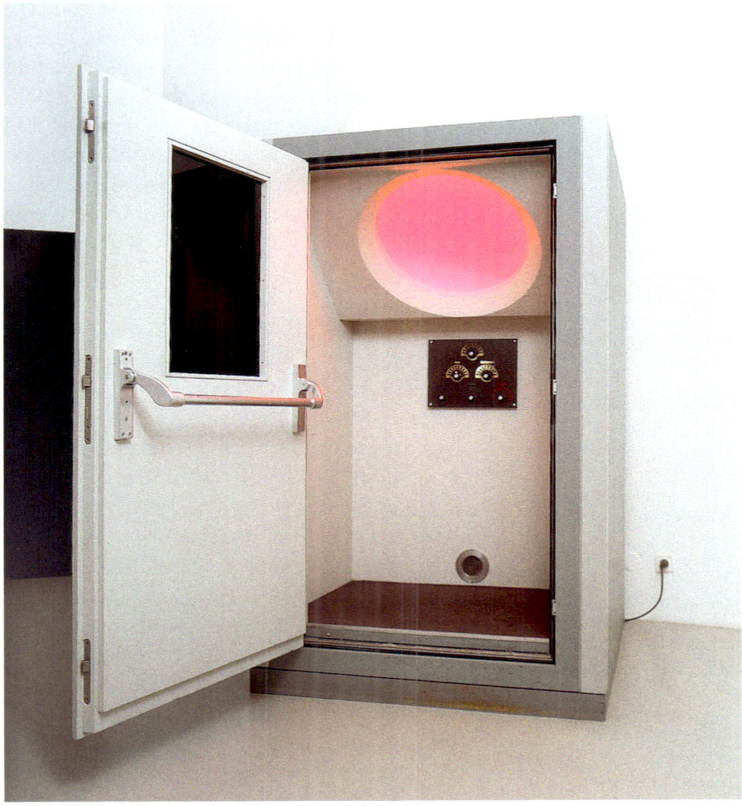

James Turrell: „Header, Perceptual Cell“, Wahrnehmungszelle „Kopfsprung“, 1991. Lichtkabine, 239,2 × 126 × 126 cm. Hannover, Sprengel Museum

Kunst nach 1945

**1982–83** Jean Tinguely/ Niki de Saint Phalle: „Strawinsky-Brunnen", Paris

**1984** Beuys: Installation „Das Ende des 20. Jahrhunderts", München

**1995** Verhüllung des Reichstags durch Christo und Jeanne-Claude

Aktuelle Tendenzen

**1995** Katharina Fritsch für Deutschland auf der Biennale, Venedig

**1996** Stephan Balkenhol: „Tanzende Paare"

**1998** Vanessa Beecroft: „Show F"

**1999** Ron Mueck: „Big Boy", Biennale, Venedig

**2001** Gregor Schneider: „Haus ur" auf der Biennale, Venedig

**2002** Marc Quinn: „Lucas"

**2007** Damien Hirst: „For the Love of God"; Maurizio Cattelan: „Nona Ora"

# Aktuelle Tendenzen in der Plastik

## Tiermotive am Ende des Jahrtausends

Im Laufe der Achtzigerjahre wurde deutlich, dass breite Kunstströmungen mit klaren Kennzeichen einander nicht länger ablösten. Stattdessen entstand als Reaktion auf die immer weiter ausdifferenzierte Gesellschaft seit der ▸Postmoderne eine verwirrende Vielfalt zeitlich paralleler, aber unterschiedlichster Positionen. Mit der Erkenntnis, dass Ansätze und Kategorien der Moderne an Bedeutung verloren hatten, wuchs die Notwendigkeit, Kunst nun im Einzelfall neu zu definieren – diese Diskussion ist bis heute ergebnisoffen.
Bei aller Uneinheitlichkeit aber gibt es ein Bewusstsein für die verstärkte Bedeutung der Präsentation, die darüber entscheidet, was überhaupt wahrgenommen wird, und des ▸Kontextes, in dem ein Werk zu sehen ist. Nichts erscheint voraussetzungslos, Kunst bleibt immer bezogen auf Erwartungen und Erfahrungen: „Kunst entsteht heute im Bewusstsein, dass sie auf ein Fachpublikum und eine Kennerschaft hin produziert und in einer gleichbleibenden Hierarchie ▸rezipiert wird, wonach soziale, ökonomische und ökologische Kriterien die ▸ästhetischen dominieren." (Babias 1995, S. 16)

**Jeff Koons (*1955)** bedient sich – in der Tradition der Pop Art (s. S. 84) – des vorgefundenen Systems, statt es zu kritisieren oder verändern zu wollen; zugleich aber enttäuscht er Erwartungen. Er entwirft das ▸Konzept seiner Werke, überlässt jedoch die Ausführung weitgehend professionellen Malern, Holzschnitzern oder Spezialisten für industrielle Fertigungstechniken.
Koons demonstriert mit seiner distanzierten Mischung aus Zustimmung und ▸Persiflage, aus Schönheit und Provokation, aus Kunst und Kommerz, wie er die Regeln der Kunstszene beherrscht. Er verführt mit Objekten, die aus der Welt des Kitsches oder der Spießer zu kommen scheinen. Das sich aufgeklärt wähnende Publikum amüsiert dieses doppelbödige Spiel mit unterschiedlichen Niveaus – und es fühlt sich in seinen Ansichten bestätigt.

**Damien Hirst (*1965)** zählt zu den „Young British Artists", deren Erfolg auf dem Kunstmarkt zunächst von einem Sammler durch gezielte An- und Verkäufe herbeigeführt wurde. In seinem Werk montierte Hirst halbierte Kadaver einer Kuh und eines Kalbes auf Plexiglas, legte sie in konservierende Lösung ein und präsentierte sie in Vitrinen, so wie früher die Präparate naturkundlicher Sammlungen.

■ *Der im oder für das Kunstwerk herbeigeführte Tiertod [...] sowie das Zerteilen und Präparieren von Tierkadavern empfinden die meisten Betrachter als schockierend und für eine künstlerische Arbeit als unangemessen. Dabei werden in den Industrieländern viele Tierarten wie eine leblose Ware oder wie schädliches und störendes ‚Ungeziefer' behandelt. Die Empörung vieler Betrachter entlarvt sich so als doppelzüngige Moralpose. Nichtsdestoweniger ist Hirst kein Vorkämpfer für Tier- oder Naturschutzrechte, ihm geht es vorrangig um das Offenlegen von Verdrängungsmechanismen. Der emotionale Titel „Mother and Child Divided" kündigt eine weitere Ebene an: Hirst bezieht sich in diesem Fall in Anspielung auf Mariendarstellungen mit dem Christuskind auf die christlich-abendländische ▸Ikonografie einerseits und andererseits – nicht ohne einen ironisch-bissigen Unterton – auf zeitgenössische Künstler wie Henry Moore, die das Thema bearbeiteten.*

Thümmel 2001, S. 6

Die Mischwesen von **Thomas Grünfeld (*1956)**, thematisch denen von Hirst verwandt, werfen neue beängstigende Fragen auf. Wofür stehen diese grotesk zusammengesetzten Monster, die zugleich an ausgestopfte Jagdtrophäen erinnern?

**Arbeitsanregungen:**

1. Arbeiten Sie inhaltliche und konzeptionelle Ähnlichkeiten der Werke heraus.
2. Diskutieren Sie, inwiefern man diese Beispiele als Plastiken bezeichnen kann.

▸**Postmoderne:** neue Position der Achtziger- und Neunzigerjahre; man erachtete die vorherrschenden Dogmen der Moderne – auch in der Kunst – als abgelaufen und reflektierte verstärkt über grundsätzliche Haltungen

▸**Kontext:** Rahmenbedingungen (außerhalb des Werkes selbst), unter denen dieses zu Kunst wird

▸**rezipieren** (lat.: bei sich aufnehmen): aufnehmen eines Werkes der bildenden Kunst

▸**ästhetisch:** die Ästhetik betreffend, s. S. 5

▸**Konzept:** Plan, Programm

▸**Persiflage:** geistreiche Verspottung durch übertreibende oder ironisierende Darstellung

▸**Ikonografie** (griech. eikon: Bild und graphein: schreiben): Lehre von den Inhalten und Themen bildlicher Darstellungen

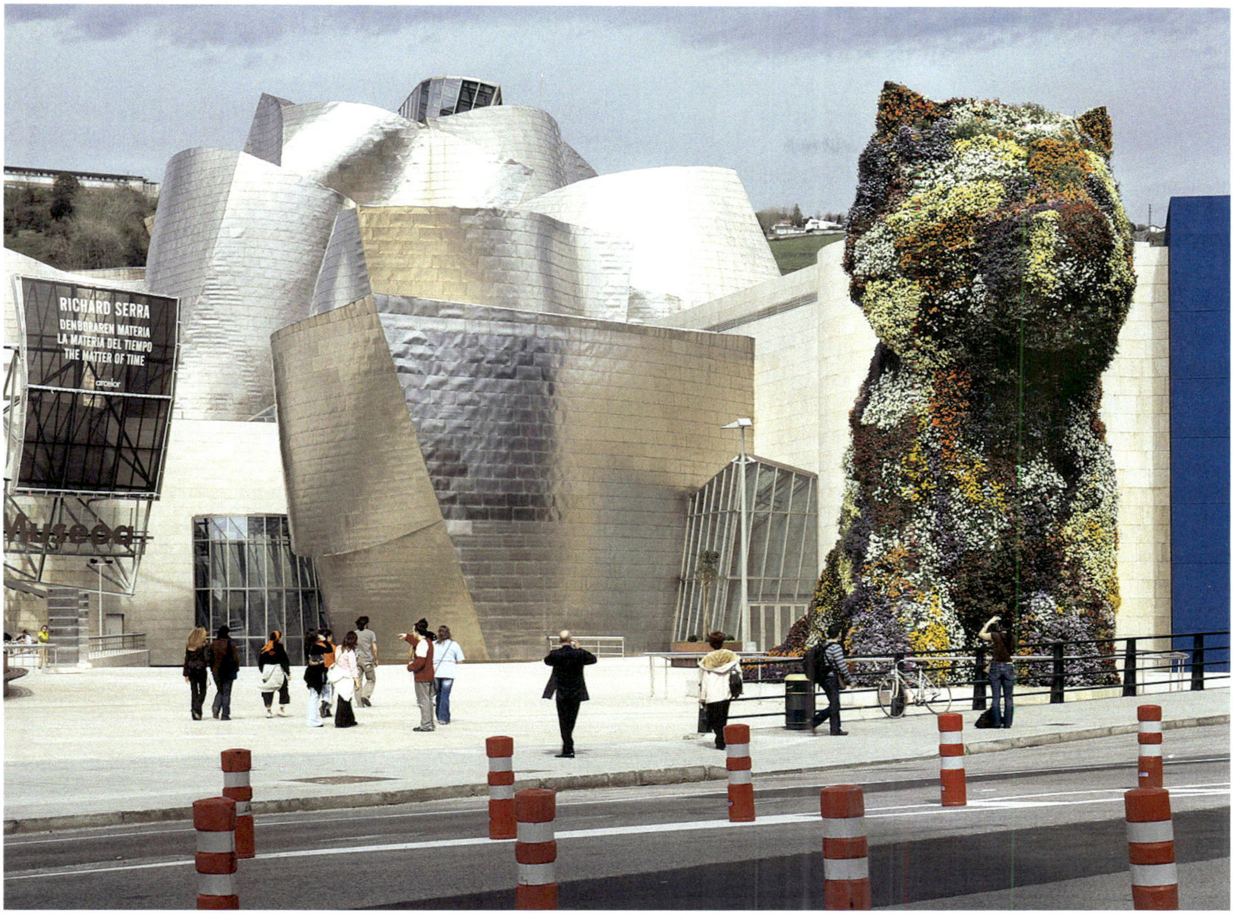


Jeff Koons: „Hündchen“, 1992. Blühende Pflanzen, Erde, Stahl, Holz, 12 × 5 × 6,5 m. Temporäre Installation. Bilbao, Guggenheim Museum

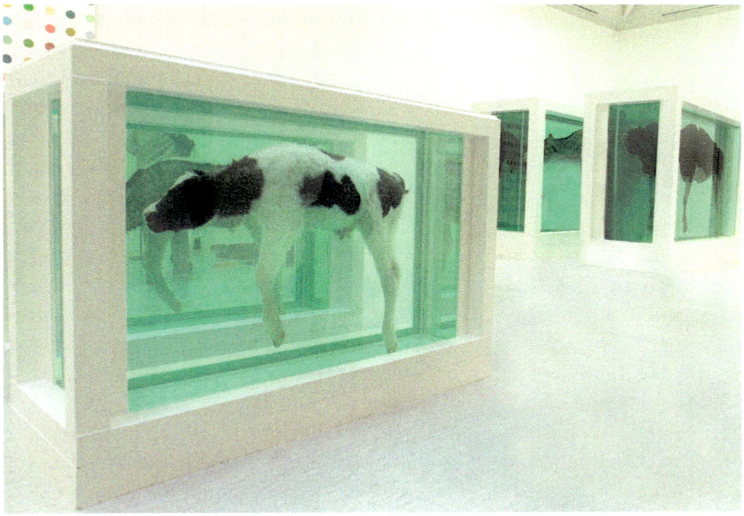

Damien Hirst: „Mother and Child Divided“, 1993, aufgenommen während einer Ausstellung in der Tate Gallery, London. Glas, Stahl, Plexiglas, Formaldehyd. 2 Teile zu 109 × 322,5 × 109 cm und 2 Teile zu 109 × 169 × 62 cm.

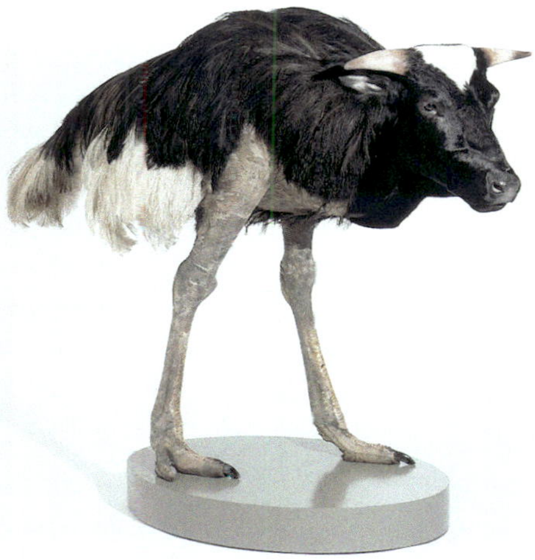

Thomas Grünfeld: „Misfit (Cow)“, 1997. Präparierte Tierkörper, 170 × 190 × 75 cm. USA, Privatsammlung

# Typus und Abbild – Köpfe der zeitgenössischen Kunst

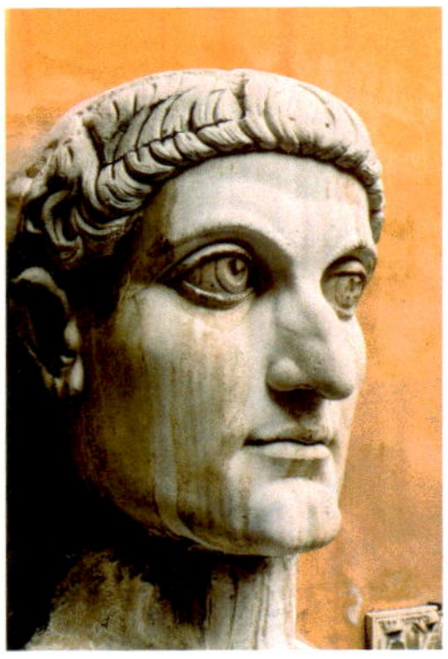

Kopf Konstantin des Großen (Teil einer Kolossalstatue), 315–330 n. Chr. Marmor, Höhe 260 cm. Rom, Kapitolinische Museen

Der Kopf spielt im Porträt die wesentliche Rolle, kann er doch – wie sonst nichts – die Gesamtheit einer Person vertreten. Im Ausdruck individualisiert dargestellter Züge hofft der Betrachter Grundsätzliches über die Persönlichkeit zu erfahren, da das Gesicht als Sitz der Wesensmerkmale, Mittel der Kommunikation und Spiegel des Charakters gilt. In der Bildnisplastik wird über das Leben einer Person hinaus zugleich etwas vom Menschenbild der Zeit sichtbar, von ihren Leit- und Wunschbildern oder ihren Ängsten. Ein in sich geschlossenes, streng an einem Ideal orientiertes Menschenbild glaubt die Moderne aber nicht mehr zu kennen.

**Stephan Balkenhol (*1957)** ist ein klassischer Bildhauer, der seine Figuren aus Holz regelrecht herauskeilt. Er bemalt ihre rauen Oberflächen, die noch sichtbare Hiebe, Splitterungen und Späne aufweisen, ohne Grundierung. Oft lässt er an der Basis den Stamm als integralen Bestandteil der Skulptur stehen. Die Arbeitsspuren sowie unbearbeitet gebliebene Teile machen den Werkprozess ablesbar – der Betrachter sieht, wie aus Material Figur wurde. Balkenhol gehört zu der Generation, die nach Jahren der Abstraktion, neuen Kunstformen und Medien die Figur für die Bildhauerei „neu erfinden“ mussten. Er kam zu einem zeitlos wirkenden Typus, zu still und unauffällig wirkenden Menschendarstellungen. Sie wollen niemand Bestimmtes darstellen, keine verschlüsselten Botschaften transportieren oder Anekdoten erzählen.

**Tony Oursler (*1957)** lässt durch maßstabgerechte Videoprojektion auf eine abgerundete Oberfläche bei seinen ▸ Installationen und Objekten lebendig wirkende Köpfe erscheinen, dazu Stimmen aus Lautsprechern, die anklagen, um Hilfe rufen oder merkwürdige Laute von sich geben. In „Submerged“ (Untergetaucht) allerdings bleibt das blau angelaufene Gesicht still. Es bläst die Backen auf, schielt zur Oberfläche hinauf, beobachtet aber auch die Umgebung und kneift schließlich die Augen zu. Die ausdrucksstarke Mimik, die bisweilen zur Grimasse wird, stammt von einer Schauspielerin. Der Betrachter, der den Werken von Oursler zumeist in abgedunkelten Räumen begegnet, fühlt sich wie von einem lebendigen Menschen beobachtet oder angesprochen und reagiert irritiert.

**Marc Quinn (*1964),** einer der „Young British Artists“ (s. S. 94), verwandelt körperliche Substanzen – in Form eines Abgusses – zur Skulptur. So schuf er das Selbstporträt seines Kopfes aus vier Litern eigenen gefrorenen Blutes, das Haupt seines Sohnes, „Lucas“, aus der Plazenta.

■ *Quinn geht es nach eigenem Bekunden dabei um Gedanken des Hervorbringens, des Bildens, der Entstehung und Formung menschlichen Lebens, der prekären Balance zwischen Abhängigkeit und Selbstständigkeit des Neugeborenen – gespiegelt im Material, das weder der Mutter noch dem Kind ausschließlich zugehört, und in der Abhängigkeit der Skulptur vom Funktionieren des Kühlsystems.*

Trescher 2003, S.110

**Ron Mueck (*1958)** steht mit seiner Detailgenauigkeit in der Tradition des ▸ Hyperrealismus. Seine Karriere begann er als professioneller Puppenbauer für Spezialeffekte im Film, seinen Durchbruch als Künstler erlebte er 1997 mit der Ausstellung „Sensation“. Für seine Figuren stellt er zunächst eine ▸ Maquette her und fertigt nach dieser eine Tonplastik, von der er eine Gussform abnimmt, um sie mit eingefärbtem Silikon oder glasfaserverstärktem Kunststoff auszugießen und abschließend zu bemalen und mit Haaren zu versehen. Der täuschend echten Genauigkeit steht eine Maßstabsverschiebung in den Figuren entgegen, die entweder monumentalisiert oder winzig sind. „Obwohl ich viel Zeit mit der Oberfläche verbringe, ist es doch das Innenleben, das ich einfangen möchte.“ (Mueck, zit. nach Trescher 2003, S.114)

**Arbeitsanregungen:**

1. Welche der Skulpturen spricht Sie besonders an? Überlegen Sie, warum.
2. Vergleichen Sie Fertigungsprozess, Präsentation und Intention der Künstler.
3. Fertigen Sie lebensnahe Köpfe aus Ton.

▸ **Installation:** s. S. 88

▸ **Hyperrealismus** (auch Superrealismus genannt): augentäuschender Naturalismus durch (Lebend-)Modellabgüsse, vor allem von Bildhauern der Sechzigerjahre wie Duane Hanson oder John de Andrea ausgeführt (s. auch S. 12)

▸ **Maquette** (franz.: erste Skizze): künstlerisch-plastischer Entwurf; vgl. Bozzetto S. 6

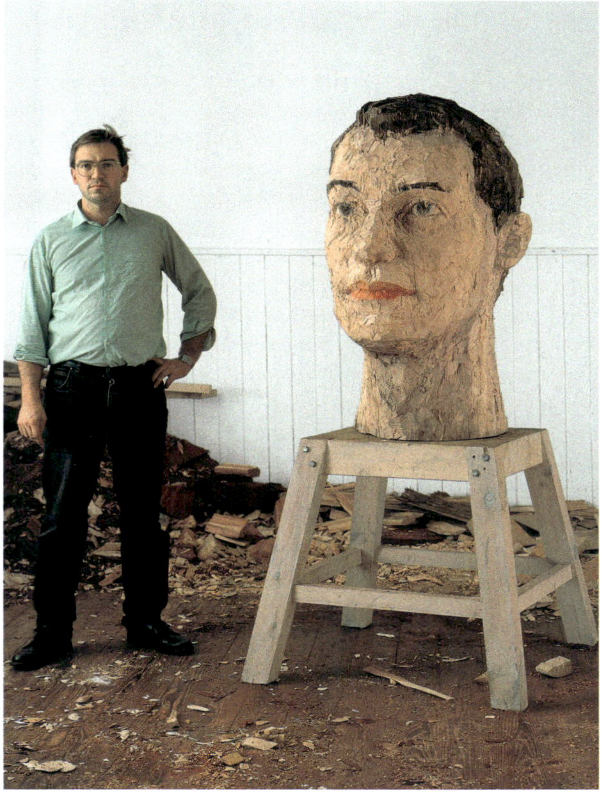

Stephan Balkenhol: „Großer Kopf", 1989. Pappelholz, farbig gefasst, Höhe 110 cm. Bremen, Privatsammlung Wencke

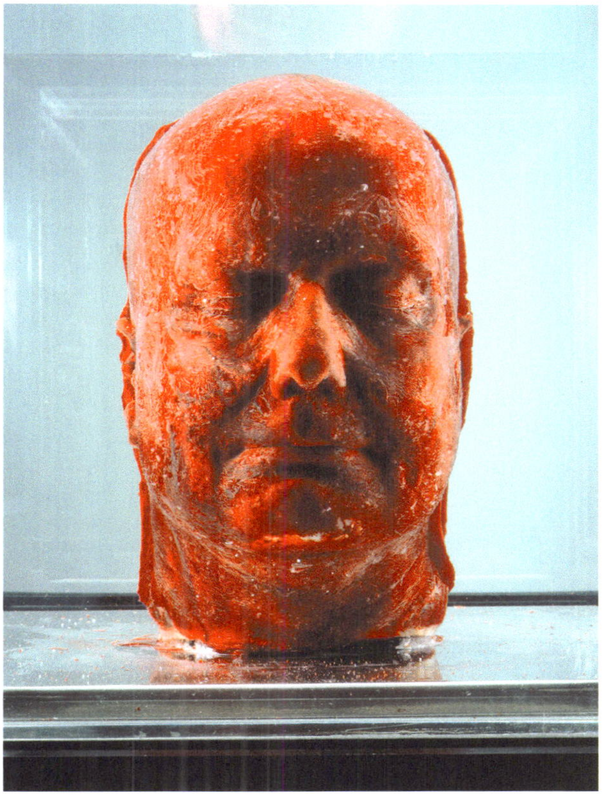

Marc Quinn: „Self", 2001. Blut (des Künstlers), Edelstahl, Plexiglas und Kühlvorrichtung, 205 × 65 × 65 cm. Privatbesitz

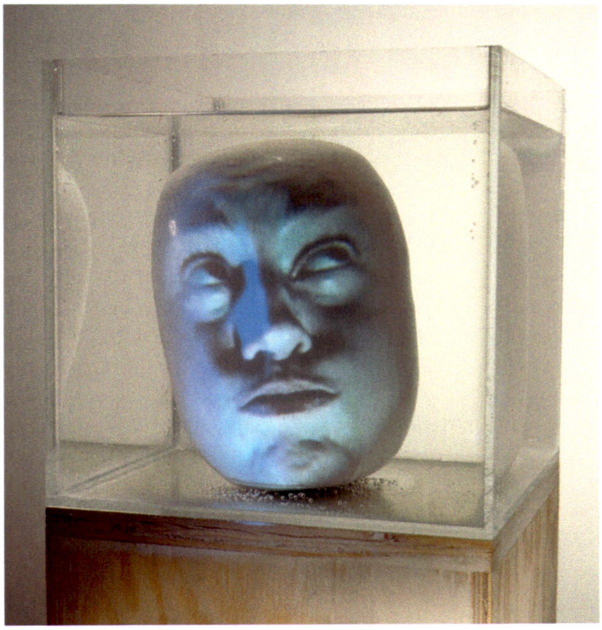

Tony Oursler: „Submerged", 1996, Performance: Tracy Leipold. Projektor, Videorekorder, Stativ, Holz, Plexiglas, Keramik, Wasser, 135 × 28 × 28 cm. New York, Metro Pictures Gallery

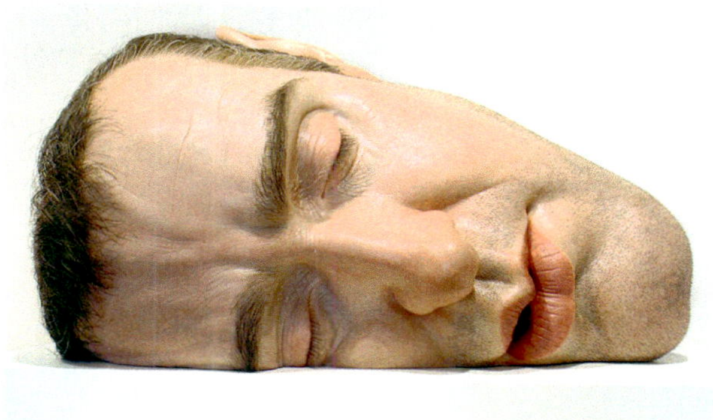

Ron Mueck: „Mask II", 2001. Verschiedene Materialien, 77 × 118 × 85 cm. New York, James Cohan Gallery

# Gibt es geschlechtsspezifische Ansätze in der Plastik?

Auseinandersetzungen um die Gleichberechtigung von Frauen fanden (und finden) auch im Kunstbetrieb statt. Es geht um Zugangsmöglichkeiten zu Führungspositionen in Institutionen wie Kunsthochschulen oder Museen und um den Frauenanteil bei wichtigen Ausstellungen sowie in kunstgeschichtlichen Darstellungen (wie diesem Schulbuch). Seit den Siebzigerjahren entwickelte sich eine speziell feministische Sichtweise und eine Suche nach weiblicher Identität in der Kunst. Fragen der Benachteiligung – wie etwa die Tatsache, dass Frauen bis vor etwa 100 Jahren weitgehend von einer künstlerischen Ausbildung ausgeschlossen waren – rückten in den Vordergrund. In Aktionen, Schrifttum und politischen Forderungen regte sich Protest. Heute überwiegt der Zweifel an einem solidarisch-kämpferischen Vorgehen „als Minderheit". Dieses ist differenzierteren Erkenntnissen und individuellen Strategien gewichen: „Jedes Thema hat ▸gender-Aspekte." (Held/Schneider 2007, S. 464) Jedes Phänomen gewinnt seine Bedeutung aus einem Geflecht von Relationen. (Ebd.) Zudem sind in den letzten Jahren weitere Benachteiligungen von bestimmten Gruppen im System „Kunst" relativierend in das Blickfeld gerückt, wie die von nichtwestlichen Kulturkreisen. Gleichwohl ist die Diskussion offen. Die Frage nach geschlechtsspezifischen Ansätzen bleibt: Inwiefern unterscheiden sich die Werke von Frauen von denen der Männer?

Die Objekte von **Katharina Fritsch (*1956)** kennzeichnet – trotz figürlicher Darstellung – ein sparsamer ▸Minimalismus, eine streng kalkulierte Reduktion ihrer plastischen Ausformung. Sie selbst sagt: „Ich will einfach ein inneres Bild realisieren." (Zit. nach Trescher 2003, S. 128)

■ *Mit ihren figurativen Skulpturen nimmt Fritsch ihren Platz in einer ▸ästhetischen Tradition ein, die so alt ist wie die Kunst selbst, in einer Tradition, in der die Frauen dem autoritären Blick der Männer ausgesetzt waren. Und indem sie als Frau Bilder von Männern macht, dreht sie den Spieß der Geschichte der figurativen Darstellung um.* [...] *Bezeichnenderweise wird die Tatsache, dass diese Gesellschaft ausschließlich aus Männern besteht, selten kommentiert. Liegt das vielleicht daran, dass man diesen Umstand unbewusst als verbindliches soziales Gebilde akzeptiert?* [...] *Die identische Kleidung der Männer der „Tischgesellschaft" deutet auf eine Bruderschaft hin, bei der es sich sogar um eine klösterliche handeln könnte. Ein gemeinsames Mahl scheint bevorzustehen: Die Hände der Männer ruhen auf dem Tisch, als seien sie zu einer, möglicherweise heftigen, Auseinandersetzung bereit. Doch keine der Figuren blickt ihren Nachbarn an, sondern jede schaut, offenbar gedankenverloren, auf das Tischtuch. Sie sind in Gesellschaft und doch allein.*

Blazwick 2002, S. 23 ff.

**Vanessa Beecroft (*1969)** zeigt in ihren ▸Performances meist unbekleidete junge Frauen, die durch Schminke, Perücken etc. ähnlich wirken. Sie sagen nichts, sie tun nichts als regungslos in Formation stehen, bis sie erschöpft zusammensinken. Was die Künstlerin beabsichtigt, bleibt ebenso unklar wie das, was in den Modellen vor sich geht oder beim Publikum: „Jeder hat eine Vorstellung, eine Empfindung, und jeder behält sie für sich." (Blase in: Riemschneider/Grosenick 2001, S. 20)

**Orlan (*1947)** setzt in – zum Teil live aufgeführten Schönheitsoperationen – ihr eigenes Gesicht ein, betrachtet sie doch ihren Körper als Rohmaterial, aus dem sie mithilfe plastischer Chirurgie selbst ihr eigenes Werk schaffen will. Dazu ließ sie sich die Stirn nach dem Vorbild der „Mona Lisa" modellieren, die Haut in der Art von Botticellis „Venus" nachbilden.

**Arbeitsanregungen:**

1. Setzen Sie sich mit der Interpretation der „Tischgesellschaft" von Blazwick auseinander.
2. Diskutieren Sie Absicht und Sinn der Aktionen von Beecroft und Orlan.
3. Ermitteln Sie weitere Künstlerinnen, benennen Sie die Merkmale ihrer Kunst und bewerten Sie, ob diese typisch weiblich sind.

▸**gender** (engl.: Geschlecht): heute häufig bei geschlechtsspezifischen Fragen verwendeter Begriff

▸**Minimalismus**: Grundhaltung, die auf starkem Reduzieren und Vereinfachen basiert

▸**ästhetisch**: die Ästhetik betreffend

▸**Ästhetik (griech. aisthesis: Wahrnehmung)**:
1. normative Ästhetik: wissenschaftlich fundierte (und zeitabhängige) „Lehre vom Schönen" als Suche nach Gesetzmäßigkeit/Harmonie bei künstlerischen Gestaltungen;
2. deskriptive Ästhetik: Beschreibung des sichtbaren Sachverhaltes – der äußeren Erscheinung - ohne Frage nach seinem grundsätzlichen Wesen

▸**Performance** (engl.: Darstellung, Aufführung): Form der Aktionskunst, die einen Handlungsprozess öffentlich vollzieht, bei der Künstler und Publikum aber voneinander geschieden bleiben (s. dazu S. 90)

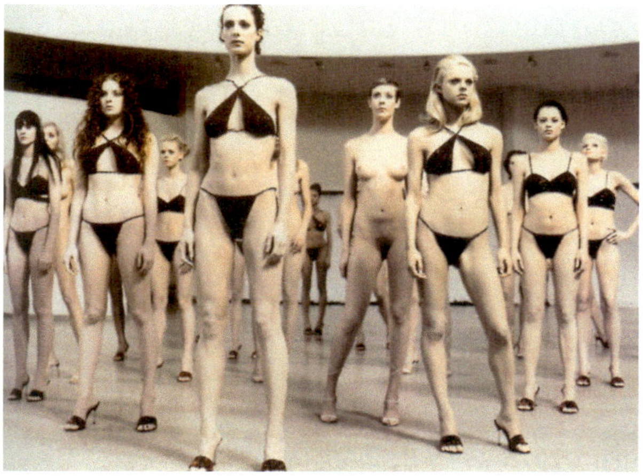

Vanessa Beecroft: „Show“, 1998. Performance im Guggenheim Museum, New York

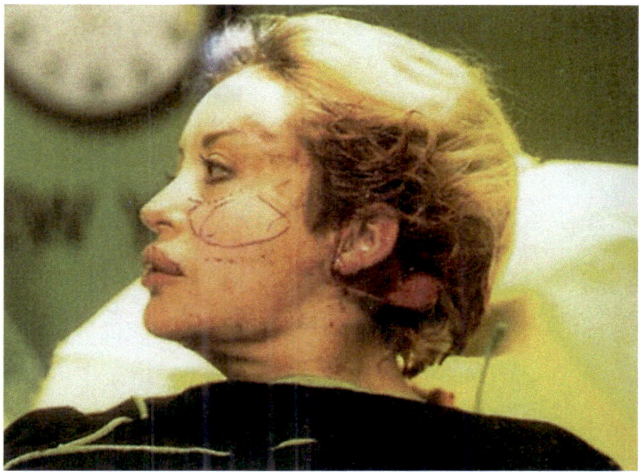

Orlan: Fotoillustration zu „Manifeste de l’Art Charnel“ (fleischliche Lust), 1993

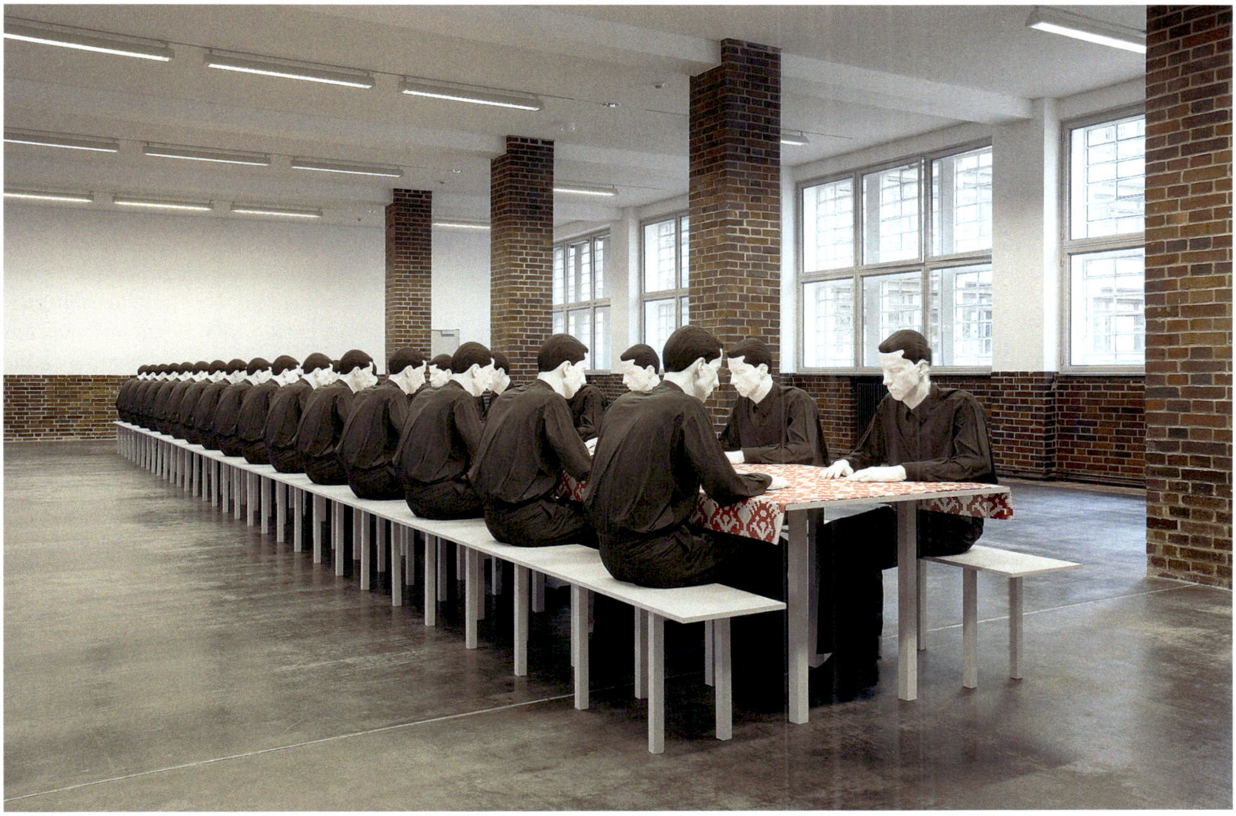

Katharina Fritsch: „Tischgesellschaft“, 1988. Lebensgroße Figuren aus bemaltem Polyester, Gesamtlänge der Installation 16 m. Frankfurt a. Main, Museum für moderne Kunst (Altes Hauptzollamt)

# Zwischen Witz und Provokation: Cattelan und Wurm

**Maurizio Cattelan (*1960)** arbeitet oft mit Figuren, die wie dreidimensionale Karikaturen wirken. Er überrascht damit, dass der Betrachter seinen Arbeiten auch an ungewohnter Stelle begegnet. Plötzlich können an einem Baum an der Straße Kinderfiguren herabhängen oder am Rande einer Brücke sitzen – all diese Effekt machenden Werke lässt der Künstler nach seinem Konzept von Spezialisten fertigen. Auch den Kunstbetrieb, seine Erwartungen, Abhängigkeiten und Gewohnheiten, nimmt er gerne ironisch ins Visier. So bestand seine erste Ausstellung 1989 lediglich aus einem Messingschild mit der Aufschrift: „Komme gleich wieder".

Die Installation „La Nona Ora" zeigt im Zentrum Johannes Paul II. und stammt aus dem Jahr 1999, als der Papst sehr populär war und wie ein Star bejubelt wurde. Cattelan rief mit dieser Darstellung entsprechend heftige Entrüstung in katholischen Kreisen hervor. Sollte dieser Meteroit, der scheinbar die Decke durchschlagen und den Papst getroffen hat, etwa vom Himmel gesandt sein? Oder ist er das ▸Symbol für den Felsen, auf dem Petrus einst die Kirche gegründet haben soll? Der Titel des Werkes verweist auf eine bestimmte Bibelstelle, den Augenblick des Zweifelns des gekreuzigten Jesus.

Cattelan hält seine Werke nicht für so zynisch wie es unser Alltag ist. Ihn interessieren seine fertigen Projekte nicht mehr, er sucht ständig nach neuen Ideen, aber ohne konkret zu fassende Botschaft. Die Gedanken zu dem Bild – und damit die Vollendung des Werkes – überlässt Cattelan dem Betrachter: „Die Frage ist nicht, wie viel Freiheit man dir gibt, sondern wie viel du davon ertragen kannst." (Zit. nach Rosenberg 2005, S. 307)

Auch die Werke von **Erwin Wurm (*1954)** arbeiten mit irritierendem Witz. Seine „One Minute Sculptures" entstammen der Tradition der ▸Performances und sind „lebende Skulpturen auf Zeit". Sie zeigen Menschen, die nach Handlungsanweisungen Wurms bestimmte Posen oder Haltungen unter Zuhilfenahme von Alltagsgegenständen öffentlich ausführen. Es sind Freiwillige, die nicht Zuschauer bleiben, sondern selbst aktiv werden – obwohl die Situation, in die sie Wurm bringt, absurd oder peinlich wirken könnte, wie etwa der Bankdirektor mit zwei Spargeln in den Nasenlöchern, so dass er aussieht wie ein Walross. Diese arrangierten Aktionen hält der Künstler fotografisch fest und zeigt sie in Einzelbildern in seinen Ausstellungen. Der Betrachter kann nur Rückschlüsse auf die Ursachen der Handlungen ziehen: Was genau tun die Personen und warum?

■ *Diese Unsicherheiten über Ursachen und Begründungen bestimmen auch die Handlungsanweisungen. Der „Instrukteur" ist ebenso abwesend wie ein Grund oder eine Funktion. Wir können nicht nachfragen – folgen wir also aus purer Neugierde? Aber worauf zielt die Neugierde, was können wir als Handelnde erfahren?*

*Der Neurophysiologe Wolf Singer und die Psychoanalytikerin Aglaja Stirn schreiben in Bezug auf Werke, die Angst- und Risikosituationen erzeugen […], von ‚Probehandlungen'. „Jedwede Wahrnehmung bereitet auch immer gleich die entsprechenden Handlungsentwürfe vor. Wahrnehmen und Handeln befördern sich wechselseitig als eng miteinander verschränkte ▸neuronale Prozesse." Möglicherweise könnte „interaktive Kunst die Funktion einer Modellwelt für Probehandlungen übernehmen. Sie könnte die Möglichkeiten von ‚Realitätenkollisionen' erfahrbar machen, das Bewusstsein schärfen für die Unausweichlichkeit stetiger Modellkorrekturen."*

Vogt 2007, S. 125

**Arbeitsanregungen:**

1. Arbeiten Sie heraus, welche Haltungen die Künstler vertreten, welche Rolle dem Betrachter zufällt.
2. Entwickeln, performen und fotografieren Sie „One Minute Sculptures". Informieren Sie sich dazu über Vorbilder aus der Aktionskunst von der Dada-Bewegung (Hugo Ball u. a., s. auch S. 78) bis heute (s. S. 98), z. B. auch über **Franz Erhard Walther (*1939)**. Stellen Sie Vergleiche an und dokumentieren Sie Ähnlichkeiten und Unterschiede in einer Ausstellung.

▸**Symbol** (griech.-lat.: Kennzeichen, Zeichen): Gegenstand oder Vorgang, der stellvertretend für einen nicht wahrnehmbaren, geistigen Zusammenhang steht

▸**Performance** (engl.: Darstellung, Aufführung): Form der Aktionskunst, die einen Handlungsprozess öffentlich vollzieht, bei der Künstler und Publikum aber voneinander geschieden bleiben (s. auch S. 90)

▸**neuronal:** auf den Aufbau des Nervensystems bezogen

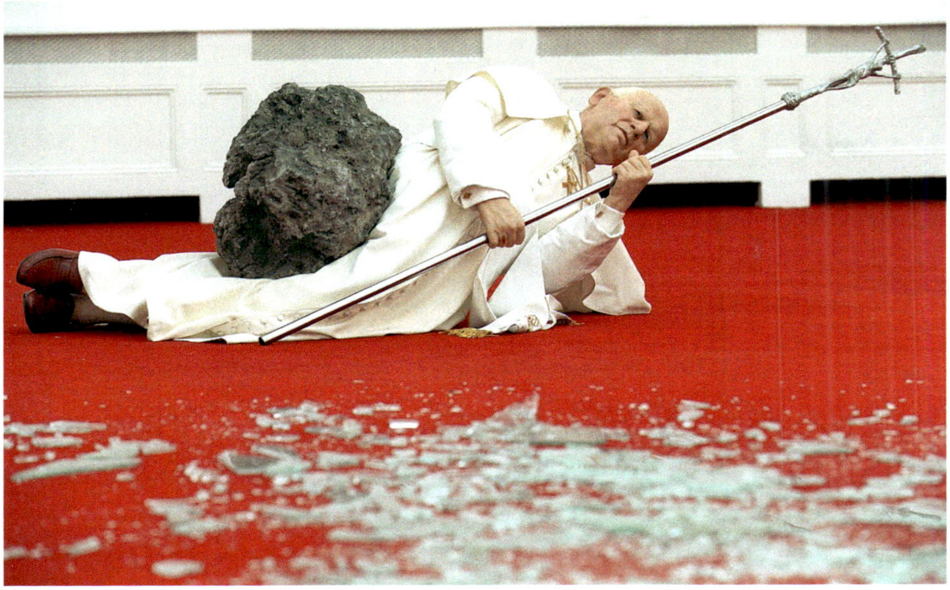

Maurizio Cattelan: „Die neunte Stunde“, 1999. Verschiedene Materialien, etwa lebensgroß (Detail der Installation)

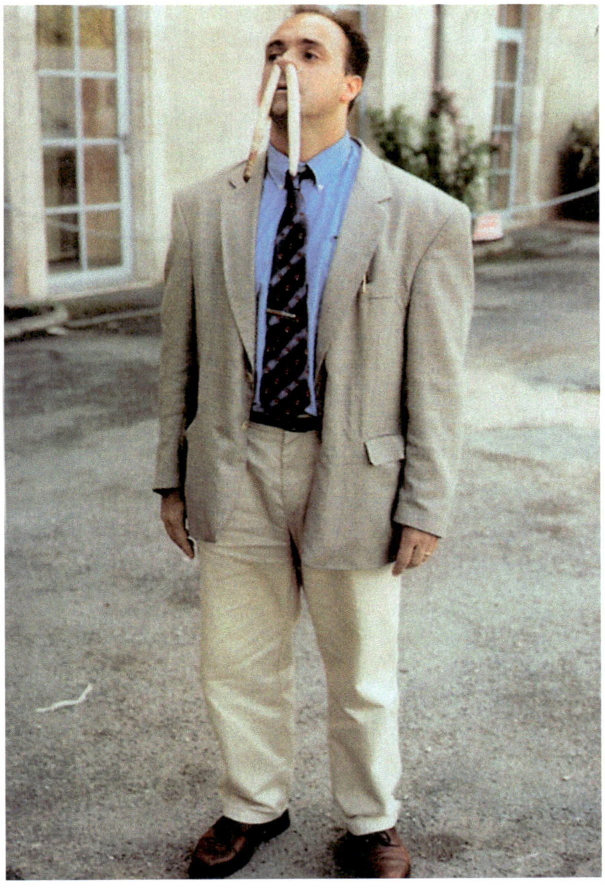

Erwin Wurm: „Der Bankdirektor von Cahors vor seiner Bank“, 1999. Foto auf Aluminium aus der Serie „Sculptures with Embarassment“

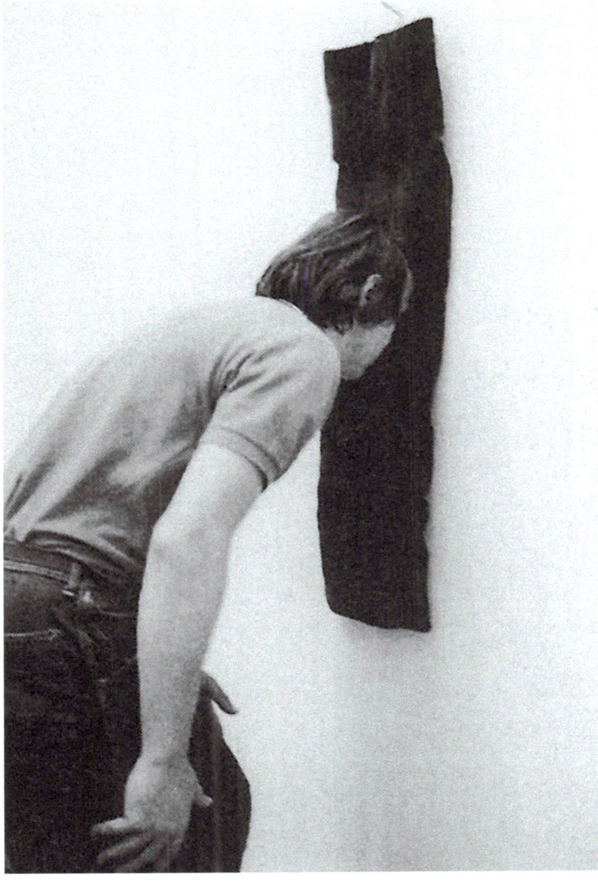

Franz Erhard Walther: „Stirnstück“ (Nr. 1 des 1. Werksatzes, 58 Stücke), 1963. Samt

# Register



**Internetadressen von Museen und Sammlungen (Auswahl)**

**Aachen:** Suermondt Ludwig Museum *www.suermondt-ludwig-museum.de* – **Berlin:** Ägyptisches Museum und Papyrussammlung im Neuen Museum *www.smb.spk-berlin.de;* Bode-Museum *www.smb.spk-berlin.de;* Pergamonmuseum *www.smb.spk-berlin.de;* Skulpturensammlung *www.smb.spk-berlin.de* – **Düsseldorf:** K 21 Kunstsammlung Nordrhein-Westfalen *www.kunstsammlung.de* – **Köln:** Museum Ludwig *www.museen koeln.de/museum-ludwig* – **Florenz (I):** Museo dell'Opera del Duomo *www.operaduomo.firenze.it* – **Frankfurt/Main:** Liebieghaus Museum alter Skulpturen *www.liebighaus.de* – **Hamburg:** Deichtorhallen *www.deichtorhallen.de* – **Hannover:** Sprengel Museum *www.sprengel-museum.de* – **Humlebaek (DK):** Louisiana Museum of Modern Art *www.louisiana.dk* – **London (GB):** The British Museum *www.thebritishmuseum.ac.uk;* Tate Gallery *www.tate.org.uk* – **Mannheim:** Städtische Kunsthalle *www.kunsthalle-mannheim.com* – **München:** Glyptothek und Antikensammlungen *www.antike-am-koenigsplatz.mwn.de;* Pinakothek der Moderne *www.pinakothek.de/pinakothek-der-moderne* – **New York (USA):** Museum of Modern Art *www.moma.org;* Metropolitan Museum of Art *www.metmuseum.org* – **Nürnberg:** Neues Museum *www.nmn.de* – **Otterlo (NL):** Kröller-Müller-Museum, Skulpturenpark *www.kmm.nl* – **Paris (F):** Louvre *www.louvre.fr;* Musée d'Orsay *www.musee-orsay.fr* – **Rom (I):** Kapitolinische Museen *www.museicapitolini.org*

# Textquellenverzeichnis, Literaturempfehlungen

*Hinweis:* Bei den mit einem Sternchen versehenen Titeln handelt es sich um Literaturempfehlungen der Autoren.


*Babias, Marius:* Vorwort. In: Ders. (Hg.): Im Zentrum der Peripherie. Kunstvermittlung und Vermittlungskunst in den 90er Jahren. Dresden: Fundus 1995

* *Baxandall, Michael:* Die Kunst der Bildschnitzer: Tilman Riemenschneider, Veit Stoß und ihre Zeitgenossen. Deutsch von Brigitte Sauerländer. München: C.H.Beck 1996

*Blase, Christoph:* Vanessa Beecroft. In: Burkhard Riemschneider, Uta Grosenick: Art Now. Köln: Taschen 2001

*Blazwick, Iwona:* Männer und Sterblichkeit. In: Dies. (Hg.): Katharina Fritsch. Deutsch von Nikolaus G. Schneider. Ostfildern-Ruit: Hatje Cantz 2002

*Bonnet, Anne-Marie:* Kunst der Moderne, Kunst der Gegenwart – Herausforderung und Chance. Köln: Deubner 2004

*Brassai:* Mein letzter Besuch bei Giacometti. In: Louis Aragon mit anderen: Wege zu Giacometti. München: Matthes und Seitz 1987

*Burbaum, Sabine:* Kunst-Epochen, Band 8: Barock. Stuttgart: Reclam 2003

*Bürklin, Heidi:* Nach 200 Jahren zu neuem Ruhm gelangt. In: art 5/1990

*Dabringer, Wilhelm, Figlhuber, Gernot:* Kunst. Wien: Braumüller 3. Aufl. 2005

* *Daniels, Dieter:* Duchamp und die anderen. Der Modellfall einer künstlerischen Wirkungsgeschichte in der Moderne. Köln: DuMont 1992

*dell'Arco, Maurizio Fagiolo:* Barock. In: * Georges Duby, Jean-Luc Daval (Hg.): Skulptur. Band 3: Renaissance bis Rokoko. 15. bis 18. Jahrhundert. Übers. von Max Looser. Köln: Taschen 1987

*Der Spiegel:* 40/1983

*Fegentreu, Simone, Nowald, Karlheinz:* Kunst Lehrbuch S II. Berlin/Frankfurt a.M.: Duden 2006

*Feist, Peter H.:* Figur & Objekt: Plastik im 20. Jahrhundert – eine Einführung und 200 Biographien. Leipzig: Seemann 1996

*Geese, Uwe:* Mittelalterliche Skulptur in Deutschland, Österreich und der Schweiz. Petersberg: Imhof 2007

*Groys, Boris:* Martin Honert.: Werkverzeichnis 1982–2003. Ein Selbstsammler. Deutsch von Steven Lindberg. Köln: Verlag der Buchhandlung Walther König 2004

*Hamann, Richard:* Theorie der bildenden Künste. Berlin: Akademie 1980

Harrison, Charles, Wood, Paul: Kunsttheorie im 20. Jahrhundert, Band 2.Ostfildern-Ruit: Hatje Cantz 1998

*Heinrich, Christoph:* Das offene Denkmal. In: art 5/2005

*Held, Jutta, Schneider, Norbert:* Grundzüge der Kunstwissenschaft: Gegenstandsbereiche – Institutionen – Problemfelder. Köln/Weimar/Wien: Böhlau UTB 2007

*Hofmann, Werner,* in: Ausstellungskatalog Fritz Wotruba. München: Haus der Kunst 1967

*Holz, Hans Heinz,* in: Ausstellungskatalog der documenta 5. Kassel: documenta-Gesellschaft 1972

*Huballa, Erich:* Barock und Rokoko. In: Christoph Wetzel (Hg.): Belser Stilgeschichte, Band 3: Neuzeit. Stuttgart: Belser 1999

*Hurter, Silvia Mani:* Kaiser Roms im Münzporträt. 55 Aurei der Sammlung Götz Grabert mit Lebensbeschreibungen der Kaiser und numismatischen Angaben. Stuttgart: Theiss 2003

* *Johannsen, Rolf H.:* 50 Klassiker. Skulpturen. Von der Antike bis zum 19. Jahrhundert. Hildesheim: Gerstenberg 2005

*Kryza-Gersch, Claudia:* Giambologna – Versuch einer Annäherung an ein Genie. In: Wilfried Seipel: Ausstellungskatalog: Giambologna. Triumph des Körpers. Wien: Kunsthistorisches Museum/Skira 2006

*Lisner, Margrit:* Luca della Robbia: Die Sängerkanzel. Stuttgart: Reclam 1960

*März, Roland:* Prolog international. In: Ausstellungskatalog: Das 20. Jahrhundert. Ein Jahrhundert Kunst in Deutschland. Berlin: Nationalgalerie 1999

*Makarinus, Jörg:* Olaf Metzel, 112 : 104, 1991. In: Ausstellungskatalog: Das 20. Jahrhundert. Ein Jahrhundert Kunst in Deutschland. Berlin: Nationalgalerie 1999

*Metzger, Rainer:* Organisierte Oberfläche. Die Erweiterung der Kunst seit den Sechzigerjahren im Namen der Skulptur. In: Parnass 3/2004: Was heißt hier Skulptur!

*Minne-Sève, Viviane:* Romanische Kathedralen und Kunstschätze in Frankreich. Deutsch von Ursula Kösters-Roth. Eltville: Bechtermünz 1991

* *Opie, Mary-Jane:* Bild Erlebnis Kunst: Skulptur. Eine faszinierende Entdeckungsreise durch die Welt der Kunst. Übers. von Heidi Wetzel. Stuttgart/Zürich: Belser 1995

*Panofsky, Erwin:* Die neoplatonische Bewegung und Michelangelo. In: Studien zur Ikonologie. Humanistische Themen in der Kunst der Renaissance. Köln: DuMont 1980

*Pinder, Wilhelm:* Die Kunst der deutschen Kaiserzeit. Leipzig: Seemann 1940

*Pischel, Gina:* Große Weltgeschichte der Skulptur. Übers. von Jürgen Bartsch u.a. München: Südwest 1982

*Plath, Carina:* Licht und Raum. In: Hubertus Butin (Hg.): DuMonts Begriffslexikon zur zeitgenössischen Kunst. Köln: DuMont 2002

*Poetter, Jochen:* Schnellkurs Kunst im 20.Jahrhundert. Köln: DuMont 2004, 2.Aufl. 2006

*Reißer, Ulrich, Wolf, Norbert:* Kunst-Epochen, Band 12: 20.Jahrhundert. Stuttgart: Reclam 2002

*Rosenberg, David:* Art Game Book. Übers. von Rita Seuß. München: Knesebeck 2005

* *Rowell, Margit (Hg.):* Skulptur im 20. Jahrhundert: Figur – Raumkonstruktion – Prozess. München: Prestel 1986

* *Schneckenburger, Manfred:* Skulpturen und Objekte. In: Kunst des 20. Jahrhunderts. Köln: Taschen 2000

* *Schneider, Norbert:* Geschichte der mittelalterlichen Plastik. Von der Antike bis zur Spätgotik. Köln: Deubner 2004

*Spies, Werner:* Picasso. Das plastische Werk. Katalog zur Ausstellung: Picasso Plastiken. Berlin: Nationalgalerie und Düsseldorf: Kunsthalle 1983–84

*Spivey, Nigel:* Wie Kunst die Welt erschuf. Übers. von Ursula Blank-Sangmeister unter Mitarbeit von Anna Raupach. Stuttgart: Reclam 2006

*Stabenow, Cornelia,* in: Staatsgalerie moderner Kunst München. München: Bruckmann 1995

*Stauffer, Serge:* Marcel Duchamp. Die Schriften. Zürich: Regenbogenverlag 1981

* *Thiele, Carmela:* Schnellkurs Skulptur. Köln: DuMont 1995, 4. Aufl. 2004

*Thümmel, Konstanze:* Damian Hirst. In: Künstler: Kritisches Lexikon der Gegenwartskunst. München: WB Verlag Ausgabe 53, Heft 2, 1.Quartal 2001

*Trescher, Stephan:* Schnellkurs Kunst der Gegenwart. Köln: DuMont 2003, 2.Aufl. 2006

*Trier, Eduard:* Wilhelm Lehmbruck: Die Kniende. Stuttgart: Reclam 1958

*Vogt, Sabine:* Realitätskollisionen. In: frame 20/2007

*Waldberg Patrick:* Alberto Giacometti. Der Raum und die Angst. In: Louis Aragon mit anderen Wege zu Giacometti. Deutsch von Axel Matthes. München: Matthes und Seitz 1987

*Weibel, Peter:* Materialdenken als Befreiung der Produkte des Menschen von ihrem Dingcharakter. 1966. In: Dietmar Rübel, Monika Wagner, Vera Wolff (Hg.): Materialästhetik. Quellentexte zu Kunst, Design und Architektur. Berlin: Reimer 2005

* *Wetzel, Christoph:* Das Reclam Buch der Kunst. Stuttgart: Reclam 2001

* *Wolf, Norbert:* Meisterwerke der Skulptur. Stuttgart: Reclam 2007

# Bildnachweis

**A**kg images, Berlin: S. 4, 14 (Schütze/Rodemann), 15.2 (E. Lessing), 21.1 (A. Jemolo) +2 (Steffens), 25.2 (E. Lessing), 27.1+3 (Nimatallah), 29.1 (J.-L. Nou), 3 (L. Lecat) + 4 (Laurent Lecat), 31.2 (H. Champollion) + 3 (Schütze/ Rodemann), 32 (Paul M.R. Maeyaert), 33.1 (Monheim), 2+3 (E. Lessing), 39.3 (E. Lessing), 42 (Cameraphoto), 43.1 (E. Lessing), 45.1 (Electa) + 3 (Nimatallah), 53.2 (Monheim), 61.3 (Erich Lessing), 62 (Monheim), 63.1,2 (Bildarchiv Monheim) +3 (Jürgen Raible), 67.4, 70.1, 71.1+2 (E. Lessing), 73.1 (Nimatallah), 75.2, 76, 77.1 (E. Lessing) + 3, 79.3 (Monheim), 81.1, 85.2+3, 96 – Alinari, Florenz: S. 48, 59.1 – **B**auhausarchiv, Berlin: S. 75.3 – Bayerisches Nationalmuseum, München: S. 35.3 – Bednorz Achim: S. 55.2 – Bezzola Leonardo/© Pro Litteris, Zürich: S.79.4 – Bildarchiv Monheim/ Achim Bednorz: S. 33.1 – Bowness, Hepworth Estate/Tate Gallery, London: S. 10.2 – bpk, Berlin: S. 20 – bpk/Kunstbibliothek, SMB/ Knud Petersen: S. 37.1 – bpk/Skulpturensammlung und Museum für Byzantinische Kunst, SMB/Antje Voigt: S. 39.2, S. 56 (Jörg P. Anders) – Bridgemanart.com: S. 19.4, 41.1, 47, 49.1, 53.1, 68.1 – **C**ittà di Bassano del Grappa/Museo-Biblioteca-Archivio: S. 7.1 – Courtesy MAMbo, Museo d'arte moderna di Bologna: S. 91.4 – Courtesy Ronald Feldman Fine Arts, New York/www.feldmangallery.com, Photo © Caroline Tisdall: S. 91.2 – Courtesy the artist and Metro Pictures, New York: S. 97.3 – Cragg Anthony/Foto: Roman März: S. 17.1 – **D**eichtorhallen Hamburg GmbH: S. 97.1 – Domschatzkammer Essen/Foto: Anne Gold: S. 35.1 – **E**isele Reinhard: S. 61.1 – Erzbischöfliches Diözesanmuseum Paderborn/Foto: Ansgar Hoffmann: S. 35.2 – Etschmann Walter, München: S. 57.2, 65.2, 3+4 – Foto Anderson, Rom: S. 43.2 –Foto R. Goepper, Köln: S. 29.2 – Photograph © The Solomon R. **G**uggenheim Foundation, New York: S. 69.4 – **H**enkelmann Jürgen/ Voller Ernst: S. 80 – Honert Martin: S. 7.3 – **I**mago/Imagebroker/Waldhäusl: S. 51.2+3 – Art. Judd Foundation Licensed by VAGA, New York: S. 83.3 – **K**unsthistorisches Museum Wien: S. 15.3 – Kunstmuseum Basel (Privatbesitz), Foto: Peter Lauri: S. 73.2 – **L**aif/Volz: S. 87.3; Laif/Gonzales: S. 11.3 – Linden-Museum Stuttgart: S. 19.1 – Look-Foto/TerraVista: S. 63.4 – Luedecke Matthias, Berlin: S. 59.2 – LWL-Landesmuseum für Kunst und Kulturgeschichte, Münster/Dauerleihgabe des Westfälischen Kunstvereins: S. 8.1 – **M**ARCO VG, Bonn: S. 81.2 – Metropolitan Museum of Art, New York/ Gift of Th. F. Ryan: S. 5 – Henry Moore Foundation, reproduced by permission: S. S. 9, 69.1 (Foto: Martin Davis) – Musée du Louvre/Vertrieb bpk Berlin: S. 52 – Musée Rodin, Paris/Foto: William Elborne: S. 10.1, Foto: Adam Rzepka: S. 61.4 – Museum für Angewandte Kunst, Frankfurt/M.: S. 57.1 – Museum für Moderne Kunst, Frankfurt/M.: S. 7.4, 99.3 (Dauerleihgabe der Dresdner Bank AG, Frankfurt/M.) – Museum für Neue Kunst ZKM (Zentrum für Kunst und Medientechnologie Karlsruhe)/ © Franziska Megert: S. 15.4 – Museum Pfalzgalerie, Kaiserslautern: 17.3 – **N**ational Gallery of Canada, Ottawa: S. 79.2 – Neumeister W.: S. 54.1 – **Ö**sterreichische Nationalbank, Wien: S. 27.4 – **P**farrei St. Stephanus, Pinzon/Südtirol/Anton Markart: S. 39.1 – Philadelphia Museum of art/ © John Chamberlain/ARS, New York: S.77.4 – Picture alliance/dpa: 67.2, 95.1 (akg images/Schuetze/Rodemann), 95.2 (Photoshot), 97.4, 101.1 – Pinacoteca di Brera, Mailand/su concessione del Ministero per i Beni e le Attività Culturali: S. 59.3 – Privatsammlung USA/Foto: Lothar Schnepf, Köln: S. 95.4 – Foto Edward **Q**uinn, © edwardquinn.com: S. 13.1 – © Marc Quinn/Courtesy Jay Jopling/White Cube (London)/Photo: Stephen White: S. 97.2 – **R**heinisches Bildarchiv RBA, Köln: S. 5, 12.1, 70.2, 84, 85.1, 89 – RMN/Vertrieb bpk, Berlin: S. 36, 67.1 (René-Gabriel Ojéda), 72 (Thierry Le Mage), 73.3 (Béatrice Hatala) – **S**ächsische Landesbibliothek/Dt. Fotothek, Dresden: S. 81.3 – © 1990, Photo Scala, Florence/Fondo Edifici di Culto – Min. dell'Interno: S. 45.2 – 1990, Photo Scala, Florence/Courtesy of the Ministero Beni e Att. Culturali: S.7.2, 41.2, 49.2 – © 1990, Photo Scala, Florence: S. 58, 69.3 – © 2000, Photo Scala, Florence/Courtesy of the Ministero Beni e Att. Culturali: S. 51.1 – © 2006, Photo Werner Forman Archive/Scala, Florence: S. 19.3 – © 2007, 2008, Image Copyright The Metropolitan Museum of Art/Art Resource/Scala, Florence: S. 41.3, 78 – © 2007, Photo The Philadelphia Museum of Art/ Art Resource/Scala, Florence: S. 68.2 – © 2008, Digital Image, The Museum of Modern Art, New York/Scala. Florence: S. 61.2, 69.2, 79.1, 83.2, 93.2 – Sprengel Museum, Hannover: S. 92, 93.3 – **S**taatliche Antikensammlungen und Glyptothek München: S. 22, 23.2, 25.1 – Staatliche Kunstsammlungen Dresden, Grünes Gewölbe/Foto: Jürgen Karpinski: S. 54.2, 55.1 – Staatsgalerie Stuttgart: S. 73.4 – Stadt Antwerpen: S. 83.1 – Städtische Galerie Nordhorn/Foto: Ferdinand Ullrich: S. 91.1 – Stiftung Wilhelm Lehmbruck Museum, Duisburg/Foto Tomas Riehle: S. 71.3, Foto Octavian Beldiman: S. 89.2, Foto B. Kirtz: S. 13.2 – Stiftung Wilhelm Lehmbruck Museum, Duisburg/Foto: Jürgen Diemer, © Fritz Wotruba Privatstiftung Wien: S. 67.3 – The **T**rustees of the British Museum: S. 15.1 – **U**llstein Bild: S. 8.2, 65.1 (Imagebroker.net) – **v**on der Mülbe W.Ch., Dachau: S. 57.3 – Collection **W**alker Art Center, Minneapolis, Gift of Mr. and Mrs. Peter M. Butler, 1983: S. 77.2 – Warhol Foundation, New York: S. 84 – Whitney Museum of American Art, New York: S. 88 – Wikimedia Commons: S. 59.4.

**VG Bild-Kunst Bonn, 2014**: Abramovic Marina – Arman Fernandez Armand – Arp Jean – Balkenhol Stephan – Belling Rudolf – Beuys Joseph – Bill Max – Brancusi Constantin – Chamberlain John – Chillida Eduardo (Zabalaga-Leku) – Cornell Joseph (The Joseph and Robet Cornell Memorial Foundation) – De Saint Phalle Niki – Duchamp Marcel (Succession Marcel Duchamp) – Ernst Max – Flavin Dan (Estate of Dan Flavin) – Fritsch Katharina – Giacometti Alberto (ADAGP/FAAG, Paris) – Gropius Walter – Grünfeld Thomas – Hanson Duane – Hirst Damien (Damien Hirst and Science Ltd. All rights reserved) – Honert Martin – Horn Rebecca – Judd Donald (Art Judd Found. Licensed by VAGA, New York) – Laurens Henri – Mack Heinz – Megert Franziska – Metzel Olaf – Nevelson Louise - Newmann Barnett – Orlan – Picasso Pablo (Succession Picasso) – Piene Otto – Segal George (The George and Helen Segal Foundation) – Serra Richard – Smithson Robert (The Estate of Robert Smithson) – Tinguely Jean – Ulrichs Timm – Walter Franz Erhard – Wurm Erwin.

**Fotovorlagen:**

S. 6: Birkhofer, Gerhard / Klant, Michael: Praxis Kunst. Plastik. Braunschweig: Schroedel 1997, S. 44.
S. 11.1: Hofstätter, Hans: Geschichte der Kunst und der künstlerischen Techniken. Wiesbaden: Lowitt 1967, S. 112
S. 11.2: Grünewald, Dietrich (Hg.): Kunst entdecken 2. Berlin: Cornelsen 2003, S. 60.
S. 12.2–5: Bush, Martin H. / Buchsteiner, Thomas (hrsg.): Duane Hanson. Stuttgart-Bad Cannstatt, Edition Cantz 1990, S. 34, 35, 39.
S. 17.2: Etschmann Walter u.a., Kammerlohr Epchen der Kunst Band 3. München: R. Oldenbourg Verlag GmbH 1999, S. 243.
S. 19.1: Osterwold, Tilman (Hrsg.): Kunst lebt! Die Welt mit anderen Augen sehen. Köln: Snoeck Verlagsgesellschaft mbH 2006, S. 64.
S. 23.1b: Klant, Michael / Walch, Josef: Grundkurs Kunst 2, Hannover: Schroedel 2003, S. 7.
S. 23.1c: Lutz, Dagmar: Wie erkenne ich? Die Kunst der griechischen Antike. Stuttgart: Belser Verlag 2004, S. 66.
S. 24.1: Martin, Kurt (Hrsg.): Kunst des Abendlandes. 1. Teil: Vorderer Orient und Antike. Karlsruhe: Verlag G. Braun 1956, S.105.
S. 24.2: Martini, Wolfram: Sachwörterbuch der klassischen Archäologie. Stuttgart: Kröner 2008, S. 50;
S. 27.2: Etschmann Walter u.a., Kammerlohr Kunst im Überblick. München: Oldenbourg Schulbuchverlag GmbH, 2004, S. 77.
S. 28: Penny, Nicholas: Geschichte der Skulptur. Leipzig: E. A. Seemann Verlag 1995, S. 154.
S. 31.4: Paffrath, Arno u. a.: Altenberg. Der Dom des Bergischen Landes. Königstein im Taunus: Karl Robert Langewiesche Nachfolger Hans Köster 1974, S. 44 Quelle dort: Paul Wißkirchen, Altenberg.
S. 37.2: Etschmann Walter u.a., Kammerlohr Epochen der Kunst Band 2. München: R. Oldenbourg Verlag GmbH 1997, S. 178.
S. 38: Etschmann Walter u.a., Kammerlohr Kunst im Überblick. München, Oldenbourg Schulbuchverlag GmbH, 2004, S. 144.
S. 46: Panofsky, Erwin: Studien zur Ikonologie. Köln: DuMont 1980 (Anhang ohne Paginierung).
S. 50: Hoffmann, Thomas R.: Wie erkenne ich? Die Kunst des Barock. Stuttgart: Belser 2004, S. 105.
S. 75.4: art - Das Kunstmagazin, Heft 1, Hamburg 1994, S. 44.
S. 86: Hollein, Max/Grunenberg Christoph (hrsg.): Shopping.
100 Jahre Kunst und Konsum. Ostfildern-Ruit, Schirn: Hatje Canz Verlag 2002, S. 162.
S. 87.2: Klant, Michael: Grundkurs Kunst 4, Hannover: Schroedel 2004, S. 91.
S. 91.3: Schulz, Frank: Praktiken der modernen Kunst. Stuttgart, Düsseldorf, Berlin, Leipzig: Klett 1996, S. 108.
S. 91.4: Michaelis, Margot: Plastik-Objekt-Installation. Kunstwerke betrachten und erfahren. Leipzig, Düsseldorf, Stuttgart: Klett 2002, S. 52
S. 93.1: Bonnet, Anne-Marie: Kunst der Moderne, Kunst der Gegenwart. Köln: Deubner 2004, S. 71.
S. 99.1: Trescher, Stephan: Schnellkurs Kunst der Gegenwart. Köln: DuMont 2003, S. 103.
S. 99.2: ebenda, S. 107.
S. 101.2: Trescher, Stephan: Schnellkurs Kunst der Gegenwart. Köln: DuMont 2003, S. 100.
S. 101.3: Klant, Michael, Grundkurs Kunst 4. Hannover: Schroedel 2004, S. 47